Christin Löchel

MARKEN

Inhalt

LAND & LEUTE

UNTERWEGS
IN DEN MARKEN

In der Provinz Pesaro/Urbino

Inhalt

Inhalt

In der Provinz Ascoli Piceno

REISEINFOS VON A BIS Z

REISEATLAS

LAND & LEUTE

»Gott, wie gut tat ich,
nach Italien zu reisen«

**Stendhal
(1783–1842)**

Fermo: Unter den Laubengängen
der Piazza del Popolo

Die Marken – schönes Land der sanften Hügel

Corinaldo

URSPRÜNGLICHES ITALIEN

»Das schöne Land der sanften Hügel« – dieses frühe Lob der bukolischen Hügellandschaft der Marken aus der Feder des mittelalterlichen Gelehrten Cecco d' Ascoli, dem sich später berühmte Künstler wie Leonardo da Vinci anschlossen, ist heute unbekannt, fast wie die Marken selbst. Diese liebenswerte Region, deren Charme abseits der Küste in reizvollen Hügelörtchen und Kleinstädten noch entdeckt werden will, liegt im Schatten ihrer mittelitalienischen Nachbarn, mit deren Superlativen sie nicht zu konkurrieren vermag. Die Kunststätten der Toskana und Umbriens waren schon immer bedeutender, die Bergwelt der Abruzzen höher als die der Marken.

Auch die frühen Italienreisenden haben auf dem Weg nach Rom und Sizilien nur selten die Strecke über die Marken gewählt. Selbst Goethe stattete ihnen keinen Besuch ab. Unter der Hand voll berühmter Touristen, die vom Königsweg über die Toskana und Umbrien in die Marken abzweigten, gehören Michel de Montaigne, Johann Gottfried Herder und im 19. Jh. der französische Romancier Stendhal. Doch auch sie berührten kaum das Landesinnere. Ihre Ziele waren Ancona und die Wallfahrtskirche in Loreto, die sie auf ihren Reisen entlang der Küste erreichten. Die Seebäder der Adria sollten im Jahrhundert später zum beliebten Ferienziel werden. Österreicher und Engländer entdeckten zu Beginn des 20. Jh. das Flair der mittleren Adriaküste. Ihnen folgten in den 50er Jahren die Deutschen. Für sie wurde die Adria zum Inbegriff von bella Italia und einer heiteren, unbeschwerten Lebensweise.

So sind die Marken in Deutschland eine weitgehend unbekannte Region geblieben, obwohl 2001 der Bundeskanzler und seine Familie mit gutem Beispiel vorangingen und die Marken als Urlaubsziel wählten.

Und auch unter Italienern sind sie als Reiseziel noch ein Geheimtipp. Schon ihr Name ist untypisch: Er leitet sich aus dem lateinischen und althochdeutschen *Marca* (Mark) ab und bezeichnete seit dem 8. Jh. ein Gebiet an der damaligen Reichsgrenze. Seit dem 19. Jh. sind unter dieser Bezeichnung die Marken Ancona, Fermo und Ascoli als Region zusammengefasst. Gleichzeitig ist der Plural *Le Marche* Ausdruck für die Vielseitigkeit der Region. Nur gut 50 km trennen das Blau der Adria im Osten vom Grün und Grau der grandiosen Bergwelt der Monti Sibillini im Westen der Region. Dazwischen bieten liebenswerte Kleinstädte mit herrlichen Plätzen mittelitalienische Lebenslust, Geschichte und Kunstgenuss.

L' Italia in una regione al plurale – ›die ganze Vielfalt Italiens in einer Region‹: Die Marken bieten ihren Besuchern all das, was das Flair Italiens ausmacht. Und wer sich auf die Marken einlässt, wird bald von ihren zurückhaltenden Reizen und der Freundlichkeit ihrer Bewohner, der *marchigiani,* gefangen genommen, die den Touristen nicht als Wirtschaftsgut betrachten, sondern als willkommenen Gast.

STECKBRIEF MARKEN

Lage und Größe: Die Region *Le Marche* gehört zu Mittelitalien. Im Norden wird sie durch die Emilia Romagna und den Zwergstaat San Marino begrenzt, im Westen durch Umbrien und die Toskana, im Süden durch die Regionen Latium und Abruzzen. Mit einer Ausdehnung von 9693 km² liegt sie unter den italienischen Regionen an 15. Stelle und nimmt 3,2 % Italiens ein. 180 km Adria-Strand nennt sie ihr Eigen, und wenige Kilometer hinter den Stränden beginnt das typische Hügelland, das sich zum Apennin erstreckt. Die Bergwelt nimmt 31 %, die Hügellandschaft 69 % der Fläche ein, 10 % entfallen auf die Ebenen und flachen Küstenstreifen.

Staat und Verwaltung: Die italienische demokratische Republik ist unterhalb der Staatsebene als oberster Verwaltungseinheit in 20 Regionen eingeteilt. Die Region Marken gliedert sich in vier Provinzen mit insgesamt 246 Gemeinden. Die größte Flächenausdehnung hat die Provinz Pesaro/Urbino (PS), gefolgt von den Provinzen Macerata (MC), Ascoli Piceno (AP) und Ancona (AN), dessen gleichnamige Provinzhauptstadt zugleich auch die Hauptstadt der gesamten Region ist.

Die größten Städte: An der Spitze liegt die Hauptstadt Ancona mit knapp 100 000 Einwohnern, gefolgt von der Provinzhauptstadt Pesaro (88 677), der Küstenstadt Fano (56 175), der Provinzhauptstadt Ascoli Piceno (51 985), der Fischereihochburg San Benedetto del Tronto (45 147), dem Küstenstädtchen Senigallia (42 275), der Provinzhauptstadt Macerata (41 904) und Jesi (39 182) im Landesinneren.

Bevölkerung: 1 460 989 Einwohner wurden 1999 bei der letzten Volkszählung erfasst. Ein hoher Prozentsatz lebt in den Städten. Am dichtesten ist die Gegend um Ancona besiedelt. Im Hinterland zählt man in einigen Gebieten weniger als 90 Einwohner pro km².

Wirtschaft: Das so genannte ›Märkische Modell‹ bildet einen Sonderstatus. Landwirtschaft, kleine und mittlere Industriebetriebe bestimmen die ökonomische Situation. 25 000 Herstellungsbetriebe bieten 600 000 Menschen Arbeit, die Arbeitslosenquote liegt bei 6 % und damit 50 % unter dem Landesdurchschnitt.

Tourismus: Seit der Eröffnung der ersten Adriastrandbäder im 19. Jh. gehören der Tourismus und der damit verbundene Dienstleistungssektor zu den wichtigen Einnahmequellen der Region. Die Hoteliers zählen jährlich fast 12 Mio. Übernachtungen.

LANDSCHAFTEN UND NATURRAUM

Die Landschaft der Marken ist dreigeteilt. Ein verhältnismäßig schmaler und flacher Küstenstreifen, nur unterbrochen von dem Vorgebirge des Monte San Bartolo im Norden und dem Monte Conero bei Ancona, nimmt gut ein Zehntel der Region ein. Dahinter erheben sich die malerischen Hügel, die den größten Teil der Region bedecken. Als hätte der liebe Gott mit dem Schäufelchen nach Lust und Laune Erde verteilt – so scheinen sie über den breiten Streifen zwischen Adria und Apennin geworfen zu sein, dessen Bergketten sich 50 km hinter der Küste erheben.

Die Küste

Die 180 km lange Adriaküste mit insgesamt 26 Badeorten lässt sich in vier Abschnitte gliedern. An der *Riviera delle Colline* zwischen Gabicce und Fano teilen sich größtenteils flache Sandstrände, einige kiesige Abschnitte und felsige Buchten unterhalb des Monte San Bartolo den Uferstreifen. Die Küste von Senigallia wird mit ihrem ›Samtstrand‹ meistens schon zur *Riviera del Conero* gerechnet, die eigentlich erst weiter südlich bei Ancona beginnt und mit kleinen Kiesstränden und lauschigen Badebuchten unterhalb der Felsen des Naturschutzparks bezaubert. Die Badeorte zwischen Porto Recanati und Porto San Giorgio gehören zur *Verde Riviera Picena*, dem grünen, von Pinien gesäumten Abschnitt der Adriaküste, die ihren Höhepunkt im palmenbestan-

denen San Benedetto del Tronto findet, wo die Adriaküste als *Riviera delle Palme* tituliert wird. Zwei Regionalparks liegen im Küstenstreifen: das 1987 begründete Naturschutzgebiet des Monte Conero, das von mediterraner Macchia und Mischwäldern bewachsen ist, sowie der erst 1996 als Naturpark ausgewiesene Monte San Bartolo, der eines der bedeutendsten Feuchtgebiete des Landes einschließt.

Hügel und Flusstäler

Das teils bukolische, teils zersiedelte Hügelland nimmt mit beinahe 70 Prozent der Gesamtfläche der Marken den breiten Raum zwischen Küste und Apennin ein. Olivenhaine, Weinanbauflächen, Obstkulturen, Getreidefluren und Wälder wechseln sich ab. Dazwischen erstrecken sich verstreute Siedlungen, Städtchen besetzten die Hügelkuppen.

Flusstäler durchziehen die Hügelketten in Ost-West-Richtung und erlauben den Reisenden eine schnelle Fortbewegung, aber auch den Lkw, die für die in Küstennähe verstärkt angesiedelte Kleinindustrie und den Handel unterwegs sind. Flüsse sind es auch, die die Grenzen der einzelnen Provinzen und Regionen bilden: im Norden der Foglia, im Süden der Tronto. In den Tälern liegen bei Fiastra und Camerino zwei kleine Naturschutzreservate mit Eichen und Blumeneschen. Die beeindruckenden Kalksteinschluchten, die Gola della Rossa und Gola di Frasassi, wurden

1997 zum Regionalpark erklärt. Die Seen der Marken sind mit Ausnahme des winzigen, nur zu Fuß erreichbaren Lago di Pilato Stauseen.

Mystische Bergwelt

»Himmelblaue Berge« nannte der Dichter Giacomo Leopardi liebevoll die Bergkette der Sibillinen, die zum Apennin gehört. Sie besteht aus über 20 Gipfeln, deren höchster mit stolzen 2476 m der **Monte Vettore** ist. Zahllose Legenden ranken sich um den namengebenden **Monte Sibilla** (2175 m), in dessen steinerner *corona* einst eine sagenhafte Prophetin gehaust haben soll. Der in der Eiszeit entstandene **Lago di Pilato,** in dem – der frommen Legende nach – der Körper des toten Pontius Pilatus versenkt wurde, ist heute ein beliebtes Wanderziel. Die Gebirgskette wird von fünf Flusstälern eingeschnitten, an denen sich wildroman-

tische Schluchten gebildet haben. Bis in eine Höhe von 1000 m beherrschen Eichen-, Buchen- und Eschenwälder das Landschaftsbild. Darüber breitet sich, unterhalb der felsigen Gipfel, eine idyllische Weidelandschaft mit Eugenia-Veilchen und Apennin-Edelweißen aus. Der 70 000 ha umfassende Nationalpark wurde 1993 eingerichtet und erstreckt sich über die regionalen Grenzen nach Umbrien hinein. 16 märkische Gemeinden mit ca. 16 000 Einwohnern haben hier ihr Auskommen durch Schafzucht, Landwirtschaft und Tourismus, doch noch immer ist die Abwanderungswelle zur Küste hin nicht verebbt, die Einwohnerzahl hat sich in den letzten 30 Jahren halbiert.

Möwen und Adler, Wildkatzen und Wölfe

Die Tierwelt ist ebenso vielfältig wie die Landschaft der Region. In Küstennähe

Lago di Pilato

WENN DIE ERDE BEBT

›La bella Italia‹ gehört zusammen mit Griechenland zu den am stärksten von Erdbeben gefährdeten Gebieten in Europa, denn es liegt in der weit ausgedehnten mediterran-transasiatischen Erdbebenzone, die bis China reicht. Hier stoßen die afrikanische und die eurasische Platte aufeinander, und beim Verhaken größerer Gesteinspartien entlädt sich die entstandene Spannung durch ein Erdbeben.

Im 18. Jh. z.B. wurde der renaissancezeitliche Dom von Urbino durch zwei Erdbeben so schwer beschädigt, dass ein Neubau unumgänglich war. Allein im letzten Jahrhundert erschütterten vier beträchtliche Beben das Gebiet der Marken: 1943 standen die Menschen im südlichen Teil der Region Angst und Schrecken aus, das historische Zentrum von Ascoli Piceno wurde in Mitleidenschaft gezogen, in Offida stürzten die mittelalterlichen Ringmauern ein und in der Kirche Santa Maria della Rocca zogen sich Risse durch die jahrhundertealten Mauern. 1930 und 1972 wurde Ancona schwer beschädigt, und als am 26. September 1997 erneut ein schweres Beben losbrach, das diesmal sein Epizentrum dicht an der märkischen Grenze in der umbrischen Hochebene von Colfiorito hatte, erzitterten die Häuser in 215 von 246 märkischen Gemeinden. Im benachbarten Umbrien wurden mehrere Dörfer zerstört und Hunderte von Menschen obdachlos. Am schwersten getroffen wurde Assisi und seine weltberühmte Franziskusbasilika, in der vier Menschen durch die herabstürzenden Gewölbeteile zu Tode kamen und herrliche Fresken von Cimabue und Giotto in kleinste Teilchen zerbarsten. »Nur die Bombenangriffe im Jahr 1944 auf Rimini, Pisa und Padua haben mehr Schaden angerichtet«, meinte ein Beobachter.

kreisen Möwen und Kormorane, Wander- und Turmfalken nisten am Monte Conero. In den Naturschutzgebieten und den Flusstälern sind Wildkatzen und Füchse, Dachse und Stachelschweine zu Haus. Die Grotten von Frasassi bieten dem italienischen Erdmolch einen idealen Lebensraum, ihre unterirdischen Seen werden von winzigen Krustentierchen besiedelt. Im Lago di Pilato lebt in 1940 m Höhe – nach Angabe der ortsansässigen Naturschützer – noch immer das mikroskopisch kleine, wirbellose Urtierchen namens *Chirocephalus Marchesonii*.

In den Sibillinischen Bergen sind wieder Wölfe heimisch, die aus dem Nationalpark der benachbarten Region Abruzzen eingewandert sind, und Rehe, die man hier in den 1950er Jahren wieder angesiedelt hat. Steinadler und Wanderfalken lassen sich ebenso beobachten wie Uhus und Mauerläufer. Das Tier, das man bei Wanderungen am häufigsten antreffen wird, ist allerdings – neben der Eidechse – das gewöhnliche Schaf, denn die grünen Berghänge dienen zahlreichen Herden, die hier oft nur in Begleitung ihrer Hütehunde unterwegs sind, als Weidefläche.

WIRTSCHAFT UND UMWELT

Der mittelitalienische Sonderweg

Das Wirtschaftssystem der *mezzadria* hat die Region geprägt. Im 13. Jh. entstand diese Form der Halbpacht im mittelitalienischen Hügelland, bei der Gehöfte samt Land an Familien zur Selbstversorgung (52 % der Erträge) und Überschussproduktion (48 %) verpachtet wurden. Die Struktur der Familienbetriebe, in der die Frauen schon frühzeitig Entscheidungsbefugnis besaßen, prägte die Menschen; die vereinzelten Gehöfte führten zur Streubesiedelung der Hügellandschaft. Die traditionelle Anbauweise mit Obst- und Olivenbäumen, Sträuchern und Reben sowie Getreide ist zwar in weiten Teilen Mittelitaliens durch Monokulturen abgelöst worden, doch lässt sie sich in den Marken noch entdecken. Noch Mitte des 20. Jh. arbeiteten 60 % der Bevölkerung in der Landwirtschaft, doch die Land- und Bergflucht machte dem ein Ende. Viele Einwohner zog es in die Neue Welt, andere nur bis zur Küste.

Seit dem Zweiten Weltkrieg hat sich die wirtschaftliche Situation der Marken drastisch verändert. In den 1950er Jahren sorgte das so genannte märkische Modell für den wirtschaftlichen Aufschwung. Nach den bescheidenen Anfängen zu Beginn des Jahrhunderts wurden immer mehr kleine und mittlere Fabriken begründet, die in Fortführung der traditionellen Handwerke Schuhe, Textilien, Möbel und Musikinstrumente produzierten. Wer als Bauer in die Fabrik kam, gab nicht zwangsläufig seinen Hof auf, sondern wirtschaftete im Nebenerwerb oft weiter. Dies war möglich, weil die familiär geführten Betriebe dazu bereit waren, die Produktion während der Erntezeiten zu drosseln und Rückstände in ruhigeren Zeiten wieder aufzuholen. Dabei bildete man leistungsfähige Produktionszentren. So werden bis heute in der Gegend von Pesaro Möbel hergestellt, Fermo ist mit seinem Umland eine Hochburg der Schuhproduktion.

Tüchtigkeit und Eigeninitiative sind die Charaktereigenschaften, die den märkischen Sonderweg ermöglichten. Und für Fleiß und Gewissenhaftigkeit waren die Bewohner der Marken schon immer berühmt: »Lieber einen Toten ihm Bett, als einen *marchigiano* vor der Tür« – die Redewendung stammt aus den Zeiten, als die peniblen märkischen Steuereintreiber in ganz Italien gefürchtet waren.

Die *marchigiani* haben es zu etwas gebracht. Die Emigrationswelle stoppte, der Höhepunkt der Landflucht ist seit den 1970er Jahren überwunden. In der Provinz Macerata kommt heute etwa auf jeden dreizehnten Einwohner ein Kleinbetrieb. Bis 1981 nahmen die Beschäftigungszahlen in der Industrie stetig zu, seitdem aber gewinnt der Dienstleistungssektor, in dem der Anteil der weiblichen Angestellten verhältnismäßig hoch ist, immer stärker an Bedeutung. An der adriatischen Küste hat sich eine Städtereihe mit Industrie, Handel und Dienstleistungen gebildet,

die von Pesaro über Fano, Ancona, Civitanova nach San Benedetto del Tronto reicht. Im Mittelpunkt der Geschäftigkeit und des Handels liegt Ancona, Italiens Tor zum Osten, mit seinem großen Hafen und dem nahen Flughafen in Falconara Marittima, wo auch einige wenige Bohrtürme im Meer stehen. Neben den traditionellen Erträgen und Produkten, neben Fisch, Olivenöl und jährlich ca. 2,5 Mio. Hektoliter Wein, neben Papier und Keramik stehen heute edle Mokassins; die Armbänder für Markenuhren werden hier ebenso produziert wie die Sessel des Weltsicherheitsrates der UNO.

Tourismus

Noch immer zieht es vor allem die jüngeren Menschen an die Küste, wo der

**Strada Panoramica
bei Gabbice Monte**

und offerieren Urlaubsaktivitäten. Im Landesinneren werden Stadt- und Landvillen zu exklusiven Hotels ausgebaut, Privatleute bieten Bed&Breakfast an.

Umwelt

In der Region sind 80 000 Hektar, fast 10 % des gesamten Gebietes, naturgeschütze Zonen. Mit unserer Vorstellung eines Naturschutzparks lassen sich die – wenn auch kleinen – Skigebiete in den Sibillinischen Bergen nicht in Einklang bringen. Mountainbiker unterliegen noch keinen Beschränkungen, man setzt auf die Vernunft des Einzelnen und hofft, dass die Menschen auf den Wegen bleiben und die Deltaplanflieger mit ihrer für die Tierwelt bedrohlichen Silhouette nicht von jedem Hang starten. Die Natur ist der individuellen Vorsicht und dem Wohlwollen ausgeliefert, und es liegt auch in der Hand der Touristen, dass die Bergwelt erhalten und nicht mit Verbotsschildern zugepflastert wird.

verhältnismäßig junge Wirtschaftszweig des Tourismus lockt. Hier befindet sich das Gros der 1000 Hotels mit gut 60 000 Betten, der Campingplätze und Feriendörfer. Allerdings lässt sich nach dem Abebben des ersten Ansturms auf die Adria seit den 1980er Jahren eine Kehrtwende in der touristischen Infrastruktur wahrnehmen. Immer mehr Bauernhöfe stellen Übernachtungsmöglichkeiten zur Verfügung

An der Küste gibt man sich mittlerweile große Mühe: ›Blaue Flaggen‹ wehen über den Stränden von Gabicce, Fano, Senigallia, Portonovo, Sirolo, Numana, Porto San Giorgio, Cupra Marittima und Grottammare. Diese europäische Auszeichnung bürgt für eine kontrollierte Wasserqualität, saubere Strände, das Vorhandensein städtischer Kläranlagen und getrennte Müllsammlung.

GESCHICHTE IM ÜBERBLICK

Picener und Römer

9. Jh. v. Chr.	Die Picener breiten sich entlang der Adria aus.
4. Jh. v. Chr.	Griechische Siedler gründen Ancona. Kelten/Gallier dringen nach Süden vor und besetzen den nördlichen Teil der Region bis zum Fluss Esino, südlich davon leben die Picener.
295 v. Chr.	Die Römer verbünden sich mit den Picenern und besiegen eine Allianz der Etrusker, Umbrer, Samniter sowie Gallier bei Sentinum (Sassoferrato) und gewinnen die Vorherrschaft über Mittelitalien. Die Marken werden romanisiert, römische Kolonien werden begründet. 285 erobern die Römer auch den ager Gallicus, das Gebiet um Senigallia, und bauen ihre Herrschaft in den Marken aus.
220/219 v. Chr.	Bau der Via Flaminia, die das antike Rom mit der Adriaküste verbindet.
218–201 v. Chr.	2. Punischer Krieg. Der Karthager Hannibal schlägt die Römer u.a. am Trasimenischen See. In der Schlacht am Metaurus 207 v. Chr. fällt Hannibals Bruder Hasdrubal, und die Römer besiegen die Karthager.
91–89 v. Chr.	›Bundesgenossenkrieg‹ der Römer gegen die italischen Stämme, die sich unter der stärker werdenden Herrschaft der Römer zurückgesetzt fühlen. Ausgelöst durch blutige Aufstände in Ascoli Piceno.
13/14. Jh. n. Chr.	Italien wird in elf Regionen unterteilt, der nördliche Teil der Marken bis kurz vor Ancona gehörte zur regio VI, der südliche zur regio V.
2./3. Jh.	Christenverfolgungen in den Marken. Noch 309 wird der aus Trier stammende Missionar Emygdius in Ascoli Piceno enthauptet.
391	Das Christentum wird Staatsreligion.
5. Jh.	Die Abdankung des letzten weströmischen Kaisers 476 markiert den Niedergang der antiken Welt. In Italien fallen die Westgoten unter Alarich, die Ostgoten unter Theoderich und die Hunnen unter Attila ein.

Goten, Byzantiner, Langobarden – Pentapolis und Herzogtum Spoleto

493–526	Das Reich der Ostgoten in Italien. Nach der Ermordung Theoderichs in Ravenna versucht der oströmische Kaiser Justinian das Römische Imperium wiederherzustellen und Italien für Byzanz zu gewinnen.
535–552	Kaiser Justinian führt Krieg gegen die Ostgoten. Pesaro, Urbino, Fano u.a. erleiden schwere Beschädigungen. Seine beiden Generale Belisar und Narses erobern Mittelitalien. Mit dem Sieg über den Gotenkönig Totila im benachbarten Umbrien wird die Region in den by-

zantinischen Machtbereich integriert, der von einem Exarchen mit Sitz in Ravenna regiert wird.

568–774 Mit dem Einfall der Langobarden droht den Byzantinern ein neuer Krieg. 571 entsteht das langobardische Herzogtum Spoleto, dem auch die südlichen Marken angehören. 572 erobern Langobarden Pavia und machen es zu ihrem königlichen Sitz. In der Hand der Byzantiner verbleiben die Küstenstädte Rimini, Pesaro, Fano, Senigallia und Ancona, die sich um 600 zur Pentapolis, einem Fünfstädtebund, zusammenschließen, sowie die Städte Urbino, Cagli, Fossombrone, Jesi und Gubbio im Hinterland.

751 Mit der Eroberung des Exarchats Ravenna fällt die letzte Bastion der Byzantiner. Ihre Herrschaft in Mittelitalien ist beendet.

Der mittelitalienische Kirchenstaat

8. Jh. Unter Berufung auf die sog. Konstantinische Schenkung, eine im Mittelalter angefertigte Fälschung, reklamieren die Päpste für sich die politische Autorität in einem großen Teil Italiens. Weil König Pippin auf die Fälschung 754 hereinfiel, wurde sie Realität und der Kirchenstaat als autonomes Gebiet unter päpstlicher Vorherrschaft in das fränkische Reichsgebiet eingegliedert. Zur Zeit Karls des Großen umfasst der Kirchenstaat ein Gebiet, das von Kampanien (südlich von Rom) über die nördlichen Marken bis in die Emilia Romagna reicht.

9./10. Jh. Nach dem Zerfall des karolingischen Reiches steigen in Italien Nationalkönige auf. Die Adriaküste wird von Sarazenen überfallen.

951 Der deutsche König Otto I. wird in Pavia zum König der Langobarden gekrönt. Er setzt seinen Anspruch auf das Königreich Italien mit einem Sieg über Berengar II. in San Leo in den Marken durch. Auch er erneuert die karolingischen Verträge mit dem Papsttum.

Guelfen und Ghibellinen

11./12. Jh. Die kommunale Bewegung erlebt einen Aufschwung. Der Kirchenstaat wird von den ständig wechselnden Bündnissen zwischen den Päpsten, deutschen Herrschern, Normannen und Byzantinern geprägt. In der sich aus dem östlichen Teil des Herzogtums Spoleto gebildeten Mark Ancona – neben den Marken Fermo und Camerino – werden Reichsministerialen als Markgrafen eingesetzt, darunter ab 1195 Markward von Annweiler, der seine Herrschaft auf große Teile Mittelitaliens ausdehnen kann. Im Norden der Region setzt Friedrich I. Barbarossa Antonio da Carpegna als Graf von Montefeltro ein.

1194 Friedrich II. wird in Jesi geboren.

13. Jh. Das geschwächte Kaisertum Anfang des Jahrhunderts ermöglicht

es Papst Innocenz III. in Italien den Kirchenstaat wiederherzustellen und um einige wichtige Territorien zu erweitern, u.a. um die Mark Ancona und das Herzogtum Spoleto, zu dem der südliche Teil der Marken gehört, auf den das Papsttum nur geringe Ansprüche hatte. Innocenz und seine Nachfolger betreiben einerseits die direkte päpstliche Herrschaft durch Legaten im Kirchenstaat, andererseits üben sie durch die Ernennung bzw. Bestätigung der Stadtherren auch indirekt Einfluss aus.

1226   Kaiser Friedrich II. belehnt die Grafen von Montefeltro mit Urbino, in dem sie sich 1234 endgültig etablieren können. Fortan nennen sie sich Grafen von Montefeltro und Urbino und übernehmen in das Wappen von Urbino einen kaiserlichen Adler.

1239–1266   Die päpstliche Inbesitznahme der Mark Ancona führt zu heftigen Auseinandersetzungen mit Friedrich II., der seinen Korridor vom Königreich Sizilien nach Reichsitalien nicht verloren geben will. Unter den Staufern wird die Mark von Reichsvikaren verwaltet. In den Streitigkeiten zwischen Papst und Kaisertum ergreifen die Städte unterschiedlich Partei. Im Süden der Region sind manche Orte wie Ascoli Piceno zwischen Ghibellinen (Kaisertreuen) und Guelfen (Papsttreuen) gespalten.

13. Jh.   Die ersten Papiermühlen auf italienischem Boden entstehen in Fabriano. Der neue Beschreibstoff wird zum mittelalterlichen Exportschlager.

Signorienherrschaft

1309–1423   Durch die Flucht der Päpste nach Avignon erfährt der Kirchenstaat eine große Veränderung, da die Päpste nur noch indirekt ihre Herrschaft in Italien ausüben können. Kardinal Aegidius Albornoz ist in Mittelitalien der mächtigste Mann des Papstes. Er lässt u.a. in Urbino päpstliche Festungen errichten. Doch während des so genannten Großen Abendländischen Schismas (1378–1417/23), einer Zeit, in der parallel mehrere Päpste (in Rom und Avignon) gewählt wurden, mangelt es an einer zentralen Autorität; der Kirchenstaat ist realiter nicht mehr in päpstlicher Hand. Viele Städte in den Marken erleben den Aufschwung neuer Stadtherrschaften. Es ist die Zeit der Malatesta, Da Montefeltro, Sforza, Della Rovere und Varano.

1343–1445   Die Malatesta greifen von Rimini in die Marken aus. Im Norden der Region kommt es zu kriegerischen Auseinandersetzungen mit den Herren von Montefeltro.

San Domenico in Urbino

Geschichte

1355	Die Mark Ancona wird endgültig in den Kirchenstaat einbezogen.
1444–1482	Glanzzeit im Haus der Grafen von Montefeltro unter Federico da Montefeltro. Wie sein Vorgänger und Halbbruder wird auch er 1474 zum Herzog ernannt. Am Fürstenhof von Urbino versammeln sich bedeutende Gelehrte und Künstler der Renaissance.
1483	In Urbino wird der Maler Raffael geboren.
1513–1631	Die Della Rovere beerben die Herren von Montefeltro. Unter ihnen erreicht das Herzogtum Urbino seine größte Ausdehnung. Der Hauptsitz der Herzöge wird von Urbino nach Pesaro verlegt. Mit dem Tod des letzten Della Rovere, Francesco Maria II., in Urbania fällt das Herzogtum Urbino an den Kirchenstaat zurück; der Palazzo Ducale in Urbino wird von den Päpsten geplündert.
1521	Felice Perretti wird in Grottammare geboren, als Papst Sixtus V. amtiert er 1585–1590.
1700–1721	Giovanni Francesco Albani aus Urbino regiert als Papst Clemens XI. Unter seinem Einfluss erlebt Urbino eine zweite Blüte.
1710	Der Komponist Giovanni Battista Pergolesi wird in Jesi geboren.
1792	In Pesaro wird der Komponist Gioacchino Rossini geboren.

Franzosenherrschaft und Risorgimento

1796–1814	Italien unter französischer Herrschaft: Napoleon fällt in Italien ein. Im Frieden von Tolentino (19. Februar 1797) muss der Papst weite Teile des Kirchenstaates an Napoleon abtreten. 1805 wird Italien zu einem Königreich umgewandelt. Napoleon ernennt sich zum König, seinen Stiefsohn Eugène Beauharnais zum Vizekönig. Drei Jahre später erfolgt die vollständige Besetzung des Kirchenstaates. Die Marken werden nach französischem Vorbild in die Dipartimenti Metauro (Hauptstadt: Ancona), Musone (Hauptstadt: Macerata) und Tronto (Hauptstadt: Fermo) eingeteilt.
1789	In Recanati erblickt der Dichter Giacomo Leopardi das Licht der Welt.
1815	In der Schlacht von Tolentino werden die Truppen unter Führung von Gioacchino Murat, Schwager Napoleons und König von Neapel, von den Österreichern geschlagen. Durch den Wiener Kongress fallen die Marken wieder an den Kirchenstaat.
1800–1850	Die französischen Soldaten transportieren bürgerlich-revolutionäres Gedankengut nach Italien. Rebellionen und Revolutionen sind in Italien wie im Kirchenstaat an der Tagesordnung. Ein Aufstand, der 1831 in Bologna beginnt, greift auf Umbrien und die Marken über. Sein Ziel ist es, die Vereinigten Provinzen Mittelitaliens zu gründen; die Herrschaft des Papstes wird für beendet erklärt. Die Aufstände werden mit Hilfe der herbeigerufenen Österreicher und Franzosen bekämpft. An der Adria entstehen die ersten Seebäder.

1850–1861 Im Verlauf der Regierung des Liberalen Cavour kommt es zu Bestre-bungen, das Land zu einen und den Kirchenstaat aufzulösen. Giu-seppe Garibaldi landet mit seinen Freiwilligen in Sizilien und erobert von dort aus das italienische Festland; im Kirchenstaat stehen sich die Truppen Cavours und die des Papstes gegenüber. In den Mar-ken beendet die Schlacht von Castelfidardo am 18. September 1860 die päpstliche Herrschaft. Die Marken gehören nun dem geeinten Italien an.

Die Zeit der Weltkriege

1914–19 Italien nimmt in der Entente am Ersten Weltkrieg teil, zu den inner-italienischen Kriegstreibern gehört Benito Mussolini. 1915 wird Pe-saro von österreichischen Bomben getroffen.

1919–1945 Italien wird faschistisch. 1936 wird per Vertrag zwischen Hitler und Mussolini die Achse Berlin-Rom begründet. 1940 tritt Italien in den Krieg ein und erklärt als Teilnehmer des Dreimächtepaktes (Deutsch-land, Italien, Japan) 1941 den USA den Krieg. Am 10. Juli 1943 lan-den alliierte Truppen auf Sizilien. Erste Abschnitte der Apenninfront, der so genannten Gotenlinie, fallen im märkischen Metaurus-Tal am 26. August 1944 in Anwesenheit des englischen Premiers Winston Churchill. Zahlreiche Orte in den Marken werden von Bomben der Alliierten getroffen, u. a. Ancona, Camerano, Pesaro.

Repubblica Italiana

18. 6. 1946 Proklamation der Republik Italien.

1972 Nach dem letzten schweren Erdbeben 1943, von dem in erster Linie der südliche Teil der Marken betroffen war, wird Ancona zum zwei-ten Mal in diesem Jahrhundert von einem schweren Beben erschüt-tert.

27.9.1997 Ein Erdbeben mit Zentrum an der umbrisch-märkischen Grenze ver-setzt die Menschen in Umbrien und den Marken tagelang in Angst und Schrecken. Besonders stark betroffen sind in den Marken die Orte im Chienti-Tal, Fabriano und Camerino.

2004 Nach jahrelangen Bemühungen kann Fermo seinen Anspruch auf eine eigene Provinz durchsetzen. Die neue Provincia di Fermo (860 km^2) wird ab 2009 40 Kommunen mit insgesamt 171 000 Ein-wohnern umfassen.

Kultur und Leben

Palio in Cagli

MITTELITALIENISCHE LEBENSART

Passeggiata

Trotz aller Industrialisierung und Globalisierung haben sich in den Marken viele schöne Eigenarten und Besonderheiten des italienischen Lebensstils erhalten. Hier lebt man miteinander, und dank des warmen Klimas spielt sich ein Teil des Alltags – gleich ob im kleinen Dorf oder einer größeren Stadt – auf der zentralen Piazza ab.

Ein besonderes Schauspiel ist die allabendliche *passeggiata*, die sich angenehm bei einem Caffè oder Aperitif z. B. in Ascoli Piceno beobachten lässt. In den frühen Abendstunden beginnt sich die herrliche Piazza del Popolo wie auf ein geheimes Zeichen hin zu füllen. Ein paar Herren in dunklen Anzügen stehen beisammen und diskutieren die Neuigkeiten aus dem Rathaus, kleine Grüppchen schlendern auf und ab. Mütter führen stolz ihre Töchter vor. Gegen 19 Uhr scheint die ganze Stadt hier versammelt zu sein und man wundert sich, wie sie es alle schaffen, sich so elegant in der Menge zu bewegen ohne anzustoßen.

Schönheit bei der Quintana in Ascoli

Feste und Traditionen

Religiöse Feste

Mit wenigen Ausnahmen sind die *marchigiani* katholisch. Der überwiegende Teil der Heiratswilligen lässt sich feierlich und mit großem Pomp in der Kirche trauen, die Kinder werden getauft und gehen zur Erstkommunion. Die tägliche Messe wird dagegen nur noch von wenigen, zumeist Frauen, besucht. Lebhafter geht es an den christlichen Hochfesten und zahlreichen Festtagen zu, die zu Ehren der Stadtpatrone in den Orten und Städten der Region ausgelassen gefeiert werden. Eindrucksvolle Karfreitagsprozessionen werden in Cantiano, Porto Recanati und Loreto abgehalten. Maria Himmelfahrt (15. August) feiert man an der Küste mit Prozessionen auf dem Meer, während

DIE RÜCKKEHR DES HEILIGEN

»Io ho un sogno« – ich habe einen Traum. Diese berühmten Worte von Martin Luther King waren es, die Orlando Ruggieri, Bürgermeister des kleinen Hügelstädtchens Monteprandone im Tronto-Tal, im Jahr 2000 hoffnungsvoll aussprach. Denn Orlando Ruggieri kämpfte für seinen Traum und wollte seinen Heiligen wieder haben: San Giacomo della Marca. Schließlich war Monteprandone 1393 oder 1394 der Geburtsort des hl. Jakob gewesen. Im benachbarten Ascoli Piceno erhielt er seine erste Ausbildung, 1415 trat er in Santa Maria degli Angeli bei Assisi dem Orden der Franziskaner bei. Sein Theologiestudium absolvierte er in Florenz, wo er auch seine Priesterweihe empfing. Als Volksprediger zog Jakob fortan durch Mittelitalien, durch die Toskana, Umbrien und die Marken, später auch durch Ungarn. Zusammen mit dem gelehrten Volksprediger Bernhardin von Siena kämpfte er gegen die Häretiker und predigte in Italien und Europa die Verehrung des Namen Jesu. Das ehrenvolle Angebot eines Bischofsstuhls in Mailand lehnte er rigoros ab. Als Prediger bemühte sich Jakob, in den Städten Ruhe und Frieden zu stiften. In dieser Eigenschaft wurde Jakob 1476 nach Neapel berufen, wo er zwischen dem König von Neapel und Papst Sixtus IV. vermitteln sollte. Doch Jakob erkrankte und starb am 28. November 1476. Nur ein Jahr später exhumierte man seine Gebeine und verehrte sie fortan in einer Urne unter dem Hauptaltar der Kirche Santa Maria la Nova in Neapel als Reliquien.

Schon 100 Jahre vor seiner offiziellen Heiligsprechung im Jahr 1726 erhob man den seligen Jakob zum Mitpatron von Neapel – sehr zum Ärger der Einwohner von Monteprandone, die sich immer wieder darauf beriefen, dass ihr Heiliger den Wunsch geäußert habe, in seinem Geburtsort zu sterben und damit natürlich auch indirekt seine Grablege bestimmt hatte. Mitpatron von Neapel oder nicht, in Monteprandone blieb man stur und wollte seinen Heiligen zurück. Und nach langen politischen Verhandlungen wurde das kaum für möglich gehaltene wahr und der Traum zur Wirklichkeit: Nach 525 Jahren kehrten die sterblichen Überreste des hl. Jakob in die Marken zurück – am 24. November 2001 empfing man seinen gläsernen Sarg mit feierlichen Ehren in der Basilika von Loreto. Und am 25. November 2001 konnte Orlando Ruggieri stolz und überglücklich seinen Heiligen im Santuario di Santa Maria delle Grazie e San Giacomo della Marca in Monteprandone begrüßen.

Die älteste Darstellung des Heiligen ist ein Gemälde, das Carlo Crivelli 1477 für die Minderbrüder im Convento dell'Santa Annunziata in Ascoli Piceno schuf, und das angeblich das tatsächliche Aussehen des Heiligen zeigt. Dieser Schatz ist den Marken verloren gegangen, das Bild befindet sich heute im Louvre in Paris. Doch ein ähnliches Gemälde, das ebenfalls Carlo Crivelli zugeschrieben wird, lässt sich in der Nationalgalerie der Marken im herzoglichen Palast von Urbino in Augenschein nehmen.

31

in Fermo zu Ehren der Madonna Reiter zum Wettkampf ihre Pferde besteigen. An Weihnachten bilden Hunderte von Menschen so genannte lebende Weihnachtskrippen. Faszinierend ist die Nachstellung der Weihnachtskrippe in Genga, wo man sich in Kostümen präsentiert, die einem Gemälde von Gentile da Fabriano nachempfunden sind.

Karneval

Fantasievolle Wagen und prächtige Kostüme beleben im Februar die Straßen von Fano. Doch auch im Sommer lässt sich närrischer Trubel erleben: Fano und Grottammare feiern im Juli einen farbenfrohen *Carnevale d' Estate.*

Historische Feste

Eine anmutige Mischung aus Heiterkeit, Theatralik, italienischem Stolz und vollendetem Auftreten zeichnet die zahlreichen historischen Feste in der Region aus. An erster Stelle unter den mittelalterlichen Festen steht die *Quintana*, die am ersten Augustsonntag in Ascoli Piceno gefeiert wird, gefolgt von der *Cavalcata dell'Assunta* in Fermo (15. August). Mit farbenprächtigen Umzügen in historischen Kostümen und Reiterturnieren lässt man hier mittelalterliche Feste nach einer langen Pause wieder aufleben. Auch in kleineren Orten wie Servigliano, Mondavio und Arquata del Tronto hat man mit Freude, mediterraner Lebenslust und Geschäftssinn die Vergangenheit wiederentdeckt. Von besonderem Reiz ist die

Festa Medievale in Offagna, wo in der letzten Juliwoche selbst Straßenschilder und Reklametafeln verhängt werden, damit kein moderner Zierrat die Mittelalterwoche stört. Eine Rarität sind die Wettkämpfe im historischen Armholzspiel, die im August in Treia und Cingoli stattfinden.

Musik

Musikalische Veranstaltungen stehen in den Marken hoch im Kurs. Der Höhepunkt jeder Saison sind die berauschenden Opernfestspiele in Macerata, wo unter freiem Himmel im klassizistischen Sferisterio berühmte Opern vor beeindruckenden, riesigen Bühnenbildern und in guter Akustik aufgeführt werden. Etwas familiärer geht es bei den Opernfestspielen in Pesaro zu, wo allein die Opern des hier geborenen Komponisten Rossini in einem kleinen Theater angestimmt werden.

Im Sommer bilden die Amphitheater von Urbisaglia und Falerone, die Burg in Senigallia, die Loggia des Teatro dell'Arancio in Grottammare Alta beschauliche Kulissen für klassische Konzerte. Stimmungsvoll sind im September die Konzerte im Dom und Theater von Ascoli Piceno. Im Juli wird in Urbino das Festival der alten Musik begangen, im August ertönen im Dom von San Leo gregorianische Choräle.

Jazzfreunde aus aller Welt zieht es zum Internationalen Jazz Festival im Juli nach Fano, doch auch in den kleinen Orten im Landesinneren gibt es in den Sommermonaten Sessions auf der Piazza.

KUNST UND ARCHITEKTUR

Frühe kulturelle Zeugnisse

Die frühesten menschlichen Besiedlungsspuren reichen gut 100 000 Jahre zurück. Es sind Ritzzeichnungen aus dem Paläolithikum, die in den 1960er Jahren an den Hängen des Monte Conero und im Territorium von Tolentino gefunden wurden. Aus der Kultur der Picener (9.–3. Jh. v. Chr.), deren Name noch heute in den Ortsbezeichnungen z. B. von Ascoli Piceno und Acquaviva Picena fortlebt, haben zahlreiche Objekte überdauert; in den Nekropolen von Novilara (bei Pesaro), Numana, Fabriano und Belmonte Piceno wurden als Grabbeigaben Schilde und Helme ebenso gefunden wie kleine Bronzefiguren, Schmuckstücke, Geschirr und Keramiken. Besonders interessant sind die Stelen mit picenischen Schriftzeichen, die in den archäologischen Museen von Pesaro und Ancona ausgestellt sind. In letzterem ist auch das berühmteste Zeugnis picenischer Kultur zu Hause, der knopfäugige Kopf eines Kriegers, der in Numana gefunden wurde.

Römische Theater und Brücken

Mit dem Sieg über die italischen Stämme am Fluss Sentinum 295 v. Chr. und

Römische Brücke in Cagli

der Eroberung des Gebiets von Senigallia zehn Jahre später gewannen die Römer endgültig die Oberhand über die Marken. Zwei wichtige römische Straßen durchquerten die Region: die Via Salaria im Süden und die Via Flaminia im Norden. Von letzterer lassen sich noch der römische Tunnel, durch den bis heute die Straße in der Furlo-Schlucht führt, und ein Stückchen des römischen Pflasters bei Fossombrone in Augenschein nehmen. Endpunkt der Via Flaminia war das römische Fano, in dem der Augustusbogen aus dem 1. Jh. n. Chr. nach wie vor Einlass in die Stadt gewährt. Zahlreiche Funde und Ausgrabungen zeugen von jener Epoche: Besonders sehenswert sind die römischen Bronzefiguren in Pergola (1. Jh. v. Chr.), das doppelköpfige Mosaik im archäologischen Museum von Ascoli Piceno, die riesigen Zisternen, die im Untergrund von Fermo im ersten nachchristlichen Jahrhundert angelegt wurden, das Theater von Falerone (1. Jh. v. Chr.), die weitläufigen Überreste der antiken Siedlung von Urbisaglia und die römischen Brücken in Ascoli Piceno, Fermignano und Cagli.

Visso: romanisches Weihwasserbecken

Romanische Kirchen und Klöster

Die römische Bauform der weltlichen *basilica* übernahmen die Christen für ihre Kirchen. Das basilikale Schema begründete dreischiffige Gotteshäuser, deren Mittelschiff im Idealfall doppelt so breit wie die Seitenschiffe ist. Unter dem in der Regel um einige Stufen erhöhten Chor wurde eine Krypta angelegt. Auffälligste Kennzeichen romanischer Architektur sind die vielblättrige Fensterrose und der Rundbogen, den man nicht nur an und in Kirchen, sondern auch an weltlichen Gebäuden, etwa dem Palazzetto Longobardo in Ascoli Piceno, findet. Die strenge Symmetrie und die Klarheit der einzelnen Bauformen erzeugen eine schlichte Schönheit. Gerade auf dem Land haben sich wahre Juwele romanischer Architektur erhalten. An erster Stelle sind hier die Kirchen Santa Maria und San Claudio im Chienti-Tal sowie das im Baustil byzantinisch beeinflusste Kirchlein San Vittorio Terme zu nennen. Zu den ältesten romanischen Kirchen in den Marken gehört die urtümliche Pfarrkirche Santa Maria Assunta in San Leo, die im 10./11. Jh. errichtet wurde und damit noch als frühromanischer Bau gilt.

Fresken

Von der großflächigen Ausmalung der Kirchen mit Fresken haben sich oftmals nur Reste erhalten. Diese Maltechnik wurde nach dem italienischen Wort *fresco* (frisch) bezeichnet, da die Ma-

Juwel romanischer Architektur: San Claudio im Chienti-Tal

ler ihre Bilder auf den noch feuchten Putzwänden aufbrachten. Ihr Maltempo wurde vom Trocknungsprozess bestimmt und da die Wände schnell von oben nach unten abtrockneten, mussten sie abschnittsweise von oben nach unten bemalt werden. Die zwei bedeutendsten Freskenmaler in den Marken stammen beide aus dem 14. Jh. Ihre Namen sind bis heute unbekannt und man bezeichnet sie nach ihren Hauptwerken als ›Meister von Offida‹ und ›Meister von Tolentino‹. Den vollkommensten Eindruck einer gänzlich ausgemalten Kapelle bietet Tolentino, wo um 1335 ein herrlicher Freskenzyklus zur Geschichte des hl. Nikolaus entstand. Auch von den in den Marken geborenen Brüdern Salimbeni hat ein leuchtender Freskenzyklus aus dem 15. Jh. in Urbino überdauert.

Burgen und Paläste der Renaissance

Im 15. und 16. Jh., der Zeit der Renaissance (frz. ›Wiedergeburt‹), entdeckten Gelehrte, die Humanisten, und Künstler die Antike wieder. Literatur und Malerei, Philosophie und Architektur waren vom Geist der Antike durchdrungen. So stützten sich die großen Baumeister des neuen Renaissancestils auf die zehn Bücher über Architektur des römischen Architekten Vitruv (1. Jh. v. Chr.), die man zu Beginn des 15. Jh. in Italien wieder entdeckte. Die Architekten der Renaissancezeit übernahmen diese antiken Bauregeln sowie Gestaltungsprinzipien und passten sie den Erfordernissen ihrer Zeit an. So zeichnen sich die Renaissancebauten durch ausgewogene Maßverhältnisse,

RAFFAEL & CO.

Lorenzo Lotto: Die Kreuzigung (1531), Monte San Giusto

Das Lebensgefühl der Renaissancemenschen fand seinen anschaulichsten Ausdruck in der bildenden Kunst und Malerei. Angesichts der einmaligen Renaissancestadt Urbino verwundert es kaum, dass gerade hier **Raffael Sanzio** (Santi), geboren wurde. Giorgio Vasari, selbst Baumeister, Maler und Kunsthistoriker, schilderte in seinen erstmals 1550 veröffentlichten Künstlerbiografien die Umstände von der Geburt und Jugend des begnadeten Malers: »Raffael wurde am Karfreitag des Jahres 1483 nachts drei Uhr zu Urbino, einer berühmten Stadt Italiens, geboren; sein Vater war Giovanni Santi, als Maler von nicht besonderen Vorzügen, jedoch ein verständiger Mann und geeignet, seinen Sohn auf den guten Weg zu leiten (...). Als er größer wurde, fing Giovanni an, ihn in der Kunst der Malerei zu unterrichten (...). Endlich erkannte jedoch dieser gute und liebevolle Vater, daß sein Sohn nicht viel mehr bei ihm lernen könne, und beschloß ihn zu Pietro Perugino in die Lehre zu geben.« Es war vermutlich kurz vor seinem Tod 1494, als Giovanni Sanzio seinen Sohn zur Ausbildung ins umbrische Perugia zu Perugino, einem der bedeutendsten Meister seiner Zeit, schickte. An diesem Tag verließ Raffael die Marken und begründete seinen Ruhm fernab der Heimat in Rom mit der Ausmalung der so genannten Raffael-Stanzen im Vatikan und mit Papstporträts. Neben einem frühen Madonnenfresko, das Raffael im ersten Stock seines Geburtshauses malte, besitzen die Marken kaum Werke ihres größten Künstlers. Das schönste Gemälde befindet sich in der Nationalgalerie der Marken in Urbino: Es ist das anmutige Bildnis einer adeligen Dame, auch »La Muta« (Die Stumme) genannt. An seinem 37. Geburtstag am 6. April 1520 starb Raffael in Rom und wurde dort im Pantheon beigesetzt.

Einer der eher unbekannteren Wegbereiter der italienischen Renaissancemalerei war gut 100 Jahre vor Raffael **Gentile di Niccolò Massi** (um 1370–1427), der nach seinem Geburtsort als Gentile da Fabriano bekannt wurde. Anfang der 1420er Jahre schuf der zu den wichtigsten Vertretern der spätgotischen Malerei gehörende Gentile mit der »Anbetung der Heiligen Drei Könige« ein frühes Renaissancebild, während andere Künstler zur gleichen Zeit noch ganz in den Formen der Gotik gefangen waren. Auch er verließ seine Heimat, die nicht ein Bild von ihm besitzt, und arbeitete u.a. in Venedig, Florenz und Rom, wo er 1427 starb.

Die Bilder des Gentile da Fabriano prägten die Gebrüder **Lorenzo und Jacopo Salimbeni** (um 1375–1420 bzw. nach 1427), die aus der kleinen Stadt San Severino stammten und ihr Leben in den Marken verbrachten, denen sie u.a. die ausdrucksvollen Fresken im Oratorium San Giovanni in Urbino hinterließen.

Während die in den Marken geborenen erstrangigen Maler in die Ferne zogen, kamen andere in die Region, etwa der gebürtige Venezianer **Carlo Crivelli**, der 1457 wegen Ehebruchs verurteilt wurde und daraufhin seine Heimatstadt verließ. Ab 1468 scheint er ohne Unterbrechung in den Marken gearbeitet zu haben. Seinen ersten Flügelaltar malte er für die Kirche San Silvestro in Massa Fermana. Ein Jahr später siedelte sich Crivelli in Ascoli Piceno an, wo er um 1495 auch verstarb. Der dortige Dom birgt sein wohl beeindruckendstes Werk, einen Flügelaltar, dessen Bildtafeln Maria mit Kind von Heiligen umgeben zeigen. Sein besonderes Kennzeichen sind – auch auf diesem Madonnenbildnis – Fruchtgirlanden. In der Darstellungsform blieb er älteren Vorbildern und der gotischen Manier verhaftet. Sein Bruder und vermutlich auch Schüler **Vittorio Crivelli**, der 1501/02 in Fermo starb, erreichte niemals sein Können.

Der wichtigste zugewanderte Künstler ist **Lorenzo Lotto** (um 1480–1556), ein venezianischer Meister der Hochrenaissance und Zeitgenosse von Raffael und Tizian. Der religiöse und schüchterne Maler kam wiederholt in die Marken, arbeitete u.a. in Recanati, Jesi und Monte San Giusto, bis er sich schließlich 1554 als Laienbruder ins Kloster von Loreto zurückzog, wo er zwei Jahre später verstarb. Die Stärke seines Könnens lag in der Porträtmalerei: Feinste Pinselstriche verliehen den Seidenkleidern seiner Porträtierten einen glänzenden Schimmer und Brokatstoffen ein samtiges Aussehen. Seine meisterlichen Porträts sind heute auf die größten Museen der Welt verteilt. Ebenso detailverliebt hat Lotto seine im kirchlichen Auftrag entstandenen Gemälde ausgeführt, die durch ihre psychologisierende Darstellung den Betrachter gefangen nehmen. Amüsant sind die kleinen originellen Einfälle, mit denen Lorenzo Lotto die Heiligenlegenden und biblischen Geschichten bereicherte, wie das springende Kätzchen in der ›Verkündigung‹ in Recanati.

klare Gliederungen und Symmetrie aus. Der idealtypische italienische Renaissancepalast ist quadratisch, sein Haupteingang führt zunächst unter dem Haus hindurch in einen Innenhof, der von eleganten Arkaden gesäumt wird. Nach außen hin wirken die strengen Renaissancefassaden eher abweisend, während sich in der Ausschmückung der Räume mit Malereien, Intarsien und Majolika die Ideale des Humanismus – Bildung, Kunst und eine neue sinnenfrohe Lebenslust – widerspiegeln.

Seinen Ausgang nahm der neue Stil im mittelitalienischen Florenz. Die geschlossenste Stadtanlage der Renaissance findet man heute jedoch im märkischen Urbino, das zum Weltkulturerbe erklärt wurde. Diese Stadt verdankt ihre Gestalt dem Condottiere und Humanisten Federico da Montefeltro, dem bedeutenden Architekturtheoretiker Leon Battista Alberti (1404–1472) und dem genialen Festungsbaumeister Francesco di Giorgio Martini (1439 –1501). Letzterer gestaltete nicht allein den Herzogspalast in Urbino, sondern passte im Auftrag des Herzogs auch zahlreiche mittelalterliche Wehranlagen in der Region den neuen militärischen Anforderungen an, nämlich der Verteidigung gegen Kanonen.

In Fermignano wurde 1444 Bramante, der eigentlich Donato d' Angelo Lazzari hieß, geboren, doch der Begründer der klassischen Architektur der italienischen Hochrenaissance verließ seine Heimat und arbeitete vor allem in Mailand und Rom, wo er sich als Baumeister an der Peterskirche einen unvergessenen Namen machte.

Majolika

Zum eleganten Lebensstil gehörten in den Renaissancepalästen auch die mit floralen Motiven und Porträts bemalten Keramiken. Diese ›Maiolica‹ wurde im Italienischen nach der Insel Mallorca benannt, während man sie außerhalb Italiens als ›Fayence‹ nach dem italienischen Faenza bezeichnete.

In den Marken präsentiert das Städtchen Urbania voller Stolz seinen Titel ›Gebiet der alten, traditionellen Keramikproduktion‹. Schon seit dem Mittelalter stellte man hier, als die Stadt noch den Namen Casteldurante trug, Keramiken her, und unter dem Einfluss der Renaissancemalerei sowie der Förderung durch die Herzöge von Urbino erreichte man ein hohes künstlerisches Niveau. Im 16. Jh. waren die Majoliken aus Casteldurante in ganz Europa begehrt. Zu jener Zeit beschickten hier 150 Meister der Majolikakunst 40 Brennöfen mit ebenso feinen wie prunkvollen bemalten Tellern und Vasen. 1548 veröffentlichte der Durantiner Meister Cipriano Piccolpasso erstmals ein Lehrbuch über Geheimnisse und Regeln der Herstellung italienischer Renaissancekeramiken. Die hiesige Produktion unterschied sich von der aus anderen Orten durch typische Dekorationselemente und ausgeprägte Historienmalerei. Noch heute zählen die nach alten Mustern und Vorlagen bemalten Teller, Vasen, Bonbonieren und Platten aus den Werkstätten von Urbania zu den schönsten italienischen Keramiken.

ESSEN UND TRINKEN

Cucina marchigiana

Die traditionelle, saisonabhängige Küche der Marken hat ihre Wurzeln in der bäuerlichen Gesellschaft. Es ist eine bescheidene Küche, die sich durch die Vielfalt der Grundnahrungsmittel und den Glücksfall der Trüffel auszeichnet. Besonders stolz sind die *marchigiani* auf ihre biologisch angebauten Produkte, die gut 400 Bauernhöfe in der Region liefern. Entlang der Küste dominieren Fisch und Krustentiere, im Hinterland Huhn, Kaninchen, Wild, Lamm, Pilze und Trüffeln die Speisekarte. Gemeinsam ist beiden Landstrichen das reichhaltige Angebot an Pasta, frischem Gemüse und Salaten, die mit dem einheimischen, zartgrünen Olivenöl zubereitet werden.

Genießen in den Marken

Der italienische Tag beginnt **morgens** in der **Bar** mit einem Espresso und einem Hörnchen, *cornetto*, gefüllt mit Marmelade (*con marmelata*), Schokolade (*cioccolato*), Vanillecreme (*con crema*) oder ungefüllt (*senza niente/vuoto*). Wer hier ganz italienisch seinen Kaffee am Tresen zu sich nimmt, zahlt weniger, denn der *servizio* am Tisch kostet extra.

Das ausgiebige italienische **Menü** besteht aus vier Gängen – *antipasti*,

Eine märkische Spezialität: Olive all'Ascolana

39

ABC DER D.O.C.-WEINE

Die Hügel zwischen Apennin und Küste bieten mit Lehm- oder Kalkböden und viel Sonne gute Bedingungen für den Weinbau. Es gibt zwölf Anbaugebiete mit kontrollierter Herkunftsbezeichnung (D.O.C.=Denominazione di Origine Controllata). Die Rotweine überwiegen, doch ein Weißer, der Verdicchio dei Castelli di Jesi, hat die märkischen Weine über die Grenzen Italiens hinaus bekannt gemacht.

Bianchello di Metauro: Ein fruchtig-frischer Weißwein von den Hügeln am Flussbett des Metauro. Er passt gut zu Vorspeisen und Fisch.

Colli Maceratesi: Die Rotweine aus der Gegend von Macerata bestehen zu mindestens 50% aus Sangiovese-Trauben, die dem Wein eine rubinrote Farbe verleihen. Die strohgelben Weißweine aus der örtlichen Macerentino-Traube munden bestens zu gegrilltem Fisch.

Colli Pesaresi: Diese rubinroten und strohgelben herben Rot- und Weißweine aus dem Norden der Region lassen sich zu jedem Menü trinken.

Esino: Der mindestens zu 50% aus Verdicchio-Trauben bestehende Weißwein aus der Provinz Ancona ist ebenso wie der *Frizzante* ein erfrischender Aperitif. Er wird, wie die Rotweine, bevorzugt zu leichten Speisen serviert.

Falerio dei Colli Ascolani: Trockener Weißwein mit blumigem Bukett. Er wird aus verschiedenen Rebsorten im Hügelland von Ascoli Piceno gekeltert und erinnert mit seinem Namen an die römische Veteranenkolonie *Falerio Picenus* im Tenna-Tal.

Lacrima di Morro d' Alba: Der fast violett schimmernde Rotwein mit vollem Bukett und geringem Tanningehalt ist der edelste Tropfen der Marken. Die Lacrima-Traube wird in einer kleinen Zone um Morro d' Alba in der Provinz Ancona angebaut und bislang kaum exportiert.

Offida: Die Weißweine werden aus den traditionsreichen Traubensorten Passerina oder Pecorino gekeltert, der Rotwein aus Montepulciano und Cabernet Sauvignon.

Rosso Conero: Ein kräftiger, trockener Rotwein aus dem Gebiet des Monte Conero. Als gealterter Riserva ist er ein guter Begleiter zu Wild und Käse.

Rosso Piceno: Der kräftige, einfache Rote aus dem Süden der Region ist der am weitesten verbreitete Rotwein der Marken. Er wird aus Sangiovese- und Montepulciano-Trauben gewonnen und passt zu Nudel- und Fleischgerichten.

Verdicchio dei Castelli di Jesi: Der bekannte Weißwein ist als junger Wein strohgelb und sehr frisch, mit der Lagerung verändert sich seine Farbe ins Goldene. Sein Geschmack wird dann kräftiger, sein Duft unverwechselbar. Nur wenn er aus der ältesten Anbauzone stammt, darf er die Bezeichnung ›Classico‹ führen.

Verdicchio di Matelica: Ein zarter, frischer Weißwein, der als junger Wein sehr fruchtig ist, später nach Nuss duftet. Passt zu Pasta, Meeresfrüchten und Fisch.

Vernaccia di Serrapetrona: Granatroter Schaumwein aus der Gegend von Tolentino, den es von trocken bis lieblich gibt.

primo, secondo, dolce –, allerdings muss sich im **Ristorante** niemand durch alle Gänge hindurcharbeiten, auch unter Italienern sind drei Gänge mittlerweile gang und gäbe. Zum Mittagessen *(pranzo)* kann man sich, zumal in kleineren Landgasthöfen, auch mit zwei Gängen begnügen, ohne den *padrone* zu verärgern.

Antipasti

Am Anfang stehen die Vorspeisen. *Antipasti misti*, gemischte Vorspeisenteller, sind eine gute Möglichkeit, verschiedene Leckereien zu probieren. In Küstennähe türmen sich Meeresschnecken, Garnelen, eingelegte Sardinen und marinierte Muscheln auf den Platten, im Bergland findet man den herzhaften rohen Schinken aus Carpegna, Salami aus Fabriano oder die deftige *ciauscolo*, eine Mettwurst, die traditionellerweise mit Fenchel und Knoblauch gewürzt oder getrüffelt wird. Eine Delikatesse können auch die *bruschette* sein, kleine in Olivenöl geröstete Weißbrotscheiben, die mit Tomaten, Leberpastete oder gehackten Trüffeln belegt werden. Mariniertes Gemüse, gegrillte Auberginenscheiben *(melanzane)* und in Kräutern eingelegte, in Ascoli Piceno gefüllte und frittierte Oliven bereichern das Angebot. Und dann die Käseauswahl: *bucconcini di bufalina*, mundgerechte Büffelmozzarellakugeln, *Pecorino* (Schafskäse), *Casciotta* aus Urbino oder *Formaggio di Fossa*, ein in Tuffsteinhöhlen gereifter Käse, dessen gelbliche Farbe ihm nach seinem Herkunftsort den Namen ›Bernstein von Talamello‹ eingetragen hat.

Primi

Spitzenreiter unter den ersten Gängen sind die zahllosen Nudelgerichte: Tagliatelle mit Steinpilzen, Pappardelle mit Wildschweinragout, Passatelli mit schwarzer Tintenfischsauce, Tortellini mit Seeteufel, Spaghetti mit Meeresfrüchten, Ravioli mit Salbei, Orecchiette mit wildem Fenchel – der Vielfalt sind keine Grenzen gesetzt. Einmal zumindest sollte man die Trüffelnudeln kosten, die ein kulinarischer Höhepunkt sein können. Ungewöhnlich, aber lecker ist *pasta e ceci*, Nudeln mit zarten Kirchererbsen, die im Tronto-Tal und auf der Hochebene in den Sibillinischen Bergen angebaut werden. Gleich welche Soße – die handgemachten Maccheroncini aus Campofilone sind die besten Nudeln der Region. Unter den Suppen stehen an der Küste der *brodetto di pesce*, eine herzhafte ›Fischsuppe‹, die nichts mit unseren Suppenvorstellungen gemein hat, im Hügelland die Linsen- und Getreidesuppen an erster Stelle.

Secondi

Der zweite Gang besteht in der Regel aus Fisch oder Fleisch; Vegetarier können sich an gegrilltem Gemüse und *frittate* (Omelette) gütlich tun. An der Küste gibt es leckeren Fisch mit Kräutern vom Grill, in der Gegend von Ancona sind derbe Stockfischgerichte eine traditionelle Delikatesse. Jenseits der Küstenlandschaft werden schmackhafte Würstchen (*salsicce*), Wildschwein und Hammel gegrillt, zartes Lammfleisch im Ofen geschmort. Regionaltypisch ist *coniglio in porchetta*, ein mit Kräutern geschmorter Kaninchenbraten, in der Gegend um Acquaviva Picena kocht man dagegen *Ncip-Nciap*, eine Art Kaninchengulasch. Interessante Kompositionen gibt es ebenso bei den Geflügelgerichten, z. B. das mit Kastanien und Trüffeln gefüllte Perlhuhn.

Auch der in Pesaro geborene Komponist Gioacchino Rossini wusste etwas zum Thema beizutragen, doch sein in einer Knoblauchbinde eingewickeltes Perlhuhn unter einer Salzpyramide, das nach dem Willen des Gourmets mit Hammer und Skalpell serviert werden sollte, scheint aus der Mode gekommen zu sein – im Gegensatz zu den in die klassische französische Küche eingegangenen Tournedos à la Rossini.

Dolci

Regionaltypisches Dessert sind einfache flache Mürbeteigkuchen *(crostate)* mit Äpfeln, Feigenmarmelade oder Pflaumenmus. Daneben gibt es die bekannten Klassiker: Crème caramel, Panna cotta, Tiramisu und die unbekanntere Zuppa inglese, ein ausgesprochen farbenfrohes Cremedessert mit likörgetränktem Biskuit. Köstlich ist auch hausgemachtes Eis, besonders ein *semifreddo*, ein Halbgefrorenes, das oft mit Schokoladensoße serviert wird.

Spezialitäten-ABC

Brodetto: Das traditionelle Rezept für die berühmte Fischsuppe verlangt dreizehn verschiedene Fische aus der Adria, darunter Seezunge, Glatthai, Barbe, Petermännchen und Drachenkopf, die in einer mit Essig, Knoblauch, Zwiebeln und Kräutern gewürzten und mit Tintenfischen geschmorten Tomatensoße über Garnelen bzw. Hummer geschichtet und gegart werden. Allerdings hat jeder Ort, jedes Ristorante sein eigenes Rezept. Der *Brodetto Sambenedettese* wird beispielsweise mit Muscheln angereichert, in Porto Recanati veredelt man die Fischsuppe mit Safran. Zusammen mit der Brühe werden Fische und Schalentiere auf geröstetem Weißbrot angerichtet.

Olive all'Ascolana: Die goldbraun frittierten gefüllten Oliven gehören in Ascoli Piceno zum Vorspeisenrepertoire wie die Glocke zum Kirchturm. Grundlage der Spezialität bildet die Olivensorte ›Tenera Ascolana‹, die nur in kleinen Mengen angebaut wird. Nach der Ernte werden die großen, grünen Früchte mit etwas wildem Fenchel für 10–12 Tage in eine Salzlake eingelegt, bevor sie mit einer Farce aus gebratenem Rind-, Schweine-, Hühnerfleisch und -leber sowie Gemüse gefüllt und in einer Panade aus Eiern, Parmesan und Pecorino mit einem Hauch von Zitrone und Muskat frittiert werden.

Stoccafisso all'Anconetana: Diese Spezialität steht ganz in der alten Seefahrertradition, denn der getrocknete Fisch ließ sich problemlos auf lange Schiffsreisen mitnehmen. Nach den Vorstellungen der *Accademia dello Stoccafisso all'Anconetana* sollte der Stockfisch auf Schilfhalmen zubereitet werden. Die meisten Köche haben sich heute aber für nadellose Rosmarinzweige entschieden, auf denen die

Stockfischstücke geschichtet und mit einer Soße aus Knoblauch, Zwiebeln, Karotten, Sellerie und Weißwein im Topf gegart werden. Dazu gibt es Kartoffeln und Tomaten.

Vincisgrassi: Der Nudelauflauf kann seine enge Verwandtschaft mit der bekannten italienischen Lasagne nicht leugnen. Einer netten Legende zufolge soll das Gericht für einen österreichischen General aus Windischgrätz, der 1799 für die Befreiung Anconas erfolgreich gekämpft hatte, vom ersten Koch der Stadt zubereitet und nach dem Heimatort des Generals benannt worden sein – erfunden wurde es damals allerdings nicht, denn schon Antonio Nebbia, der berühmte Koch der Marken, verzeichnete das Gericht 1784 unter dem Namen *princisgras* in seinem Kochbuch.

Unterwegs

Für den kleinen Hunger zwischendurch kann man sich in einer gut sortierten **Bar** niederlassen. Belegte Brötchen (*panini*), die in Dreiecke geschnittenen und ungetoastet mit Salat, Mozzarella oder Thunfisch belegten Weißbrote (*tramezzini*), manchmal auch Pizzastücke stehen zur Auswahl. Am späten Nachmittag bekommt man hier zu einem Glas Wein oder Aperitif kleine Appetithäppchen, *stuzzichini* genannt. Empfehlenswerte Alternativen zum Ristorante sind die einfache **Pizzeria**, in der man ofenfrische Pizzastücke vom Blech im Stehen isst, und die **Tavola Calda**, wo es all die leckeren Antipasti und Nudelgerichte gibt.

Einkaufen

In der Bäckerei (*forno*) gibt es neben Brot und Brötchen auch die knusprigen *crostate*, die sich gut einige Tage aufheben lassen, in der Metzgerei (*macelleria*) herzhafte Würstchen, Wildschweinsalami und getrüffelte *salume*, um die Mittagszeit auch *porchetta*, deftiges Spanferkel. In den Geschäften für Milchprodukte (*latticini*) findet man Mozarella, Ricotta und allerlei regionale Käsespezialitäten. Die oft einfachen und manchmal winzigen Lebensmittelgeschäfte (*alimentari*) bieten vor allem in kleineren Orten von Brot über Schinken, Käse, Obst und Gemüse bis zu Getränken und Toilettenartikeln alles Notwendige.

Kostproben

Und dann gibt es noch die märkischen *Sagre* **und Messen**, lukullische Dorf- und Stadtfeste mit herrlichen Probier- und Kaufständen, etwa die Trüffelmärkte in Sant'Agata Feltria und Sant'Angelo in Vado (im Oktober), den Markt der Sibillinischen Berge in Visso (August), die Fischfeste in Porto Rocanati und Porto San Giorgio (Juni/Juli).

Tipps für Ihren Urlaub

Ascoli Piceno: Piazza del Popolo

DIE MARKEN ALS REISEZIEL

Lange Zeit war die Adriaküste das Hauptreiseziel in der Region. Das hat sich zu Recht geändert, denn die Marken haben mehr zu bieten als Sonne, Strand und Liegestuhl. Sehenswerte Städte mit langer Geschichte, charmante Hügelstädtchen mit mittelitalienischem Flair und eine überwältigende Bergwelt – die Marken sind eine vielseitige Region, in der Strandurlauber und Sonnenanbeter, Naturliebhaber und Wanderer, Kulturreisende und Kunstsinnige gleichermaßen glücklich werden.

Besondere Highlights

Abbazia di Fiastra – ein Kleinod zisterziensischer Architektur in einem Naturschutzgebiet.

Ancona – die geschäftige Großstadt mit Dom und Archäologischem Museum. *S. 122 / 237, E1*

Ascoli Piceno – wohl die schönste Stadt in der Region mit ihrer grandiosen Piazza del Popolo und dem ehrwürdigen Café Meletti. *S. 139 / 239, D3*

zu weit!

Fermo – eine einladende Stadt, unter der sich eine riesige römische Zisterne erstreckt.

Grotte di Frasassi – prächtige Tropfsteinhöhlen, in denen selbst der Mailänder Dom Platz hätte. *S. 119 / 236, C3*

Loreto – Wallfahrtsort und Kunsthort.

Macerata – mit seinem typisch mittelitalienischen Flair und den Opernfestspielen im Sferisterio.

Monte Conero – Naturpark und winzige Badestrände unterhalb der steil abbrechenden Kalkfelsen. *S. 131 / 237, F2, bei Portonovo*

Offida – die Hochburg der Spitzen.

Pesaro – ein heiterer Küstenort mit Rossini-Festival. *S. 58 / 235, E1*

San Leo – klebt wie ein Adlerhorst am Felsen in der lieblich-rauen Landschaft des Montefeltro.

Santa Maria und San Claudio – die schönsten romanischen Kirchen im Chienti-Tal.

Sibillinische Berge – Legenden und Mythen sind hier zu Hause.

Tolentino – mit seiner freskengeschmückten Basilika und dem Internationalen Karikaturmuseum.

Urbino – Renaissancestadt und märkisches Weltkulturerbe. *S. 72 / 235, D2*

San Marino S. 92
Rimini ?

›Alles gratis‹ *Florenz??*

Wer nicht in der Hauptsaison unterwegs ist, kann durchaus versuchen, in kleineren Hotels beim vorgeschlagenen Übernachtungspreis zu handeln. Ein bisschen Planung bei Stadtbesichtigungen ist mitunter bares Geld wert, denn einige Städte, etwa Pesaro, bieten ein *biglietto cumulativo* an, ein günstiges Sammelticket für mehrere Sehenswürdigkeiten. Kinder und Senioren erhalten viele Vergünstigungen wie kostenlose Museumsbesuche oder preisreduzierte Eintrittskarten. Es ist ratsam, immer den Personalausweis einzustecken, denn man nimmt es erstaunlich genau und kontrolliert bei Senioren das Alter.

Pauschal oder individuell?

Strandurlauber, die einige Ausflüge ins Hinterland unternehmen wollen, können sich einem der großen Reiseveranstalter, die allesamt die Marken im Programm haben, anvertrauen. Die beiden Konzerne haben allerdings fast ausschließlich große Hotels im Angebot, während die kleineren Anbieter oft schönere, nicht unbedingt teurere Unterkünfte sowohl an der Küste, als auch im Hügelland zur Auswahl stellen. Wer die Region auf einer Rundreise kennenlernen möchte, muss diese individuell gestalten.

Während der Hauptsaison empfiehlt es sich, in Ferienorten am Meer und beliebten Städten wie Urbino und Macerata im Voraus zu buchen, übers Reisebüro oder privat per Fax oder E-Mail. Im Landesinneren kann man auch ohne Reservierung sein Glück versuchen. Das bietet den Vorteil, dass das Hotel erst einmal in Augenschein genommen werden kann. Besondere Aufmerksamkeit ist bei den *centri di ben essere* geboten, die kleine Oasen der Ruhe und des Wohlbefindens mit Sauna, Swimmingpool etc. sein können oder aber trostlose, weil kaum besuchte Anlagen, in denen nichts mehr funktioniert.

Strände und Buchten

Von den 26 märkischen Badeorten offerieren Pesaro, Fano und Senigallia das gelungenste Zusammenspiel von Kultur und Baden, Grottammare und San Benedetto haben Flair. Die

Café in Urbino

S. 132/237 F2

S. 134/ 237, F2

S. 135 237, F2

schönsten Badebuchen findet man am Monte Conero, in Portonovo, Sirolo und Numana. Der von Bahn, Schnellstraße und Autobahn eingezwängte Strandabschnitt zwischen Civitanova und Grottammare ist eine eher langweile Sonnenschirmallee. Der trubelige Küstenort San Benedetto del Tronto hat auch Nachtschwärmern allerhand zu bieten, und während in anderen Küstenstädten Diskotheken meist außerhalb des Ortes zu finden sind, gibt es hier am Lungomare in den späten Abendstunden Livemusik und Diskos.

Die Strände der Marken sind weitestgehend von Strandbädern *(bagni)* besetzt. Diese halten ihren Strandbereich sauber, vermieten die ordentlich aufgestellten Liegestühle mit Sonnenschirmen pro Tag oder Woche und stellen Umkleidekabinen sowie sanitäre Anlagen zur Verfügung. Zu jedem *bagno* gehört auch eine Bar, die Erfrischungen und Espresso bereithält. An den Rändern der Hauptstrände, gelegentlich auch zwischen zwei *bagni* gibt es freie Strandabschnitte, wo jeder liegen kann, wie er möchte, dafür allerdings alles selbst mitbringen und den anfallenden Müll auch wieder mitnehmen muss.

Ruhe und Natur

Kleinere und größere Naturschutzgebiete verteilen sich über die Region. Das verlockendste ist der Parco Nazionale dei Monti Sibillini, dessen überwältigende grüne Berglandschaft einen seltenen Zauber ausübt. Richtig genießen lässt sich diese einsame Land-

schaft auf Wanderungen oder ausgedehnten Spaziergängen. Doch auch eine Fahrt über die schon in der Nachbarregion Umbrien gelegene weite leere Hochebene, den Piano Grande, ist ein beeindruckendes Erlebnis. Andere Naturschutzgebiete wie das kleine Reservat bei der Zisterzienserabtei Chiaravalle di Fiastra haben den Charakter von Naherholungsgebieten und werden gerne am Wochenende als Picknickplätze genutzt.

Urlaubsaktivitäten

Wassersport

Segeln, Surfen, Wasserski, Tauchen: Die Adriaküste hält ein großes Angebot für Wassersportler bereit. Der stetige Wind bietet gute Voraussetzungen für Surfer, ein reizvolles Tauchgebiet ist die klare Küste des Monte Conero. Die Touristeninformationsbüros in größeren Städten halten eine Adressenliste der Veranstalter bereit. Kleinere Vergnügen wie Tretboote, oft auch Surfbretter, verleiht man in den Strandbädern *(bagni)*.

Wandern in den Sibillinischen Bergen

Das schönste Wandergebiet sind die Sibillinischen Berge im Süden der Marken. Ausgedehnte Spaziergänge in wilden Schluchten lassen sich hier genauso gut unternehmen wie lange Wandertouren, die ohne besondere Schwierigkeiten zu den höchsten Gipfeln führen. Voraussetzung sind neben Rucksack, Wetterkleidung und trittsicheren Wanderschuhen eine gute Kondition und Orientierungsvermögen, denn die Wanderrouten sind in der Regel nicht markiert. Hilfreich sind Wanderstöcke, die beim Abstieg über Geröll Sicherheit geben. Unterschätzen sollte man die sanft anmutende Bergwelt der Sibillinen aber auf keinen Fall und sich immer gut ausgerüstet mit Wanderkarte, Proviant, Sonnen- und Regenschutz auf den Weg machen. Das Wetter kann hier – wie überall in den Bergen – überraschend schnell umschlagen, und selbst Ende August kann es am Monte Vettore zu heftigen Hagelschauern kommen.

Golf

Der schönste Golfplatz der Region liegt hoch über dem Meer auf dem Monte Conero bei Sirolo. Anfänger sind auf dem Campo Practica di Golfo Pubblico (Agrigolf, Viale Le Sabatucci 118, Tel. 0733 897444), der mitten im Grünen zwischen Civitanova und Civitanova Alta liegt, willkommen.

Reiten

Die Naturparks im Montefeltro, am Monte Conero und in den Sibillinischen Bergen sind ideal für ausgedehnte Exkusionen auf dem Pferderücken. Im Agriturismo findet man zahlreiche Angebote für Reiterferien.

Radtouren

Die Hügelwelt der Marken lässt sich auch mit dem Rad erkunden – sehr gute Kondition vorausgesetzt. Entlang der Küste und in den breiten Flusstäler ist das Verkehrsaufkommen für Radfahrer unangenehm hoch, ruhiger und schöner sind die kleinen Landstraßen im Landesinnern, die allerdings beträchtliche Steigungen verzeichnen. Der bergige Montefeltro ist wirklich nur für Durchtrainierte geeignet. Tourenvorschläge samt Streckenkarten und -beschreibungen bekommt man bei den Touristeninformationsbüros, im Internet unter www.happybike.it und u. a. unter www.sputnik it.

Hotels mit Serviceangebot (Fahrradwerkstatt, Sauna, Wäscherei etc.) für Radler findet man unter www.bikesporthotels.com. Über Kombinationsmöglichkeiten (Rad und Bahn) informiert die Federazione Italiana Amici della Bicicletta unter www.fiab-onlus.it.

Sprachferien

Italienischkurse für Anfänger und Fortgeschrittene werden von zwei anerkannten Schulen in Urbania angeboten: Centro Studi Italiani Dante Alighieri, Via Boscarini 1, Tel. 0722 317375, www.centrostuditaliani.org, und Scuola Italiana, Via Garibaldi 11, Tel. 0722 317982, www.datalab.it/scuolaitalia. Ein zweiwöchiger Intensivkurs in kleinen Gruppen schlägt mit ca. 350 Euro zu Buche.

Töpfern

Ferienkurse in Formungs- und Dekorationstechniken gibt es für Anfänger und Fortgeschrittene unter der Leitung von Durantiner Keramikmeistern in der traditionsreichen Majolikastadt Urbania:

Associazione Amici della Ceramica, Piazza del Mercato 6, Tel. und Fax 0722 31 76 46, www.datalab.it/amici ceramica (ca. 300 Euro/Woche).

Urlaub mit Kindern

Die Strände der mittleren Adria sind ideal für Kinder. Es geht in den *bagni* zwar geordneter zu als an freien, so genannten wilden Strandabschnitten, doch die Italiener sind ausgesprochen kinderfreundlich und lieben den Trubel. Zu den Badeeinrichtungen gehören oft Spielplätze mit Rutschen und einem Meer von Plastikkugeln, sandige Volleyballfelder und Bocciabahnen. Besonders kinderfreundlich gibt sich das Küstenstädtchen Fano mit seinem Projekt *Città per bambini*: Die Strände sind mit Kinderspielplätzen gut ausgestattet, in Strandnähe sorgen verkehrsberuhigte Zonen für mehr Sicherheit, ein spezielles Kinderprogramm lockt mit Ausflügen und Spielstunden.

Abseits der Strände sind die märchenhaften Tropfsteinhöhlen von Frasassi für Kinder ebenso interessant und spannend wie für Erwachsene, und die Burgen von Gradara, San Leo, Mondavio, Offagna und Caldarola lassen manche Märchenfantasie wahr werden. Unter den zahlreichen Museen ist das Papiermuseum in Fabriano für Kinder besonders ansprechend, denn hier kann man beim Papierschöpfen zusehen. Je nach Alter oder Größe gibt es bei Eintrittsgeldern bis zu 50 % Ermäßigung.

Mit dem Mountainbike in den Bergen

Reisezeit und -kleidung

Hochsaison haben die Marken im Juli und August, wenn das Thermometer an der Küste tagsüber auf ca. 28 °C klettert und die Wassertemperatur der Adria bei 23/24 °C liegt. Doch auch in den heißesten Monaten des Jahres weht auf den Hügeln hinter der Küste immer ein erfrischendes Lüftchen, das in den Abendstunden merklich abkühlt, weshalb ein warmer Pullover und eine Jacke für die abendliche *passeggiata* im Reisegepäck nicht fehlen sollten.

Hartnäckig hält sich das schöne Vorurteil, dass es in Italien im Sommer immer sonnig und heiß sei, doch in der Realität kann selbst die Küstenstadt Ancona durchschnittlich fünf Regenta-

ge im August verzeichnen. In der Vor- und Nachsaison im Mai/Juni und September ist das Klima bei 20–24 °C angenehm und die Hotels erheblich günstiger als im Juli/August. Im Mai entfaltet sich in Küstennähe eine bunte Blütenpracht, während in den Sibillinischen Bergen noch Schnee liegen kann. Im Juni werden die Tage deutlich länger und die Luft- und Wassertemperaturen steigen auf 25 bzw. 18 °C. Jetzt beginnt die sommerliche Wanderzeit in den Sibillinischen Bergen, wo sich auf dem Piano Grande ein zauberhafter Blütenteppich ausbreitet. Ab Mitte September muss man mit vermehrten Regenschauern rechnen, und die *bagni*-Besitzer beginnen langsam damit, ihre Liegestühle und Sonnenschirme zusammenzuräumen.

Die kühleren Herbstmonate sind die Hochzeit der Feinschmecker. Dann kommen frische Pilz- und delikate Wildgerichte, im Oktober die ersten weißen Trüffeln auf den Tisch.

Eine **Windjacke und trittsichere Schuhe** sollte man auf jeden Fall einpacken, damit z. B. die Besichtigung der Tropfsteinhöhlen von Frasassi nicht zur Zitterpartie gerät. Auch eine kleine **Picknickausrüstung** ist eine sinnvolle Ergänzung des Urlaubsgepäcks, denn es gibt kaum etwas Schöneres, als sich ein ruhiges Plätzchen in der herrlichen Hügelwelt zu suchen oder auf einem der Picknickplätze wie bei der Zisterzienserabtei in Chiaravalle die deftigen Würste, den herzhaften Höhlenkäse und die Tomaten zu verzehren, die nach Tomaten schmecken.

UNTERWEGS IN DEN MARKEN

Ein Leitfaden für die Reise und viele Tipps für unterwegs.

Genaue Beschreibungen von Städten und Dörfern, Sehenswürdigkeiten und Stränden, Ausflugszielen und Reiserouten.

Die Marken erleben: Ausgesuchte Hotels, Landgasthöfe und Pensionen, Restaurants und Pizzerien, Wanderungen und Weinproben.

Urbino

In der Provinz Pesaro/Urbino

Pesaro: Piazza del Popolo

Reiseatlas S. 234, 235

IN UND UM PESARO

Azurblaue Adria, städtisches Flair und bukolische Hügellandschaften: Die Gegend um Pesaro bietet gleichsam einen Extrakt der Marken. In Pesaro selbst ist mit Villen, schönen Plätzen und Flanierstraßen der Charme alter Seebäder noch lebendig. Von hier führt die Strada Panoramica hoch über der Adria nach Gradara und ins trubelige Gabicce Mare.

Pesaro

Reiseatlas: S. 235, E 1

Die geschäftige Provinzhauptstadt ist mit ihren knapp 89 000 Einwohnern nach Ancona die zweitgrößte Stadt in den Marken und die schönste Küstenstadt der Region. Während die meisten Küstenorte von den Gleisen der Bahnlinie entlang der Adria durchschnitten werden, was eine unnatürliche Trennung in Ober- und Unterstadt, in Altstadt und Tourismuszentrum, in Kultur und Baden zur Folge hat, zieht die Bahn in einem weiten Bogen um die Provinzhauptstadt und macht an ihrem südwestlichen Ende Station. Dem verdankt Pesaro ein geschlossenes Stadtbild, ein Miteinander von Küste und städtischem Leben, seinen ganz besonderen Charme.

Ihre alljährliche Glanzzeit erlebt die Stadt im August, wenn Besucher aus aller Welt in die Geburtsstadt Gioacchino Rossinis zu den Festspielen kommen. Im Teatro Rossini werden dann ausschließlich Opern des berühmtesten Sohns der Stadt gegeben.

Geschichte

Lange bevor die Römer die Stadt 184 v. Chr. mit Namen *Pisaurus* als Kolonie verzeichneten, siedelten Picener in der Gegend. Ihre Nekropole aus dem 9.–6. Jh. v. Chr. im 7 km entfernten Novilara gilt als Wiege Pesaros. Im Krieg zwischen Byzantinern und Ostgoten stand Pesaro in Flammen, denen auch der frühchristliche Dom zum Opfer fiel. Fortan bildete die Stadt mit Rimini, Senigallia, Fano und Ancona die byzantinische Pentapolis. Mit der Pippinischen Schenkung fiel auch Pesaro an den Kirchenstaat und erwies sich in der Stauferzeit als unsicherer Kandidat mit wechselnder Papst- und Kaisertreue. In den folgenden Jahrhunderten beherrschten Adelsgeschlechter die Stadt: die Malatesta, Sforza und Della Rovere. Letztere verlegten den herzoglichen Hof von Urbino nach Pesaro. Erst 1911 wurde die fünfeckige Stadtmauer, die noch aus den Zeiten der Della Rovere stammte, zerstört, um eine Ausdehnung zur Küste hin zu ermöglichen. Das leistete einer neuen

Mode Vorschub: Das Bürgertum entfloh den Gassen der Altstadt und richtete sich in modernen Jugendstilvillen am Meer ein. Die ausgefallenste unter ihnen ist die Villa Ruggeri, die auch die Bombenangriffe 1915 und 1944 schadlos überstand.

Sfera Grande und Villa Ruggeri

Die **Sfera Grande** [1], die große glänzende Bronzekugel an der Strandpromenade, ist ein beliebter Treffpunkt in Pesaro. Nur wenige Schritte entfernt erheitert die grüne **Villa Ruggeri** [2], die, 1902–07 erbaut, mit zierlichen weißen Ornamenten überzogen ist.

Der Viale della Repubblica bildet die 300 m lange Verbindungsachse zwischen Neu- und Altstadt. Man betritt sie mit der von edlen Modegeschäften gesäumten Via Rossini. *Für Manu (nur gucken)*

Der Dom und seine Mosaike

Die Via Rossini führt zum **Dom** [3], ein einmaliges Schatzkästchen mit dreifachem Boden. Errichtet wurde die Basilika über einem spätrömischen Gebäude. Ihr **Portal** mit den romanischen Löwen zeugt von ihrer Erbauung im 13./14. Jh. Doch die Ursprünge des Baus liegen tiefer.

Knapp 1,50 m unter dem heutigen Bodenniveau haben Archäologen 1999 unter einem prächtigen, ca. 600 m^2 großen **Fußbodenmosaik** aus dem 6. Jh. n. Chr. ein weiteres Bodenmosaik gefunden, das zur frühchristlichen Basilika aus dem 4.–5. Jh. gehörte. Was aber macht man mit drei Böden in einer Kirche? Ende des 19. Jh. hatte man beim Wiederaufbau der Kirche das obere Mosaik erstmals freigelegt, sich dann aber für eine völlige Abdeckung entschlossen. Auch im Jahr 2000 konnte sich die zuständige Soprintendenza nicht für eine der zugegeben teuren Möglichkeiten entscheiden, die eine freie Sicht auf beide Mosaike erlaubt hätte, sondern ließ unter dem Proteststurm der Einwohner von Pesaro einen demontierbaren Fußboden zum Schutz der Kostbarkeiten einziehen. So sind nur einige Mosaikfelder unter Panzerglas sichtbar.

Das größte und schönste liegt hinter dem verschlossenen Hauptportal und zeigt ein Medaillon von ca. 3 m Durchmesser, das zum oberen Mosaikboden aus dem 6. Jh. gehört. Verzierte Kreise und vier ihre Schwingen ausbreitende Vögel rahmen eine Inschrift, die von dem Wiederaufbau der Kirche durch einen gewissen Johannes berichtet, der vermutlich in Diensten Kaiser Justinians stand. Zu seiner Zeit wurde das untere Fußbodenmosaik mit Kalk und Ziegelbruchwerk überdeckt, um so den Untergrund für ein neues Mosaik zu schaffen. Letzteres entstand zeitgleich mit den einzigartigen byzantinischen Wandmosaiken in Ravenna. In 20 rechteckigen Felder zeigt es Medaillons mit Tieren, Menschen und Fabelwesen, von denen einige wie z. B. die Sirene im Zuge der Umgestaltung der Kirche im 12./13. entstanden.

Teile des älteren, mit geometrischen Mustern kleinteiliger gestalteten Bodens lassen sich gleich hinter dem linken und rechten Seiteneingang betrachten. Der Großteil der Mosaikbilder

bleibt dem Besucher im Dom verborgen – er ist in einem von der Erzdiözese herausgegebenen 20 minütigen Video zu sehen, das die Buchhandlung Buona Stampa unterhalb des Doms verkauft.

Casa Rossini

Nur Schritte vom Dom entfernt steht mit der **Casa Rossini** ☐4 die zweite Attraktion Pesaros. In dem kleinen Häuschen wurde am 29. Februar 1792 der Komponist und Musiker Gioacchino Rossini geboren. Er verlebte in Pesaro nur seine ersten Kinderjahre, denn schon 1802 verließ die Familie die Stadt Richtung Bologna. Im Erdgeschoss zeigen Lithografien und Fotos Interpreten von Rossinis Opern, im ersten Stock sind das Spinett des Komponisten und einige handschriftliche Notenblätter ausgestellt. Reizvoll sind die zahlreichen Karikaturen, die es in dem winzigen Zimmer mit Herdstelle zu sehen gibt: Rossini mit herausquellenden Augen und dicken Pausbacken (Juli/Aug. Di–So 9.30–12.30, Di, Do 17–23, Fr–So 17–20 Uhr).

Musei Civici

Schräg gegenüber führt die Via Seminario zu den **Musei Civici** ☐5. Sie beherbergen die städtische Gemäldesammlung mit einem Altarbild des Venezianers Giovanni Bellini, der berühmten Pala di Pesaro (ca. 1475), sowie eine kleine, aber feine Majolika-

Die Sfera Grande von
Arnaldo Pomodoro

Sammelticket

In Pesaro gibt es für den Besuch der Museen **und** des Geburtshauses des Komponisten Gioacchino Rossini ein preisgünstiges *biglietto cumulativo*.

Ausstellung mit Keramiken aus Pesaro, Casteldurante (Urbania) und dem umbrischen Deruta. Star des Museums aber ist das über zwei Meter große Medusenhaupt im Eingangshof, Glanz und Elend des Pesareser Majolikameisters Ferruccio Mengaroni. Geboren 1855 in Pesaro, arbeitete Mengaroni in seiner Werkstatt im Viale Trento, dessen Räume heute das Ristorante Il Castiglione bezogen hat. Er schuf u.a. einen Majolikaboden für die Engelsburg in Rom und die kuriose Außendekoration seiner Villa. Als am 13. Mai 1925 sein Medusenhaupt zur Kunstbiennale in Monza eintraf, brach beim Abladen ein Balken, und während sich alle in Sicherheit brachten, stürzte Mengaroni vor, um sein Werk zu retten. Das klagende Medusenhaupt hat überlebt, Mengaroni wurde unter ihm begraben.

Piazza del Popolo

Der städtische Mittelpunkt Pesaros ist seine **Piazza del Popolo**, wo sich einst das römische Forum befand. Heute wirkt der große Platz, in dessen Zentrum ein Tritonenbrunnen aus dem 17. Jh. sprudelt, ein bisschen überdimensioniert. Das ändert sich gelegentlich

PESARO

0   400 m

Mar Adriatico

Piazzale d. Libertà

16

R. Sanzio

Piazzale D'Annunzio

Viale G. Verdi

Viale Cesare Battisti

Viale Trento

Viale Rosselini

Viale della Vittoria

Viale F. Cavallotti

Viale Postumo

Viale Amendola

Viale Trieste

Via L. la Marca

Strada delle Marche

Via M. Kolbe

Via M. Tocci

Ancona

Sehenswürdigkeiten

1 Sfera Grande
2 Villa Ruggeri
3 Dom
4 Casa Rossini
5 Musei Civici
6 Palazzo Ducale
7 San Domenico
8 Santa Maria delle Grazie
9 Villa Tardoromana
10 Rocca Costanza
11 Sant'Agostino
12 Conservatorio Rossini
13 Museo Archeologico Oliveriano
14 Teatro Rossini

Übernachten

15 Vittoria
16 Hotel des Bains

Essen und Trinken

17 Lo Scudiero
18 Il Castiglione
19 Ristorante Esedra
20 C' era una volta
21 Casetta Vaccai

GIOACCHINO ROSSINI – KOMPONIST UND GOURMET

Am 29. Februar 1792 wurde Gioacchino Rossini als Sohn des Hornisten und Trompeters Giuseppe Rossini und seiner Frau Anna, einer Sopranistin, geboren. Mit zwölf Jahren beherrschte er verschiedene Streichinstrumente und unterrichtete Cembalo an diversen Theatern, während er selbst das Musikgymnasium in Bologna besuchte. Rossinis Komponistenkarriere begann am 3. November 1810, als sich erstmals der Vorhang zu »La cambiale di matrimonio« in Venedig hob. Es war der Auftakt zu einem wahren Schaffensrausch. Insgesamt 39 Opern brachte er zwischen 1810 und 1829 hervor. Zu seinen berühmtesten Kompositionen zählen »Tankred« (1813) und »Der Barbier von Sevilla« (1816), dessen Uraufführung in Rom als einer der größten Theaterskandale in die Operngeschichte einging, da sich der Hauptdarsteller während der Vorstellung die Nase blutig schlug und ein auf der Bühne herumirrendes Kätzchen klagend miaute. Es sollte nicht die letzte Panne sein. Auch bei der ersten Vorstellung der tragischen Oper »Moses in Ägypten« geriet der letzte Akt aufgrund bühnentechnischer Mängel zur Komödie. Seine letzte Oper, »Wilhelm Tell«, bestand am 3. August 1829 in Paris die Bühnenprobe.

Populär wurde Gioacchino Rossini vor allem durch die *opera buffa*, die Komische Oper, als deren Paradebeispiel heute sein »Barbier von Sevilla« gilt. Die Wurzeln dieser italienischen Operngattung des 18. und 19. Jh. liegen in der Stegreifkomödie, der *commedia dell'arte,* und in einer Zeit, als das Opernhaus noch ein gesellschaftlicher Treffpunkt war, an dem man Musik hörte, plauderte und allerlei privaten Vergnügungen nachging. Für Rossini war das Leben selbst eine Komische Oper: »Essen und lieben, singen und verdauen: das sind in Wahrheit die vier Akte dieser *opera buffa*, die Leben heißt und wie Schaum in einer Champagnerflasche vergeht. Wer sich diesen Genuss entgehen lässt, muss verrückt sein.«

Der Liebe und gutem Essen war Rossini, ausgesprochen zugetan. 1822 heiratete er die Primadonna seiner Zeit, die Sopranistin Isabella Colbran, der man nachsagte, sie sei die Mätresse des Königs von Neapel gewesen. Mit ihr zog Rossini durch Europa, zunächst nach Wien, und über London schließlich nach Paris, das bis zu seinem Tod am 13. November 1868 seine Heimat werden sollte. Berühmtheit erlangten auch die ausschweifenden Bankette, die Rossini in seiner Villa in Passy gab, bei denen seine *Tournedos*, dicke gebratene Rinderfiletscheiben, die mit einer Scheibe Gänsestopfleber und gehackter Trüffel auf geröstetem Weißbrot serviert wurden, nicht fehlen durften.

»Nach dem Nichtstun gibt es für mich keine schönere Beschäftigung als Essen, gutes Essen, wenn Sie wissen, was ich meine.«

(Gioacchino Rossini)

sonntags, wenn die Leere der weiten Piazza von unzähligen Ständen gefüllt und im dichten Getümmel um die Preise der angebotenen Antiquitäten gefeilscht wird. Am nächsten Morgen ist der Spuk vorbei, und auf dem gekehrten Platz hat die Behäbigkeit, die Pesaro so liebenswert macht, wieder Einzug gehalten. Dann lassen sich die Palazzi in aller Ruhe in Augenschein nehmen, vielleicht bei einem Cappuccino vor dem **Caffè Ducale**, das im Palazzo della Paggaria residiert. Der **Palazzo Ducale** 6 dem Café schräg gegenüber war einst Sitz der Malatesta. Alessandro Sforza ließ ihn zwischen 1450 und 1465 im Stil der Renaissance umgestalten.

Die obere Platzseite nimmt der **Palazzo der Postdirektion** ein. Er wurde 1848 erbaut und Anfang des letzten Jahrhunderts verändert. Es lohnt sich, einige Schritte um die Ecke auf die Via Branca zu gehen und das ins Postgebäude integrierte Portal der ehemaligen Kirche **San Domenico** 7 von 1395 zu betrachten. Sein gotischer Spitzbogen gibt heute den edlen Rahmen für einen grell beleuchteten Bankautomaten ab; die beiden ehrwürdigen Portallöwen bewachen ihn.

Rund um die Piazza del Popolo

Von der Piazza del Popolo bieten sich drei Wege zur weiteren Erkundung Pesaros an. An der unteren Platzseite führt links die von Kriegsschäden und daraus resultierenden Neubauten gezeichnete Via San Francesco zur Kirche **Santa Maria delle Grazie** 8, die

Rossini-Denkmal im Konservatorium

einst auf Wunsch der Malatesta dem hl. Franziskus geweiht wurde. Ihr in ein Kastenfeld eingestelltes spitzbogiges Portal, das mit Figuren und zwei Löwen verziert ist, zeugt noch von der Entstehungszeit im 14. Jh. Im Kircheninneren haben nur noch Freskenreste aus dem 14./15. Jh. die Barockisierung überdauert.

Von dem Piazzale Matteotti sind es nur wenige Schritte bis zur neuesten Entdeckung Pesaros, der **Villa Tardoromana** 9 aus den Anfängen des 4. Jh. 1983 hat man die Ausgrabungen begonnen und neben Grundmauern eines römischen Hauses auch Mosaikreste ans Tageslicht geholt. Die überdeckte Ausgrabung, die nur unregelmäßig zugänglich, aber von außen einsehbar ist, wartet noch auf ihre weitere Erforschung. Ganz anders dagegen die **Rocca Costanza** [10], eine vierflügelige Festungsanlage, die Costanzo Sforza als Herr von Pesaro zur Verteidigung der Stadt Ende des 15. Jh. errichten ließ. 1864–1989 diente sie als Gefängnis.

Bummelt man von der Piazza del Popolo über den Corso XX Settembre mit seinen noblen Wäsche- und Schuhläden, exklusiven Juwelier- und Porzellangeschäften, gelangt man zur Kirche **Sant'Agostino** [11], deren reich verziertes, venezianisch-gotisches Portal aus dem 14./15. Jh. in starkem Kontrast zur restlichen Fassade steht. Eine Rarität sind die Portallöwen, die Reiter tragen. Heute sind die beiden Figuren stark abgegriffen und ähneln Affen, doch bei näherer Betrachtung lässt sich ihre Bekleidung erkennen. Sechs Heilige haben in Nischen und unter Baldachinen an den Außenseiten des Portals Platz gefunden. Im Inneren, das im 18. Jh. vollständig dem Zeitgeschmack angepasst wurde, zeigt das hölzerne Chorgestühl aus dem 15. Jh. aufwändige Intarsienarbeiten.

Verlässt man dagegen die Piazza del Popolo an ihrem oberen Ende auf der Via Branca, führt die Via Almerici zum **Conservatorio Rossini** [12]. Im Innenhof des eleganten Palazzos scheint die Bronzestatue Rossinis den Klängen der Übenden zu lauschen. Hinter dem Konservatorium birgt der Palazzo Almerici das **Museo Archeologico Oliveriano** [13]. Das Glanzstück der einst privaten Sammlung vorrömischer und antiker Funde aus der Gegend von Pesaro ist zweifellos die picenische Stele von Novilara mit einer eingeritzten Schiffsszene (Juli, Aug. Mo–Sa 16–19

Uhr). Den Abschluss der Altstadt bildet das **Teatro Rossini** [14]. Hier stand ab 1637 zunächst das Teatro del Sole, das nach gravierenden Schäden 1816–18 als Teatro Nuovo wieder entstand. Der erste Vorhang erhob sich zu Rossinis Komischer Oper »Die diebische Elster«, vom Meister eigenhändig dirigiert. Ihm zu Ehren wurde das Theater 1855 umbenannt.

iat: Viale Trieste 164, Tel. 0721 69341, Fax 0721 30462, apt, Via Rossini 41, Tel. 0721 359501, Fax 0721 133930, www.comune.pesaro.ps.it.

Am Viale Trieste reihen sich durchweg annehmbare Dreisternehotels. Ein Lichtblick zwischen den einfallslosen Betonhochhäusern sind das Vittoria und Hotel des Bains.
Vittoria [15]: Piazzale Libertà 2, Tel. 0721 34343, Fax 0721 65204, www.viphotels.it. Das noble Strandhotel – eines der 100 *Locali Storici d' Italia* – erinnert mit seinem Glanz, den gewienerten Holzböden, edlen Stilmöbeln und dem unaufdringlichen Service an längst vergangene Tage. DZ ab 150 €, in der Hochsaison allerdings teurer.
Hotel des Bains [16]: Viale Trieste 221, Tel. 0721 34957, Fax 0721 35062. Traditionelles Hotel in Strandnähe, funktionale Zimmerausstattung. DZ ab 70 €.

Lo Scudiero [17]: Via Baldassini 2, Tel. 0721 64107, So Ruhetag. Gediegenes Ambiente in romantischen Gewölberäumen, verfeinerte mittelitalienische Küche. Menü ca. 50 €.
Il Castiglione [18]: Viale Trento 148, Tel. 0721 64934. Das elegante Ristorante in den Räumen der ehemaligen Keramikwerkstatt von Ferruccio Mengaroni gehört samt seinem romantischen Innenhof zu

den beliebtesten Adressen in der Stadt. Menü ca. 40 €.

Ristorante Esedra 19: Piazza Esedra 49/Via Morselli 34, Tel. 0721 32060. Gemütliches Fischrestaurant in einer Rotunde aus dem 18. Jh., auch Tische im Freien. Menü ca. 35 €.

C' era una volta 20: Via Cattaneo 26, Tel. 0721 30911. Beliebte Pizzeria. Für einen Platz anzustehen lohnt sich! Hauseigene Spezialität ist die Pizza Rossini, die nach dem Backen dick mit Scheiben gekochter Eier und Mayonnaise belegt wird. Pizza ab 5 €.

Casetta Vaccai 21: Via Mazzolari 22, Tel. 0721 69201. Das mittelalterliche Backsteinhäuschen ist seit dem 19. Jh. im Besitz der Familie Vaccai, die ihren Gästen in stilvoller Atmosphäre Wein und kleine Leckerbissen anbietet.

Edle Schuh-, Mode- und Haushaltswarengeschäfte auf dem **Corso XX Settembre,** Designerkleidung bei **Ratti,** Via Rossini 71.

Tgl. **Markt** samt Porchetta-Ständen im Mercato Coperto, Piazzale Mercato, Eingang neben San Domenico.

Bottega d' Arte: Via Rossini 35. Wertvolle Majolika. Neben dem klassischen Rosendekor aus Pesaro ist die blau-weiße Keramik mit Motiven aus den Raffael-Stanzen eine Besonderheit.

Rossini Opera Festival: August. Informationen unter Tel. 0721 38001, Fax 0721 3800220 (Mo–Fr), www.rossini operafestival.it.

Die Sandstrände links und rechts der Piazza della Libertà sind von *bagni* besetzt; ›wilde‹ Abschnitte liegen im Süden unterhalb des Monte Ardizio, allerdings in unmittelbarer Straßen- und Bahnnähe. Gute Wassersportmöglichkeiten vorhanden.

Tauchen: Centro Subacqueo, Via della Sanità 24, Tel. 0721 31028;

Windsurfen und Segeln: Club Nautico, Strada da i due porti 20, Tel. 0721 220780.

Fahrräder und *cicli carrozzelle* (Viersitzer) werden am Piazzale D' Annunzio verliehen.

Zugverbindung entlang der Küste. Autofahrer sollten unbedingt die Parkplatzmarkierungen auf der Straße beachten: Blau = Parkschein besorgen!

Fiorenzuola di Focara und Casteldimezzo

Reiseatlas: S. 235, D 1

Traumhafte Ausblicke über das Meer bieten sich von der Strada Panoramica, die von Pesaro nach Gabicce führt. Um diese dürftig ausgeschilderte Straße zu treffen, orientiert man sich in Pesaro Richtung Rimini. Auf jeden Fall muss zunächst der Fluss Foglia überquert werden, bevor man sich rechts Richtung Parco Naturale di Monte San Bartolo bzw. Strada Panoramica hält. Auf kurvenreicher Fahrt passiert man dann einen alten, weißen Leuchtturm und traumhafte Villen. Besonders interessant ist die **Villa Imperiale**, ein raffinierter Renaissancebau mit wunderschönen Gartenanlagen. Ihr Bauherr war Alessandro Sforza, doch die Ehre der Grundsteinlegung fiel dem in Pesaro weilenden deutschen Kaiser Friedrich III. zu, was namengebend für die »kaiserliche‹ Villa werden sollte (Mitte Juni–Ende Aug. Mi Führungen – nur nach Anmeldung beim iat in Pesaro).

Während das untere Stück der Straße nur gelegentlich Aussicht auf das

Meer gewährt, öffnet sich kurz vor **Fio-renzuola di Focara** der Blick und macht dem Namen der Straße alle Eh-re. Auf einem Hügel schiebt sich Fio-renzuola mit seinem hohen Glocken-turm ins Bild.

Das nächste Örtchen, **Casteldimez-zo,** wartet mit einer hoch über dem Meer gelegenen Aussichtsterrasse samt Pizzeria und Taverna auf. Vom na-mengebenden Kastell, das auf der Hälf-te (*mezzo*) des Weges zwischen Fioren-zuola und Gabicce lag, haben sich nur noch Spuren erhalten. Die Aussichts-straße führt weiter über Gabicce Mon-te, doch ein kleiner Abstecher lockt zu-nächst ins 4 km entfernte Gradara.

Camping Paradiso: Fiorenzuola di Focara, Tel. 0721 208145. Gepfleg-ter Campingplatz an der Strada Panora-mica zwischen Pesaro und Fiorenzuola di Focara.

La Canonica: Via Borgata 20, Cas-teldimezzo, Tel. 0721 209017. Rus-tikales Fischlokal im ehemaligen Pfarr-haus. Menü ca. 35 €.

Gradara

Reiseatlas: S. 235, D 1

Aus der Ferne mutet das Kastell von Gradara mit seinen zinnenbekrönten Mauern wie eine Filmkulisse an. He-rausgeputzt präsentiert sich das En-semble Tausenden von Besuchern, die alljährlich den angeblichen Schauplatz der tragischen Romanze zwischen Francesca und Paolo sehen wollen.

Das unter den Malatesta ausgebau-te Kastell wurde erstmalig zum Jahr 1182 erwähnt. 1463 besiegte hier Fe-derico da Montefeltro seinen erbitter-ten Widersacher Sigismondo Malates-ta. Im gleichen Jahr ging die Festung

Am Strand von Fiorenzuola di Focara

FRANCESCA UND PAOLO

Es war eine Geschichte von Liebe und Eifersucht, Entdeckung und Tod, die Gradara zu höchstem Ruhm brachte: Der für seine Schönheit gerühmte Paolo Malatesta hielt als Brautwerber für seinen missgestalteten Bruder Gianni um die Hand von Francesca da Polenta aus Rimini an. Doch die schöne Frau verliebte sich in den Werber anstatt in den Bräutigam und brach auch nach ihrer Hochzeit mit dem mächtigen Gianni Malatesta nicht die Beziehung zu Paolo ab. Das heimliche Liebespaar wirde entdeckt und von dem gehörnten Ehemann eigenhändig ermordet. Den Grundstein für ihren literarischen Ruhm legte Dante (1265-1321) im 5. Höllengesang seiner Göttlichen Komödie, dem leidenschaftliche Versionen von Boccaccio, Lord Byron und D'Annunzio folgten.

Als man 1790 in Gradara ein weibliches Skelett in prunkvollen Kleidern und Schmuck fand, war es eine Ehrensache, hierin die sterblichen Überreste der unglücklichen Francesca zu erblicken. Doch erst der letzte Burgbesitzer, der Mailänder Umberto Zanvettori, ließ in den 1920er Jahren in der Burg das »Zimmer der Francesca« einrichten, in dem seither Tausende von Besuchern angesichts zweier Stühle und eines Lesepults an Dantes traurige Verse über die unbändige Leidenschaft, die Francesca und Paolo beim gemeinsamen Lesen eines höfischen Romans überfiel, erinnert werden. Da Dante es vermieden hatte, den Ort zu benennen, an dem 1284 Francesco und Paolo ihr tragisches Ende fanden, wetteifern mehrere Städte um die Ehre, historischer Schauplatz der Love Story gewesen zu sein. Rimini zum Beispiel, wo man schlichtweg behauptet, die Tragödie hätte sich im Castello Sigismondo abgespielt – Behauptungen ohne Leiche.

auf die Sforza über. Giovanni Sforza und seine berüchtigte Gemahlin Lucrezia Borgia hielten sich während ihrer kurzen Ehe an manchem heißen Sommertag in Gradara auf.

Vom großen Parkplatz unterhalb der Burg gewährt ein Tor aus dem 17. Jh. Einlass in den *borgo*, die Altstadt innerhalb der Burgmauern. Die schnurgerade Via Umberto I, gesäumt von Lokalen und Andenkenläden, deren Angebot vom Majolika-Teller bis zur Ritterrüstung reicht, führt zur Burg hinauf (Mo 8.30–13, Di–So 8.30–18.30 Uhr, Eintritt 5,50 €).

Die steinernen Wappen im **Innenhof** der Burg legen Zeugnis der verschiedenen Herren von Gradara ab. Man sieht das schachbrettartige Wappenbild mit den Initialen P(andolfo) M(alatesta) ebenso wie den Löwen der Sforza.

Der Rundgang führt im Erdgeschoss in eine kleine **Folterkammer,** die zu den ältesten Teilen der Burg gehört, dann in die **Räume des ersten Stocks** hinauf. Ihre Möblierung und Ausmalung geht meist auf die historisierende Restaurierung und Rekonstruktion der Burg in den 20er Jahren des letzten Jahrhunderts zurück und verrät durch Jugend-

stilanklänge ihre eigene Zeit. Und dennoch, sie sind herrlich romantisch, diese kleinen Räume mit ihren großen Kaminen und bemalten Holzdecken.

In der **Kammer der Lucrezia Borgia** sind noch originale Fresken mit allegorischen Figuren erhalten, die vielleicht anlässlich der Hochzeit des Burgherrn Giovanni Sforza mit Lucrezia Borgia im Jahr 1493 entstanden.

Erst im vorletzten Raum des Rundgangs gelangt der Besucher in die **Kammer der Francesca,** die Zanvettori in den 1920er Jahren einrichten ließ. Im **Saal der Justiz,** für den man in den 1920er Jahren das die Erzengel

darstellende Holzrelief eines vermutlich deutschen Bildhauers (15./16.Jh.) erwarb, verdient das Madonnenbild (1484) von Giovanni Sanzio, dem Vater des berühmteren Raffael, Beachtung.

Am Ende der Besichtigung erreicht man im Erdgeschoss eine **Kapelle,** die so prächtig ausgemalt ist, dass in ihrer unteren Raumhälfte ein spinnwebfeiner Vorhang über die Wände gespannt zu sein scheint. Das plastische Terrakotta-Altarbild (15. Jh.) wird dem Florentiner Künstler Andrea Della Robbia zugeschrieben.

Abschließend gelangt man für einige Schritte auf die **Stadtmauer,** die

Gabicce Mare

hervorging. 133 Meter liegt der alte Ort über dem modernen Strandort Gabicce Mare, das, wäre da nicht der Fluss Tavolo, nahtlos ins romagnolische Cattolica überginge. Hier unten reiht sich am breiten Sandstrand Sonnenschirm an Sonnenschirm. Am Lungomare Cristoforo Colombo und am Viale Mare drängen sich Hotelbauten, von denen viele im ersten Adriarausch der 1950er Jahren entstanden sind. Ende September, wenn die letzten Touristen aus den knapp 120 Hotels abreisen, die Pizzerien und Strandbars schließen, wirkt der Ort mit den zurückbleibenden 5343 Einwohner fast entvölkert.

apt, Viale delle Vittoria 41, Gabicce Mare, Tel. 0541 954424, Fax 0541 953500, www.gabiccemare.com.

Losanna: Piazza Unità d' Italia 3, Gabicce Mare, Tel. 0541 950367, Fax 0541 960120, www.hotel-losanna-gabiccemare.it. In Strandnähe mit Garten, 65 Zimmer. ab 100 €.
Posillipo: Via dell'Orizonte 1, Gabicce Monte,Tel. 0541 953373, Fax 0541 953095, www.hotelposillipo.com. Exklusives Hotel in bester Panoramalage. Tennisplätze, Pool, 28 Zimmer. 98–176 €.

Dalla Gioconda: Via dell'Orizonte 2, Gabicce Monte, Tel. 0541 962295, außer im Sommer Mi geschl. Familiäres Fischlokal mit vielfältigen Meeresfrüchtegerichten. Menü ca. 40 €.
Al Giardino: Strada della Romagna 40, Fanano di Gradara, Tel. 0541 969521. Familiäre Trattoria und Pizzeria mit schönem Garten an der Straße von Gabicce Mare nach Gradara.

samt den dreizehn viereckigen Türmen aus der Malatestazeit stammt. Ihre Zinnen erhielten die Türme erst im letzten Jahrhundert. Der Aufgang zur Stadtmauer befindet sich im Turm gleich am Eingang des *borgo* (tgl. im Sommer 9–12.30, 15–19 und 20.30 –22.30 Uhr).

Gabicce

Reiseatlas: S. 235, D 1
Die Strada Panoramica führt weiter nach Gabicce Monte, ein kleines von Andenkenläden besiedeltes Örtchen, das aus einem mittelalterlichen Kastell

Baia Imperiale: Via Panoramica. Legendäre Disko zwischen Gabicce Mare und Monte. Lightshow zwischen antikisierten Säulen, die erste Adresse für Nachtschwärmer.

Zugverbindungen entlang der Küste.
Pendelbusse Richtung Rimini (und den berühmten Diskos) und Gabicce Monte.

Colli Pesaresi

Kulinarische Genüsse warten im hügeligen Hinterland von Pesaro. Süße Birnen in Serrungarina, zartgrünes Olivenöl in Cartoceto, die Weiß- und Rotweine der Pesareser Berge gehören noch zu den Geheimtipps der Region.

Dem weißen Bianchello di Metauro, so erzählen Weinbauern schmunzelnd, habe man gar den Sieg über die Karthager zu verdanken, denn als Hasdrubal 207 v. Chr. in raschem Marsch von Frankreich nach Italien kam, um seinem Bruder Hannibal Hilfe zu bringen,

---

Olio Extra Vergine

Das zartgrüne säurearme Olivenöl aus Cartoceto ist weit über die Grenzen der Marken hinaus ein Begriff. Wie beim Wein wird hier auch beim Öl nach den verschiedenen Geschmacksnuancen und Lagen unterschieden. Je kleiner die Lage, desto höher der Preis. Berühmt und prämiert sind die Olivenöle der Cantina Bianchini.

---

habe Hasdrubal und die Seinen nichts und niemand aufhalten können, bis sie schließlich das Metauro-Tal erreichten. Hier, so berichten sie voller Stolz, erlag das durstige Heer unter der Sommersonne den Versuchungen des jungen fruchtigen Weins, den sie wie Wasser tranken. Die betrunkenen Krieger waren für die Römer leichte Beute, ihr Anführer Hasdrubal fiel in der Schlacht am Metaurus. So habe der Bianchello di Metauro für den Anfang vom Ende des karthagischen Kriegsglücks gesorgt. Und wer bei einem Glas des trockenen, fruchtigen Weißweins den Geschichten lauscht, mag es fast glauben.

Cartoceto

Reiseatlas: S. 235, E 2
Ins Metauro-Tal führt von Pesaro über Fano die SS 3, die man bei Calcinelli verlässt. Eine schmale Straße windet sich durch die grüne Landschaft nach Cartoceto hinauf, einem Ort, der vor allem von der Obsternte, dem Weinanbau und seinem ausgezeichneten Olivenöl lebt. Selbst das Theater wurde 1801 in einem ehemaligen Lager für Oliven eingerichtet. Und so ist es kein Wunder, dass man hier abseits der Küste und größeren Städte in dieser ländlichen Idylle ein kleines Mekka für Feinschmecker vorfindet. Ein bisschen versteckt an einer Stichstraße zwischen Cartoceto und Mombarocchio leitet Lucio Pompili, der wohl berühmteste Koch der Marken, in einem schön restaurierten, edel ausgestatteten Landhaus sein Ristorante ›Symposium‹. Der Meister, der in allen gastronomischen Führern seit

Jahren höchstes Lob erfährt, hat sich einer leichten italienischen Küche verschrieben, bei der die Frische und Qualität seiner Zutaten von größter Bedeutung sind. Die Gerichte orientieren sich vornehmlich an einheimischen Produkten: delikate Linsensuppe und Wildragout bestimmen das *Menu caccia*, Aalsalat mit Schweinebacke eröffnet das Meeresmenü. Die elegante Landhausatmosphäre, die weinüberrankte Terrasse, das charmante Separee, in dem nach dem Essen Espresso und Digestif serviert werden, lassen den Abend zum vollkommenen Genuss werden.

Symposium: Via Cartoceto 38, Cartoceto-Serrungarina (1 km außerhalb von Cartoceto), Tel. 0721 898320, Mo, Di geschl. Menü ab 100 €. *Oje*

Cantina Bianchini: Via Sant'Anna 15, Tel. 0721 898440. Hier gibt es außer guten Rot- und Weißweinen sowie edlem Grappa ein mehrfach preisgekröntes Olivenöl direkt vom Erzeuger.

Mombarocchio

Reiseatlas: S. 235, E 2
Noch vor dem Ort führt rechts eine Straße zum Convento Beato Santo, der 1223 von Franziskus von Assisi begründet wurde. Kirche und Klostergebäude, die in späteren Jahrhunderten Veränderungen erfuhren, liegen einsam in einem Fichenwald. Sie wurden 1944 zum Kriegsschauplatz, als Amerikaner ein knappes Dutzend deutsche Soldaten, die auf dem Hügel mit einer Flak hantierten, heftig bombardierten. Zwei

Kilometer entfernt liegt das von seiner mittelalterlichen Stadtmauer umgebene Mombarocchio. Durch die Porta Maggiore, die von zwei Türmen flankiert wird, kann man den Ort in wenigen Minuten bis zum gegenüberliegenden Stadttor durchlaufen. In der Ortsmitte bietet die Kirche San Marco allerlei Kurioses in den hier untergebrachten musealen Räumen, die Reliquie eines Heiligen aus der römischen Priscilla-Katakombe etwa und einen ›Fußabdruck Christi‹, den man in Rom abgenommen haben will.

Sant'Angelo in Lizzola und Apsella

Reiseatlas: S. 235, D 2
Auf der Weiterfahrt durch Wein- und Obstbaumkulturen hinunter ins Foglia-Tal wird der Weiler **Sant'Angelo in Lizzola** passiert, in dessen ummauertem Zentrum von der zinnenbekrönten Torre Civica ein weiter Blick über das Land möglich ist (Sommer Mo–Sa 9–13 Uhr).

Bei **Apsella** erreicht man die SS 423. Überquert man diese Straße und hält sich sofort am Parkplatz links, zeigt sich die unscheinbare, 970 begründete romanische Abteikirche San Tommaso in Foglia, wo 1047 Papst Clemens II. starb. Er gilt in zweifacher Hinsicht als einmalig: Er war der einzige Deutsche, der bis zum heutigen Papst wurde, und er war der einzige Papst, der nördlich der Alpen bestattet wurde: im Bamberger Dom, wo er zuvor als Bischof Suitger tätig gewesen war. So erklärt sich, warum das unscheinbare Apsella eine *Via Bamberga* besitzt.

URBINO UND DER MONTEFELTRO

Bukolische und raue Landschaften, majestätische Burgen und pittoreske Städtchen, weiße Trüffeln, herzhafter Schinken und meisterliche Keramiken: All dies findet man im Montefeltro. Höhepunkt ist die Renaissancestadt Urbino, Stein gewordener Traum des Herzogs Federico da Montefeltro und seines genialen Festungsbaumeisters Francesco di Giorgio Martini.

Urbino

Reiseatlas: S. 235, D 2

Die Renaissancestadt Urbino ist einzigartig in Italien und wurde 1998 von der Unesco zum Weltkulturerbe erklärt. Ihr relativ geschlossenes Bild verdankt sie einer kurzen Blütezeit unter der Herrschaft des Herzogs Federico da Montefeltro in der zweiten Hälfte des 15. Jh. Die strengen Renaissancepalazzi verteilen sich über zwei Hügel, kein Fremdkörper stört das harmonische Bild der Backsteinfassaden. Neben den gut 15 000 Einwohnern beleben während der Trimester 24 000 Studenten die engen Gassen und weiten Plätze der musealen Altstadt. Die 1507 gegründete Universität residiert noch heute in den Gebäuden aus der Renaissance.

Geschichte

Entstanden auf dem Gebiet der römischen Stadt *Urbinum Metaurense* war Urbino im Mittelalter Zentrum des sich zwischen den Flüssen Metaurus und Foglia erstreckenden Territoriums. Im Hochmittelalter erlebte die an der Kreuzung antiker Verkehrswege gelegene Hügelstadt einen ersten Aufschwung, konnte eine eigenständige Politik und Identität gewinnen. Mit den Herren von Montefeltro, denen Friedrich I. Barbarossa um 1160 das Reichsvikariat in der Grafschaft Montefeltro übertrug und die 1226 von Kaiser Friedrich II. auch mit der Stadt Urbino belehnt wurden, begann Urbinos Aufstieg und Glanzzeit, die nach der Stauferzeit allerdings unter den üblichen Machtrangeleien zwischen Papst und Ghibellinen litt.

Mächtigster Vertreter des Grafengeschlechts war Federico da Montefeltro. Der gefürchtete Condottiere und Renaissancefürst, seit 1474 Herzog von Urbino, investierte ungeheure Summen in den Bau seines Stadtpalastes und den Ausbau von Burgen und Residenzen im Herzogtum. Der Hof von Urbino wurde zum Anziehungspunkt für Künstler, Mathematiker, Architekten und Juristen.

Nach dem Austerben derer von Montefeltro traten die Della Rovere die

Nachfolge an. Unter ihnen verlor Urbino zunehmend an Bedeutung, bis schließlich 1523 selbst der Hof des Herzogs nach Pesaro verlegt wurde.

Mit dem Tod von Francesco Maria II. Della Rovere starb 1631 die männliche Linie aus; die bedeutenden Kunstschätze der Herzöge von Urbino fielen durch die Hochzeit seiner Tochter mit Ferdinando de' Medici an Florenz. Das Herzogtum Urbino, das in seinen besten Zeiten ein Gebiet von 2000 km^2 umfasst hatte, ging an den Kirchenstaat, und Papst Urban VIII. ließ noch im gleichen Jahr den herzoglichen Palast plündern. Einen kleinen Lichtblick gewährten die Jahre 1700–21, als der in Urbino gebürtige Giovanni Francesco Albani als Papst Clemens XI. für notwendige Sanierungsarbeiten und den Wiederaufbau von Kirchen in Urbino sorgte.

Palazzo Ducale

Der **Palazzo Ducale** 1 gilt als erste einheitliche Palastanlage der Renaissance. Die Wirkung des Gebäudes aus der Ferne war ebenso kalkuliert wie die Aussicht aus seinen Fenstern. Die imposante Fassade aus Backstein mit ihrer dreifachen Loggia zwischen zwei schmalen Türmen wurde gegen Westen zur Straße nach Rom hin ausgerichtet.

Schon wenige Jahre nach seinem Herrschaftsantritt begann Federico mit dem Umbau der bis dahin nur unzureichend verbundenen Residenzen seiner Vorgänger. Die ungeheure Summe von 300 000 Golddukaten investierte er in seinen Traum. Zum Vergleich: Der Neubau eines Stadtpalastes in Florenz kostete zur selben Zeit 30 000 Golddukaten. Leon Battista Alberti, der bedeutendste Architekturtheoretiker seiner Zeit, war bis zu seinem Tod 1472 an der Planung beteiligt. Als erster Baumeister wurde Luciano Laurana 1464/66 verpflichtet, dem 1475 der geniale Francesco di Giorgio Martini folgte, der als Festungsbaumeister und Spezialist für technische Anlagen für raffinierte technische Details sorgte.

Zur Stadt hin zeigt der Palazzo eine schlichte Backsteinfassade mit edlen Fenstereinfassungen. Die Arbeiten an dieser nur teilweise verblendeten Fassade kamen mit dem Tod des Herzogs zum Erliegen. Der herzögliche Palast sollte im Gegensatz zu den traditionellen Burgen, wie die der verfeindeten Malatesta in Rimini, keine abweisende Zwingburg sein, sondern ein repräsentativer Stadtpalast, zu dessen Bibliothek auch Bürgern Zutritt gewährt wurde. Das Monogramm des Herrschers, das überall im Palastinnern und außen über jeder Fenstereinfassung zu sehen ist, erinnerte sie daran, wem sie diese Gunst verdankten. Je nach Bauzeit lautet es gemäß dem abgekürzten lateinischen Namen plus Grafentitel FC *(Federicus Comes)* bzw., ab 1474, plus Herzogstitel FD *(Federicus Dux)*.

Rundgang durch den Palazzo Ducale

Ehrenhof und Bibliothek

Im **Palazzo Ducale** gelangt man zunächst in den Ehrenhof. Hier verwandelt sich das strenge Äußere des Palastes in zarte Eleganz, in ein Farbenspiel von weißen Säulen, gelb getünch-

ten und rötlich geziegelten Fassaden. Links vom Eingang geht es in die heute kahlen Räumlichkeiten der ehemaligen herzöglichen **Bibliothek.** Nur der stuckierte schwarze Adler im Strahlenkranz an der Decke lässt etwas von seiner ursprünglich prachtvollen Ausgestaltung erahnen. Hier fanden zu Zeiten Federicos über 1000 Handschriften ihren Platz. Nach dem Tod des letzten Herzogs von Urbino rissen

sich die Päpste – trotz eines anders lautenden Testaments, in dem die Bibliotheksbestände von Urbino ausdrücklich der Stadt und ihren Bürgern vermacht wurden – die wertvolle Sammlung unter den Nagel, die seither Bestandteil der Biblioteca Vaticana in Rom ist.

Piano nobile und Nationalgalerie

Die breite Ehrentreppe, die erste mo-

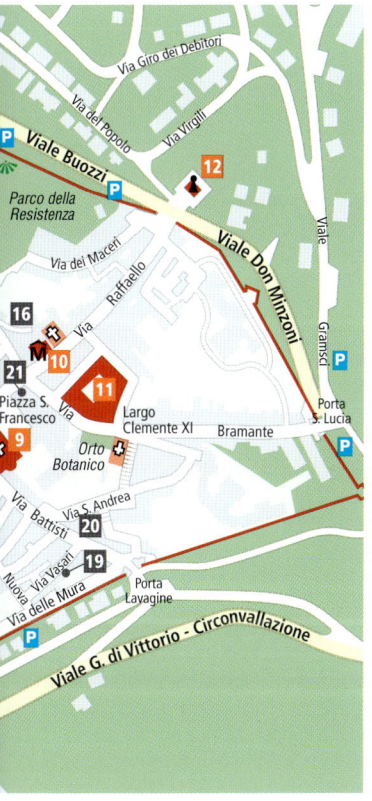

Sehenswürdigkeiten

1 Palazzo Ducale
2 Obelisk
3 Dom
4 Teatro Sanzio
5 San Domenico
6 Porta Valbona
7 Oratorio di San Giovanni
8 Oratorio di San Giuseppe
9 San Francesco
10 Casa Natale di Raffaello
11 Palazzo Albani
12 Raffael-Standbild
13 Fortezza Albornoz
14 San Bernadino

Übernachten

15 San Domenico
16 Raffaello
17 Bonconte
18 San Giovanni

Essen und Trinken

19 Vecchia Urbino
20 L' Angelo Divino
21 Al Girarrosto
22 Balestra
23 Caffè Basili

numentale Treppe ihrer Zeit, führt in den Piano nobile. Hier im ersten Stock waren die Repräsentationsräume und privaten Gemächer des Herzogs. Heute ist in den Räumen die **Nationalgalerie der Marken** mit einer ausgezeichneten Gemäldesammlung untergebracht.

Zunächst betritt man das **Appartamento della Jole (a)**, in dem ein Relief Federico mit dominanter Haken-

nase im Profil zeigt. Durch den **Saal der Krieger (b)** gelangt man zum Zimmer mit dem **Alkoven des Herzogs (c).** Dieser detailfreudig bemalte Holzkasten umgab das heute nicht mehr existierende Bett des Herzogs und schuf eine behagliche, intime Atmosphäre.

Mit dem nächsten Raum erreicht man die Appartamenti dei Melaranci, die Gastgemächer, in denen sich der

FEDERICO DA MONTEFELTRO – CONDOTTIERE UND HUMANIST

Das 15. Jh. war das Zeitalter der großen *condottieri*. Fortebraccio da Montone, Francesco Sforza, Sigismondo Malatesta und Federico da Montefeltro sind die herausragenden Gestalten einer Epoche, die nach Idealen strebte. Bis ca. 1400 hatte dieser anrüchige Beruf des Söldnerführers vor allem in der Hand ausländischer Haudegen gelegen, die sich durch zahlreiche Plünderungen einen schlechten Ruf eingehandelt hatten. Im 15. Jh. vollzog sich eine entscheidende Wandlung. Man verpflichtete zum Schutz und für den Kriegsfall einheimische Ritter, die man durch entsprechende Verträge auf Monate oder Jahre band. Mit dem gesellschaftlichen Aufstieg der Condottieri zu Landesfürsten verband sich im Zuge der humanistischen Debatte die Forderung nach Bildung und Ausbildung. Der Condottiere sollte sich gleichermaßen den Büchern und damit geistigen Vorbildern, der Kunst und den Waffen widmen. Auch Federico, der in Mantua bei dem seinerzeit berühmten Humanisten Vittorino da Feltre Latein und Griechisch erlernte, gehörte zu dieser neuen Fürstengeneration.

Um Federicos Herkunft rankten sich schon zu seinen Lebzeiten allerlei Gerüchte. Unsicher ist, ob er nun ein unehelich gezeugter Sohn des Grafen Guidantonio von Montefeltro und Urbino war oder von diesem – als Sohn seiner Tochter Madonna Aura und des Condottiere Bernardino Ubaldini – adoptiert wurde. Sein Ziehvater Graf Guidantonio setzte Federico jedenfalls als Erben für sich und seinen leiblichen Sohn Oddantonio ein. Nach dem Tod des Grafen 1443 übernahm zunächst Federicos jüngerer Stiefbruder die Herrschaft. Sein ausschweifender Lebensstil, den er mit Steuern finanzierte, schürte den Hass der Bürgerschaft Urbinos, der sich schließlich in einem blutigen Attentat entlud: Am Abend des 22. 7. 1444 drangen Verschwörer in den herzoglichen Palast ein und ermordeten Oddantonio sowie einige seiner Berater in ihren Betten. Der Leichnam des jungen Herzogs, so berichten päpstliche Quellen, soll auf die Piazza geschleift worden sein, wo ihm das Glied abgeschnitten und in den Mund gesteckt wurde. Ob Federico von den Plänen wusste oder nicht, bleibt sein Geheimnis. Am Tag darauf wurde er nach Urbino gerufen. Doch bevor ihm die Stadt die Tore öffnete, verlangte man, dass der neue Stadtherr 21 Forderungen zustimmte, u.a. keine Sondersteuer von den Bürgern zu erheben. Am Nachmittag des 23. Juli 1444 war Federico am Ziel seiner Wünsche und konnte feierlich Einzug in Urbino halten. Seine drei im herzoglichen Palast wohnenden Stiefschwestern setzte er ohne Mitgift vor die Tür.

Dank seiner Ausbildung und Erbschaft reihte sich der 22-jährige nun in den Kreis der gebildeten Renaissancefürsten ein. Als erfolgreicher Condottiere und Landesherr begann er alsbald mit dem Um-und Ausbau seiner Residenz in Urbino, was ihm die einträglichen Einnahmen als Kriegshauptmann, die *condotte,* ermöglichten. Im Gegensatz zu seinem Stiefbruder scheint er bei den Bürgern sehr beliebt gewesen zu sein, einige im 15. Jh entstandene Lebensbeschreibungen rühmen Federico als weisen Fürsten, der seinen Untertanen mit Freundlichkeit gegenübertrat und es als einziger Fürst seiner Zeit wagen konnte, unbewaffnet durch die Stadt zu gehen. Ruhig war sein Leben trotzdem nicht. Als Condottiere stand er 1445–1451 im Dienst der Stadt Florenz, danach war er als Generalkapitän für die aragonesischen und päpstlichen Truppen zuständig. Sein Jahreseinkommen stieg von 21 000 auf 82 000 Dukaten. Das Geld benötigte er dringend für den Bau seines Palastes in Urbino, für seine ca. 500 Bediensteten am Hof und für die kostbaren Abschriften zahlreicher Handschriften. Neumodische gedruckte Bücher kaufte Federico zwar ebenfalls, doch sein Herz hing an den alten handgeschriebenen Pergamentcodices. Allein die Miniaturen in der Abschrift von Dantes Göttlicher Komödie kosteten ihn 310 Goldgulden (ein guter Miniaturenmaler verdiente zur gleichen Zeit ca. 60 Goldgulden im Jahr).

1446 griff der Krieg auf den Montefeltro über, wo die Malatesta versuchten, sich zahlreiche kleine Dörfer und Burgen unter den Nagel zu reißen. Sie waren auch für eine Verschwörung gegen Federico verantwortlich. Dieser aber hatte Verdacht geschöpft und ließ die Rädelsführer öffentlich in Urbino enthaupten. So glimpflich ging der nächste Anschlag für den 1474 zum Herzog ernannten Federico nicht aus: 1477 stürzte er mit dem Balkon seines Palastes in San Marino mehrere Meter in die Tiefe. Eine verrenkte Hüfte, mehrere Brüche und ein bloß liegendes Fersenbein wurden monatelang von den besten Ärzten aus Italien und Deutschland versorgt. Da der Condottiere keinesfalls für so lange Zeit seine Truppen im Stich lassen konnte, ließ er sich auf einer Bahre bei den Kriegszügen mittragen. Im päpstlich-venezianischen Krieg gegen Ferrara, den Federico noch zu verhindern gesucht hatte, saß er schließlich wieder im Sattel, diesmal auf der Seite der Papstgegner. Seine *condotte* belief sich inzwischen auf stattliche 120 000 Golddukaten. Dafür hatte er eine Kompanie von 600 Soldaten und ebenso vielen Knechten aufzubieten. Es sollte sein letzter Krieg sein. Zusammen mit vielen seiner Männer erkrankte er an Malaria und starb am 10. September 1482 fernab von seinem geliebten Urbino im Stadtkastell von Ferrara.

Federico da Montefeltro gilt durch Persönlichkeit, Können und Kunstsinn als Idealbild eines Condottiere der Renaissance. Zahlreiche Bau- und Kunstwerke hat er zu Lebzeiten in Auftrag gegeben. Und nicht nur der große Herzogspalast in Urbino und Burgen haben die Jahrhunderte überdauert, sondern auch zeitgenössische Bildzeugnisse. Auf diesen Gemälden und Reliefs ist Federico im Profil zu sehen und hat dem Betrachter immer seine linke Gesichtshälfte zugewandt. Nicht ohne Grund, denn 1470 verlor er in einem Turnier sein rechtes Auge und trug zudem eine tiefe Verletzung über der Nasenwurzel davon. Letztere bescherte ihm ein so markantes Profil, dass man Federico auch ohne die typische rote Kappe des Feldherrn auf jedem Gemälde zweifelsfrei erkennen kann.

aufwändig verzierte **Saal des Königs von England (d)** befindet. Im angrenzenden Raum hängt Carlo Crivellis düstere Darstellung des märkischen Heiligen San Giacomo. Die original erhaltene Intarsientür stammt aus der Zeit Federicos und gehört wie die Intarsienarbeiten der folgenden Räume zu den großen Schätzen des Palastes.

Durch die zweite Intarsientür werden die Räume des Herzogs betreten. Eine Absperrung leitet den Besucher vom Saal der Engel sogleich in den **Audienzsaal (e)** des Herzogs und zu zwei Bildern des bedeutenden Renaissancemalers Piero della Francesca. Doch immer wieder ziehen die wundervollen Intarsientüren die Aufmerksamkeit auf sich. Wie ein geöffneter Schrank wirkt eine von ihnen und ist doch nur ein kleiner Vorgeschmack auf Kommendes.

Vorbei an der winzigen stuckierten **Kapelle (f),** die Herzog Guidobaldo Della Rovere im 16. Jh. einrichten ließ, geht es in das kleine vornehme **Arbeitszimmer des Herzogs (g).** Dieses berühmte ›Studiolo‹ ist ca. 2 m hoch vollständig mit Intarsien ausgelegt. Die illusionistische Wandgestaltung mit offenen Schränken und Bücherregalen, mit Sitzbänken und Nischen wirkt am besten von der Raummitte aus. Der Trompe-l'oeil-Effekt wird durch die scheinbare Unordnung, die übervollen Bücherschränke, die herumliegenden Schreib- und Musikinstrumente noch verstärkt. Eine Nische neben dem Rüstungsschrank zeigt den Hausherrn im antikisierten Gewand der Humanisten. An der Nordwand scheint auf einem Buch Federicos höchste Auszeich-

nung, der englische Hosenbandorden, gerade erst abgelegt worden zu sein. So demonstriert die Intarsienarbeit das Lebensprinzip des Renaissancefürsten, sich den Waffen und der Gelehrsamkeit gleichermaßen zu widmen. Für die Entwürfe der hölzernen Bilder hatte Federico so namhafte Künstler wie Sandro Botticelli engagiert; ausgeführt wurden die meisterhaften Arbeiten von einer Florentiner Werkstatt. Den Raum zwischen den Intarsien und der teilweise vergoldeten Kassettendecke nehmen 28 Porträts berühmter Männer ein, für die der Herzog Maler aus Flandern holte. Nur ein Teil der Bilder hat nach der päpstlichen Plünderung seinen Weg zurück in den Palazzo gefunden; heute schließen Farbfotografien die Lü-

	Sehenswürdigkeiten
a	Appartamento della Jole
b	Saal der Krieger
c	Zimmer mit dem Alkoven des Herzogs
d	Saal des Königs von England
e	Audienzsaal
f	Kapelle
g	Arbeitszimmer des Herzogs (Studiolo)
h	Garderobe des Herzogs
i	Musentempel
j	Schlafzimmer des Herzogs
k	Saal der Engel
l	Thronsaal
m	Saal der Nachtwachen
n	Empfangszimmer
o	Gemach der Herzogin
p	Garderobe der Herzogin
q	Gebetszimmer der Herzogin

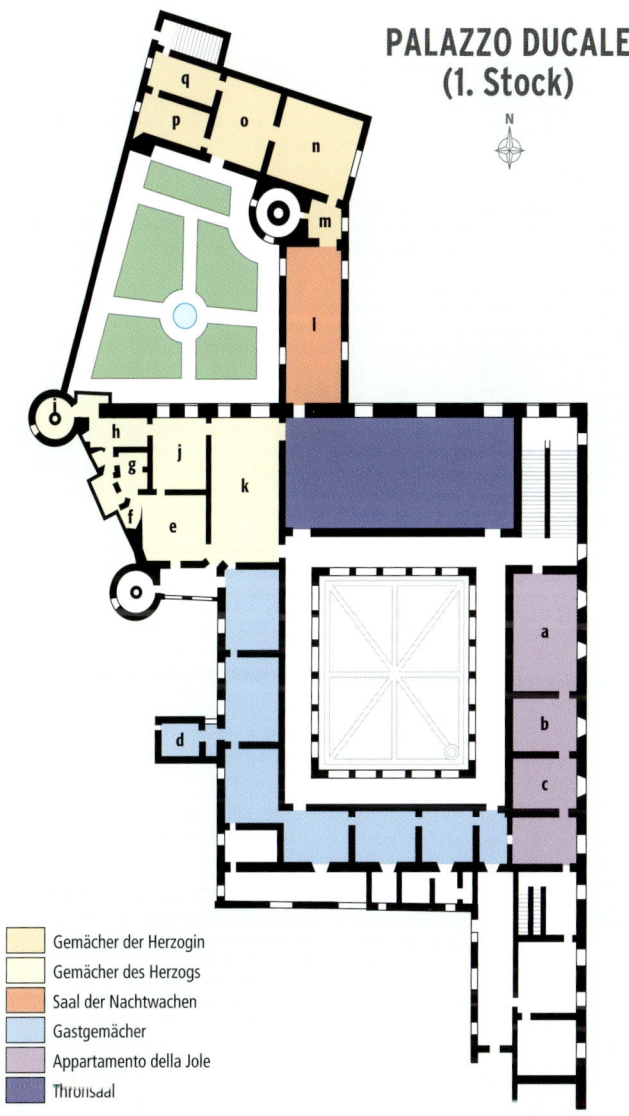

PALAZZO DUCALE
(1. Stock)

N

Gemächer der Herzogin
Gemächer des Herzogs
Saal der Nachtwachen
Gastgemächer
Appartamento della Jole
Thronsaal

79

Blick auf Urbino

cken, während die Originale im Louvre hängen.

Durch die **Garderobe des Herzogs (h)** gelangt man einerseits über eine Wendeltreppe zur Kapelle der Vergebung, die mit Engelköpfchen ausgeschmückt ist, und dem **Musentempel (i),** anderseits zum **Schlafzimmer des Herzogs (j),** in dem das berühmte Porträt des lesenden Federico mit seinem jungen Sohn Guidobaldo von Pedro Berruguete (1576) zu sehen ist.

Im **Saal der Engel (k)** mit seinem prächtigen Kamin hängt das Original des in Urbino allgegenwärtigen Postkarten- und Postermotivs, die ›Città Ideale‹ eines unbekannten Malers. Rechts davon zeigt die Abendmahldarstellung von Justus van Gent aus dem 15. Jh. hinter den Aposteln unverkennbar das Profil des Federico da Monte-

feltro mit rotem Hut. Die Tür zum mit Gobelins geschmückten **Thronsaal (l)** gehört zu den schönsten im Palazzo.

Der Rundgang führt weiter durch den **Saal der Nachtwachen (m)** mit Gemälden von Giovanni Sanzio und Luca Signorelli zu den Räumlichkeiten der Herzogin, die für Federicos zweite Ehefrau Battista Sforza geplant waren, aber erst von ihrer Schwiegertochter Elisabeth Gonzaga bezogen werden konnten.

Hinter dem **Empfangszimmer (n)** birgt das **Gemach der Herzogin (o)** das wertvollste Gemälde der Nationalgalerie: Raffaels unnachahmliches, eindrucksvolles Bildnis einer Adeligen, auch »Die Stumme« betitelt. Die anschließende **Garderobe (p)** der Herzogin ist mit kleinen flämischen Gobelins geschmückt, ihr **Gebetszimmer (q)** mit

Terrakottaarbeiten von Brandini (16. Jh.). Im zweiten Stockwerk, das unter Guidobaldo Della Rovere erbaut wurde, sind neben Werken des Urbiner Malers Federico Barocci vor allem Majoliken aus Casteldurante (Urbania), Faenza und Deruta ausgestellt.

Wieder zurück im Ehrenhof, bildet der Gang durch die riesigen **Kellergewölbe** (Eingang rechts neben dem Eintrittskartenverkauf) den unverzichtbaren Abschluss der Besichtigung. Steile Pferdetreppen führen tief unter den Palazzo. An einem langen geraden Flur liegen zunächst rechts die Wäscherei und Färberei und daran links anschließend der Kühlraum mit der *Neviera*, einem runden Becken, in dem Schnee zur Kühlung gesammelt wurde. Vom Flur aus gelangt man weiter hinten rechts auf die Reitbahn, einem großen Raum, in dem vermutlich auch die Pferde gesattelt wurden. Dahinter sind die Ställe für bis zu 30 Pferde angeordnet. Am Ende des Flurs lässt sich links das Badezimmer des Herzogs mit einer Sitzbadewanne in Augenschein nehmen. Von hier konnte der Hausherr einst über eine Wendeltreppe direkt in seine Gemächer hinaufsteigen (Mo 8.30–14, Di–So 8.30–19 Uhr, Eintritt 4 €; absolutes Fotografierverbot).

Rund um den Herzogspalast

Wie ein Fremdkörper wirkt vor dem Herzogspalast der ägyptische **Obelisk** 2, der Anfang des 18. Jh. aus Rom herbeigeschafft wurde.

Auch auf der rechten Seite der Piazza Duca Federico wurde der ursprüngliche Renaissanceeindruck durch den Neubau des **Doms** 3 im klassizistischen Stil verfälscht. Einst bildete er zusammen mit der Turmfassade des Palazzo Ducale eine Einheit, doch die Erdbeben 1781 und 1787 machten einen kompletten Neubau erforderlich. Im Innern überrascht die zarte weißlindgrüne Farbgebung. Vom rechten Seitenschiff hat man Zugang zum bischöflichen Museum, dem **Museo Albani**. Zwischen Gemälden, lithurgischem Gerät und Keramiken steht hier das hohe, bronzene Lesepult aus der herzöglichen Palastbibliothek. Es ruht auf drei kleinen Löwen und ist mit einem bekrönten Adler als Buchstütze versehen. Einst trug es die berühmte hebräische Bibel, eines der Beutestücke von Federico da Montefeltro.

Die schmale Via Giro dei Corrigini führt über Pferdetreppen durch den tiefen Bogen zwischen Dom und Palazzo Ducale hindurch auf eine kleine Rampe. Von hier aus hat man einen schönen Blick über die Dächer von Urbino und auf das hübsche **Teatro Sanzio** 4 aus dem 19. Jh. Unterhalb des Theaters befindet sich eine spiralförmige Rampe, die Giorgio Martini als Aufgang für Pferde und Reiter konzipiert hatte. In den 70er Jahren des 20. Jh. hat man diese kurze Verbindung zwischen Zentrum und Borgo Mercantale wieder zugänglich gemacht und um einen Fahrstuhl erweitert.

Gegenüber dem Palazzo Ducale zeigt die Fassade von **San Domenico** 5 noch ein schön gearbeitetes Renaissanceportal. Im Bogenfeld über der Tür ist vor blauem Hintergrund die Kopie der Figurengruppe »Madonna mit Kind und Heiligen« angebracht; das

Oratorio di San Giovanni:
Detail der Salimbeni-Fresken

Original von Luca Della Robbia (1451) befindet sich in der Nationalgalerie im Palazzo Ducale. Im zur Kirche gehörenden Dominikanerkloster residiert das luxuriöse Hotel San Domenico.

Die von zwei schönen Palazzi gerahmte **Piazza della Repubblica** ist mit ihren Bars bis spät in die Abendstunden hinein Treffpunkt der Studenten und Touristen. Von hier führt die Via Mazzini hinunter zur **Porta Valbona** 6, sozusagen dem Hauptportal der Stadt. Seine aufwändige Gestaltung erhielt es erst 1621 anlässlich der Hochzeit von Herzog Federico Ubaldo Della Rovere mit Claudia de' Medici. An dem Stadttor liegt vor den Mauern der Stadt der **Borgo Mercantale**. Ursprünglich diente er dazu, Reiter und Pferde, ganze Ar-

meen, die nach Urbino kamen, aufzunehmen, und setzt heute als größter Parkplatz von Urbino die Tradition fort.

Vom Oratorio di San Giovanni zur Casa Raffaello

Von der Via Mazzini führen die Scalette San Giovanni hinauf zum **Oratorio di San Giovanni** 7. Hinter seiner belanglosen neogotischen Fassade verbirgt sich unter einem wie ein Schiffsrumpf gebauten Dach ein kleines Juwel: die beeindruckenden Fresken der in den Marken geborenen Brüder Lorenzo und Jacopo Salimbeni. Auf der rechten Wand schildert ein farbenprächtiger Zyklus Szenen aus dem Leben Johannes' des Täufers:

Von links nach rechts (oben):
1. Der Erzengel verkündet Zacharias, dass seine unfruchtbare Frau Elisabeth einen Sohn bekommen wird.
2. Besuch der hll. Elisabeth und Maria bei Zacharias.
3. Geburt und Beschneidung Johannes des Täufers.
4. Maria besucht mit Jesus den Täufer. (unten):
5. Johannes der Täufer predigt.
6. Johannes tauft die Massen im Jordan.
7. Taufe Christi.
8. Johannes predigt vor Herodes und bekennt seinen Glauben an Jesus Christus.

Auch die außergewöhnlich bewegte Kreuzigungsdarstellung (1416) über dem Hauptaltar ist das Werk der Brüder Salimbeni. Die Marienfresken auf der linken Wand sind von anderer, späterer Hand (tgl. 10–12.30, 15–17.30 Uhr, So nur vorm., Eintritt 2 €).

Im **Oratorio di San Giuseppe** [8] ist eine Weihnachtskrippe mit lebensgroßen Gipsfiguren aus dem 16. Jh. aufgestellt. Über die düstere Via Barocci gelangt man hinunter zur heiteren Piazza della Repubblica.

In der Kirche **San Francesco** [9], deren Ursprünge ins 14. Jh. zurückreichen, nähert sich der Besucher langsam dem berühmtesten Sohn der Stadt. Hinter dem linken Seiteneingang befindet sich die Grabplatte von Giovanni Sanzio (Santi) und Magia Ciarla, der Eltern Raffaels.

Über die lauschige Piazza San Francesco, die erst abends von den Gästen der Rosticceria Al Girarrosto belebt wird, geht es die Via Raffaello steil hinauf zur **Casa Natale di Raffaello** [10]. Hier wurde am 6. April 1483 Raffael Sanzio, einer der berühmtesten Renaissancemaler, geboren. Das kleine dreistöckige Backsteinhaus mit romantischem Innenhof gewährt Einblicke in die häusliche Welt eines Bürgers im 15. Jh., auch wenn das Haus durch mehrere Hände ging und einige Veränderungen erfuhr. Das Mobiliar stammt aus verschiedenen Jahrhunderten. Zwischen den Kopien bedeutender Bilder hängt so manches schöne Original, z. B. in der Sala Grande die zarte Verkündigungsszene von Raffaels Vater Giovanni. In diesem repräsentativen Raum befand sich einst auch das bedeutendste Kunstwerk des Hauses: ein Fresko, das eine sitzende Mutter mit Kind zeigt und heute in der gegenüberliegenden Stanza di Natale zu betrach-

ten ist. Das Gemälde wurde zunächst Giovanni Sanzio zugeschrieben, und in einem Anflug von Romantik hat man hierin ein Bildnis seiner Frau Magia Ciarla mit ihrem Sohn Raffael sehen wollen. Zu Unrecht, denn bei dem Fresko, so urteilen die Kunsthistoriker heute, dürfte es sich um eine Arbeit des jungen Raffael handeln, der in diesem Haus seine Kindheit verlebte.

Hinauf zur Fortezza Albornoz

Nicht so herausgeputzt wie die touristischen Hauptstrecken, aber von morbider Schönheit ist die Via Bramante. Der riesige **Palazzo** der Familie **Albani** [11] erinnert mit seinem großen Papstwappen daran, dass hier der spätere Papst Clemens XI., unter dem Urbino eine zweite kulturelle Blüte erlebte, 1649 geboren wurde. Heute ist der Palazzo Teil der Universität. Und so sitzen an vielen Tagen Studenten rund um den Barockbrunnen vor dem Palazzo, hinter dem schon die dynamisch wirkende Statue des Papstes am Largo Clemente XI. zu sehen ist.

Wer sich die sehr steile Via Raffaello weiter hinaufquält, vorbei an den typischen Renaissancehäusern und Palästen, steht am Ende und schon außerhalb der Stadtmauern schließlich vor dem **Raffael-Standbild** [12] aus dem 19. Jh., das man von der Piazza Duca Federico hierhergeschafft wurde.

Doch sollte man auf keinen Fall versäumen, noch innerhalb der Stadtmauer den kurzen Weg zur **Fortezza Albornoz** [13], den Resten der päpstlichen Festung aus dem 14. Jh., einzuschla gen: Vom Parco della Resistenza eröffnet sich ein grandioser Ausblick auf das Panorama der Stadt: Geradeaus erhebt sich die Kuppel des Domes, rechts davon die imposante Turmfassade des Palazzo Ducale. Von hier oben sieht man das alte Urbino mit seiner intakten Stadtmauer, man blickt aus dem 3. Jahrtausend in die Zeit der Renaissance.

Außerhalb der Stadt liegt Richtung Cesana die Grabeskirche der Herzöge von Urbino **San Bernadino** 14. Hatte Federico da Montefeltro zunächst ein rundes Mausoleum für sich und seine Familie vorgesehen – was bei einer Verwirklichung der erste Rundbau der Renaissance gewesen wäre –, so wurden diese Pläne bald verworfen und stattdessen mit dem Bau von San Bernadino begonnen. Federicos Sarkophag befindet sich vom Eingang aus gesehen links an der Wand, der seines Sohnes Guidobaldo rechts (tgl. 9–19 Uhr).

iat: Via Domenico 1, Tel. 0722 309221, Fax 0722 309457, www. comune.urbino.ps.it.

San Domenico 15: Piazza Rinascimento 3, Tel. 0722 2626, Fax 0722 2727, www.viphotels.it. Das noble Viersternehotel in den Mauern des ehemaligen Dominikanerkonvents ist die beste Adresse am Ort. DZ ab 110 €.

Raffaello 16: Via Santa Margherita 40, Tel. 0722 4784, Fax 0722 328540, www. albergoraffaello.com. 14 Zimmer. DZ ab 90 €.

Bonconte 17: Via delle Mura 28, Tel. 0722 2463, Fax 0722 4782, www. viphotels.it. Gepflegtes Viersternehotel an der Stadtmauer, charmante altmodische Zimmer und freundlicher Service. DZ ab 80 €.

San Giovanni 18: Via Barocci 13, Tel. 0722 329055. Einfache saubere Unterkunft. DZ ab 50 €.

Vecchia Urbino 19: Via dei Vasari 3/5, Tel. 0722 4447, Di Ruhetag. Traditionsreiches Restaurant am Rand der Altstadt, das für seine – saisonabhängigen – Trüffelgerichte berühmt ist. Weitere Spezialität des Hauses ist *coniglio al coccio* (Kaninchenbraten). Menü ca. 40 €.

L' Angolo Divino 20: Via Sant'Andrea 14, Tel. 0722 327559, So Abend, Mo geschl. Kleine Osteria im Schatten der Kirche Sant'Andrea. Gekocht wird nach Rezepten der *cucina povera*. Menü ca. 35 €.

Al Girarrosto 21: Piazza San Francesco 3, Tel. 0722 4445. So Abend und Mo Mittag geschl. Rosticceria (auch zum Mitnehmen) und Ristorante, traditionelle Küche und Gegrilltes, hausgemachte *crostate*. An warmen Sommerabenden sitzt man hier schön auf der Piazza.

Balestra 22: Via Valerio 16, Tel. 0722 2942. Altertümliche Osteria und Pizzeria, zu Semesterzeiten Studententreff.

Caffè Basili 23: Piazza della Repubblica 1. Hier gibt es den besten Apfelkuchen (*crostata di mela*) in der Stadt.

Festa del Duca: 3. Augustwochenende, großes Fest zu Ehren von Federico da Montefeltro mit Umzügen in historischen Kostümen.

Festa dell'Aquilone: 1. Wochenende im September, ein Himmel voller handgefertigter Drachen.

Wochentags stündl. **Busse** nach Pesaro, spärliche Busverbindung nach Urbania und Umland.

Kostenpflichtige **Parkmöglichkeiten** auf dem Borgo Mercantale und an der Stadtmauer beim Raffael-Denkmal; nachts vor der Stadtmauer parken, sonst droht ein Bußgeld.

Fermignano

Reiseatlas: S. 235, D 3
Im Süden von Urbino bietet sich das Metauro-Tal zu einem Ausflug an. Die SS 73 bis führt vorbei an dem kleinen Ort **Fermignano,** das mit Urbania konkurriert, Geburtsstadt des gefeierten Renaissancearchitekten Bramante zu sein. Wer über die gut erhaltene römische Brücke die verträumte Innenstadt betritt, vermag sich kaum den Lärm vorzustellen, der hier am Sonntag nach Ostern beim alljährlichen *Palio della rana* aufbrandet, wenn Frösche auf Karren im Wettlauf durch die Gassen geschoben werden.

Locanda della Valle Nuova: La Cappella 14, Sagrata di Fermignano, Tel./Fax 0722 330303, www.valle nuova.it. Moderne und behagliche Unterkunft 4 km außerhalb von Fermignano. Leckeres Frühstück mit selbst gebackenem Brot und frischen Produkten aus eigenem Anbau. DZ 100 €.

Urbania

Reiseatlas: S. 234, C 3
Das hübsche Städtchen Urbania (6000 Ew.) schmiegt sich in die Flussschleife des Metauro. Nach Urbania kommt man, um Majolika zu kaufen. Schon im 16. Jh. war es für seine bemalte Keramik in ganz Europa berühmt. Drei Namen hat der Ort in seiner bisherigen Geschichte getragen. Als Castel delle Ripe wurde er im 13. Jh. von Ghibellinen zerstört. Zu Ehren des päpstlichen Legaten Durante, unter dem der Ort wieder aufgebaut wurde, nannte man sich ab 1277 Casteldurante, ein Name, der nur bis 1636 Bestand haben sollte, als Papst Urban VIII. den Ort zur Bischofsstadt erhob und die neue Stadt sich prompt als Urbania präsentierte.

Rundgang

Guter Start für den Stadtbummel ist am nördlichen Ende der Altstadt die Piazza San Cristoforo mit dem hübschen Teatro Bramante. Von hier durchläuft man in wenigen Minuten das Zentrum.

Der Corso Vittorio Emanuele führt geradewegs auf die Piazza della Libertà und zum **Palazzo Comunale,** an dessen Turm man anlässlich seines 400. Todestages eine Tafel zu Ehren von Bramante anbrachte. Auf halber Höhe zwischen Piazza und Rathaus erhebt sich links an der Ecke zur Via Piccini der große **Palazzo Ducale,** dessen Ostfassade hoch über dem Metauro aufragt. Im 13. Jh. von der Familie Brancaleone erbaut, zeigt er sich heute in der Gestalt, die ihm Giorgio Martini und Genga auf Wunsch von Federico da Montefeltro gaben. Er beherbergt das **Museo Civico** mit einer Sammlung von Zeichnungen u. a. von Zuccari und zwei beeindruckende Globen, einen Erd- und einen Himmelsglobus, die der berühmte Kartograph Gerhard Mercator 1541 schuf, sowie eine beachtliche Keramiksammlung (Di–So 10–12.30 und 15.30–18.30 Uhr).

Eine Kuriosität verbirgt die kleine **Chiesa dei Morti** hinter ihrem gotischen Portal, zu dem man vom Corso Vittorio Emanuele vor dem Palazzo Comunale nach links in die Via Ugolini biegt und auf ihr bis zum vorletzten

Haus geht. In einer gruseligen Kammer hinter dem Altar, die nur mit Führung zu betreten ist, werden seit dem 19. Jh. 18 mumifizierte Leichen in Nischen zur Schau gestellt. In der Mitte der Mumien steht, makabrerweise im Ornat, ein Prior namens Vincenzo Piccini. Über die traurigen Gestalten hinweg schweift der Blick auf die doppelreihige Ansammlung von Schädeln auf den Schränken (Di–Fr 11.30, 16.30, Sa 11.30, 15.30, 17.30, So 10.30–12 und 15.30–18 Uhr).

Danach ist es wohltuend, über die sonnige Piazza della Libertà zu schlendern, in den romantischen **Laubengängen** der Via Bramante Schatten zu finden, eines der hervorragenden Keramikgeschäfte aufzusuchen und sich an den leuchtenden Farben zu erfreuen, mit denen man hier, ganz in der Tradition des alten Casteldurante und größtenteils nach Vorlagen aus der Renaissance, Vasen, Bonbonnieren und Teller bemalt. Am Ende der Via Bramante über den Largo Scirri führt rechts die Via Urbano VIII vorbei am Diözesanmuseum zum **Dom**. Sein Hauptaltar schmückt ein beruhigend schönes umbrisches Kruzifix von Pietro da Rimini (um 1320).

Etwa einen Kilometer außerhalb der Stadt (Richtung Sant'Angelo in Vado) liegt Urbanias berühmtestes Bauwerk, das **Jagdschloss der Herzöge von Urbino** im **Parco Ducale**. Sein Bau geht auf Federico da Montefeltro und seinen Baumeister Francesco di Giorgio Martini zurück. In vergangenen Tagen, als der Pegel des Metauro noch höher lag, konnten die Herzöge mit ihren Jagdgästen vom Palazzo Ducale in Urbania per Boot ihr Jagdschloss erreichen. Damals umgab ein großes ummauertes Gehege für Tiere das Anwesen.

Ufficio Turismo Cultura: Corso Vittorio Emanuele 21, Tel. 0722 313140, Fax 0722 317988, www.comune.urbania.ps.it.

Trattoria del Buongustaio: Via delle Cererie 4, Tel. 0722 319411, Sa Ruhetag. Nicht vom düsteren Eingang und dem Fernseher abschrecken lassen! Hier kann man mittags deftig wie bei Mama essen. Menü ca. 15 €.
La Volpe: Via De' Medici 5. Moderne Pizzeria, günstig.

Ceramiche Violini: Via Bramante 6. Feinste und entsprechend teure Majolika.
Il Sottobosco: Via Ugolini 13. Trüffeln in allen Preislagen.

Kostenpflichtiger **Parkplatz** auf der Piazza della Libertà.

Sant'Angelo in Vado

Reiseatlas: S. 234, B 3
Das beschauliche Sant'Angelo ist der Geburtsort der Maler Taddeo und Federico Zuccani, die sich im 16. Jh. in Rom einen Namen machten. Den hübschen Palazzo della Ragione und die acht Kirchen umgibt eine fast andächtige Stille.

Doch irgendwann zwischen dem 15. Oktober und Anfang November erwacht das kleine Örtchen aus seinem Dornröschenschlaf. Dann beginnt alljährlich die *Sagra di tartufo,* die Trüffelmesse samt einem großen Fest. Der

DIE TRÜFFEL - UND WIE MAN SIE FINDET

›Diamanten der Küche‹ nannte der französische Gourmet Brillat-Savarin die Trüffeln – nüchtern betrachtet sind die schwarzen und weißen Knollen in ihrem Erscheinungsbild ziemlich hässlich, und doch ist die Trüffel eines der außergewöhnlichsten Pilzgewächse und gehört zu den teuersten Speisen der Welt. Schon in römischen Tagen waren Trüffeln heißbegehrt, da man ihnen aphrodisische Eigenschaften nachsagte. Heute genießt man ihr eigenartiges, leicht erdiges Aroma über Pasta, Fleisch und Fisch, ohne auf potenzsteigernde Wirkung zu hoffen.

Leicht macht es die Trüffel den genusssüchtigen Menschen nicht, denn der Schlauchpilz lebt er in einer Symbiose mit Bäumen und versteckt sich 10–40 cm tief unter der Erde im Wurzelgeflecht vor allem von Eichen, Pappeln. Am besten wittern Schweine den moschusartigen Duft der unterirdischen Schätze, denn der Trüffelgeruch ähnelt verblüffend ihrem Sexualduftstoff. Doch das Trüffelsuchschwein gehört längst ins Reich der Geschichten. Heute ist es strengstens verboten, sich mit Schweinen in die Wälder zu begeben, denn die gierigen Fresser zerwühlen auf ihrer Suche den Boden so sehr, dass auf Jahre kein Trüffel mehr an dieser Stelle wachsen würde. So ist der professionelle Trüffelsucher, der *tartufaio*, inzwischen auf den Hund gekommen. Sein *lagotto*, ein robustes Tier mit lockigem Fell, wurde 1991 als dreizehnte italienische Hunderasse anerkannt, doch auch jagdhundähnliche Promenadenmischungen haben eine gute Nase für Trüffeln.

Mit ihrem Sinn fürs Wirtschaftliche haben sich die *marchigiani* die zeitraubende Trüffelsuche ein wenig erleichtert. Da die Knolle sich nicht einfach anbauen lässt, ist man in Sant'Angelo in Vado auf die glänzende Idee verfallen, die Stecklinge bestimmter Bäume mit den Pilzsporen zu präparieren. Nach etwa zehn Jahren stellt sich mit einigem Glück der Erfolg ein und die ersten Trüffeln sind erntereif. Diese Technik hat sich als so rentabel erwiesen, dass mittlerweile ganze Landstriche im umbrisch-märkischen Apennin von Trüffelwäldern bedeckt werden.

Besonders intensiv im Geschmack ist die kostbare weiße Wintertrüffel, der *tartufo bianco pregiato*, der mit 500 bis 800 Euro pro Kilo gehandelt wird. Die edelsten weißen Trüffeln können Spitzenpreise von bis zu 5000 Euro/Kilo erzielen. Ihre Sammelzeit liegt zwischen dem 1. Oktober und 31. Dezember. Die Hauptstädte dieser berühmten weißen Trüffel sind das piemontesische Alba und das märkische Acqualagna, wo etwa zwei Drittel der nationalen Trüffelernte auf den Markt kommt.

Bei schwarzen Trüffeln muss man zwischen der im Aroma leichteren Sommertrüffel und dem geschmacksintensiven *tartufo nero pregiato* unterscheiden. Während die Sommertrüffel von Mai bis November aufgespürt wird, ist die schwarze Wintertrüffel erst zwischen dem 15. November und 15. März erntereif. Frisch schmecken alle Trüffeln am besten. Für die edle weiße Trüffel gibt es bislang keine Konservierungsmethode, die ihren Geschmack erhielte. Schwarze Trüffeln hingegen lassen sich, in Öl eingelegt, als delikates Souvenir mitnehmen.

Termin variiert von Jahr zu Jahr und hängt allein von der kostbaren weißen Knolle ab, dem *tartufo bianco pregiato,* der hier in der Umgebung wächst.

🔒 **Bottega del Buongustaio:** Via XX Settembre 15. Eingelegte Trüffeln und Pilze.

🕐 Während der vierwöchigen Trüffelmesse werden geführte **Trüffelsuchen** veranstaltet. Voranmeldung im Ufficio del Tartufo, Piazza Umberto I, Tel. 0722 810095.

Der Montefeltro

Satte Wiesen und grüne Hügel sind die bukolische Seite des Montefeltro. Von anderer, herber Schönheit sind die hellen Kalksteinabbrüche am Monte Carpegna, die eisenhaltigen, daher leicht rötlichen Felsen von Pietrarubbia und der schroff aufragende gewaltige Berg von San Leo, lateinisch *mons feretrius* genannt, der dem ganzen Gebiet und dem Herrschergeschlecht seinen Na-

men gab. Diesen dünn besiedelten Landstrich fernab aller Durchgangsstraßen gilt es noch zu entdecken. Erste berühmte Liebhaber hat er gefunden: Die Schriftsteller Andrea De Carlo und Umberto Eco schätzen die ländliche Idylle zu ›Arbeitsaufenthalten‹. Feinschmecker kommen in den Genuss von aromatischen schwarzen Sommer- und exzellenten weißen Wintertrüffeln sowie von herzhaftem Schinken in Carpegna – wo man all jene bedauert, die nur den ›laschen‹ Parmaschinken kennen.

Sassocorvaro

Reiseatlas: S. 234, C 2
Nördlich von Urbino führt das breite grüne Foglia-Tal nach Sassocorvaro. Das verschlafene Örtchen oberhalb des Stausees, im 15. Jh. ein Streitobjekt zwischen den Montefeltro und Malatesta, kann sich einer Martini-Festung rühmen. Wie eine Schildkröte wirkt diese abweisende **Rocca Ubaldinesca**, in der während des Zweiten Weltkriegs Kunstschätze aus Nord- und Mittelitalien versteckt waren (nur So geöffnet).

Pietrarubbia

Reiseatlas: S. 234, B 2
Einige Kilometer hinter dem Örtchen Macerata Feltria mit gepflegter Altstadt geht es an der Straße Richtung San Leo bei dem Weiler Mercato Vecchio links zu den Ruinen von Pietrarubbia hinauf. Schon nach 1,7 km hört die

---

Radtouren

Sechs außergewöhnliche Mountainbikestrecken stehen – allerdings nur bei trockenem Wetter – durchtrainierten Bikern im Montefeltro zur Auswahl. Detaillierte Routenbeschreibungen samt Karte halten die Comunità Montefeltro, Via Amaducci 34, in Carpegna oder das Info-Büro in San Leo bereit.

San Leo

Teerstraße auf, doch auch die letzten 500 m auf dem breiten Schotterweg sind mit jedem Auto zu bewältigen. Unterhalb der Ruinen des Kastells, das sein Schicksal als Spielball der Montefeltro und Malatesta mit vielen anderen der Gegend teilte, ruht ein restaurierter, romantisch-winziger *borgo,* in dem sich einige Künstler und im Palazzo Vicariato ein einladendes Ristorante eingenistet haben.

Locanda Il Vicariato: Castello di Pietrarubbia, Tel. 0722 75390, Fax 0722 75376. Rustikales Ristorante mit offenem Kamin, Übernachtungsmöglichkeiten im Haus. Menü ca. 25 €.

San Leo

Reiseatlas: S. 234, B 1

Wie ein Adlerhorst sitzt San Leo auf einem schroffen Kalksteinfelsen, über-

ragt von einer trutzigen Festung auf dem 639 m hohen Gipfelplateau. Dank seiner strategischen Lage hat der Ort schon viele Berühmtheiten kommen und gehen sehen. Als sich im 10. Jh. hier der Langobardenkönig Berengar II. vor Kaiser Otto I., der die Herrschaft über Italien erlangt hatte, verschanzte, kam San Leo kurzzeitig zu dem zweifelhaften Ruhm, Hauptstadt Italiens zu sein. Und obwohl der Ort als uneinnehmbar galt, gelang Otto I. nach achtmonatiger Belagerung die Eroberung. Namensgeber für das Städtchen war der aus Dalmatien stammende hl. Leo, der gemeinsam mit seinem Gefährten Marinus im 4. Jh. in der Region missionierte. Während sich Leo auf dem zu seiner Zeit noch lateinisch *mons feretrius* genannten Berg ansiedelte, zog Marinus weiter auf den benachbarten Titanberg, der als San Marino Berühmtheit erlangt hat.

Rundgang

Seit dem Erdrutsch von 1634 ist San Leo nur noch über eine Brücke und durch das ehemals **obere Stadttor** zu erreichen. Über die schmale Via Montefeltro geht es in die winzige Stadt, vorbei am **Palazzo Municipale**, dem Stammsitz der Herren von Montefeltro und späteren Herzöge von Urbino, zur **Piazza Dante,** die an den Besuch des Dichters im Jahr 1306 erinnert. Bei einem Cappuccino vor dem Albergo Castello betrachtet man den romantischen Platz mit dem kleinen Brunnen: Am **Palazzo Nardini** genau gegenüber erinnert eine Gedenktafel an den Besuch des hl. Franziskus von Assisi, der an dieser Stelle am 8. Mai 1213 vom Grafen von Chiusi den Berg La Verna, auf dem er später die Wundmale Christi empfing, als Geschenk erhielt. Unter der Ulme links vom Palazzo soll Franziskus gepredigt haben. Doch es ist nicht mehr derselbe Baum, die alte Ulme hat die Zeiten nicht überdauert, 1936 hat man an ihrer Stelle die jetzige gepflanzt. Ein Stück des alten Stammes wurde in das nahe Kloster Sant'Igne gebracht, das Franziskus am Tag vor seinem Besuch in San Leo gegründet hatte.

Die Stirnseite des Platzes nimmt der **Palast der Medici** aus dem 16. Jh. ein, in dem neben der Touristeninformation das kleine Museo d' Arte Sacra seinen Platz gefunden hat.

Direkt links von der Bar steht die aus dem 9./10. Jh. stammende, frühromanische Pfarrkirche **Santa Maria dell'Assunta**. Streng nach Osten ausgerichtet, zeigt sie der Stadt ihre mit Lisenen geschmückten Apsiden. Eine nach Westen gehende Hauptfassade über dem steil abfallendem Fels fehlt. Einlass gewähren die beiden einfachen Seitenportale, deren Schmuck aus roten Ziegeln und weißem Marmor besteht. Im Innern begeistert diese älteste Basilika des Montefeltro durch ihre Urtümlichkeit. Ihre Säulenkapitelle gelten als die schönsten des 9. Jh. in ganz Italien, und das Ziborium, der baldachinartige Altarüberbau, kann dank einer Widmungsinschrift in das Jahr 882 datiert werden. In der (meist verschlossenen) Kapelle des hl. Leo, die man vom rechten Seitenschiff aus betritt, stand bis 1014 Jahre der Steinsarkophag des Heiligen. Kaiser Heinrich II. gilt hier als Bösewicht, denn er befahl, den Sarkophag samt den sterblichen Überresten nach Deutschland zu bringen. Aus unbekannten Gründen blieb allein der Deckel des Sarkophags zurück. Doch der Heilige setzte sich zur Wehr: Auf der Fahrt scheuten die Pferde und waren in der Nähe von Ferrara nicht mehr weiterzubewegen. So musste Heinrich den Sarkophag schließlich in Voghenza zurücklassen. Erst 1953 haben die *Leontini* eine Reliquie, einen Schädelknochensplitter ihres Heiligen, zurückgeholt.

Der Sarkophagdeckel und die Reliquie des hl. Leo in einer silbernen Urne werden im benachbarten romanischen **Dom** aufbewahrt. Dieser hat sein Aussehen seit dem 12. Jh. bewahrt und scheint mit dem Felsen verwachsen zu sein. Wagemutige, die über die felsige Böschung zwischen dem Dom und dem neben ihm freistehenden **Glockenturm** aus dem 11. Jh. (tgl. 15–19 Uhr) hinaufklettern, können direkt hinter dem linken Querarm die Überreste eines **antiken Kultplatzes** sehen.

Festung

Wer den Aufstieg zur Rocca über den alten Eselspfad scheut, kann sich getrost modernen Pferdestärken anvertrauen und von der Via Montefeltro rechts die Via Leopardi zur Rocca hinauffahren.

Im 12. Jh. Stammsitz der von Friedrich Barbarossa neu ernannten Grafen von Montefeltro, wurde die Festung in späteren Jahrhunderten zum Spielball der Mächte. Mal hielten sie die Montefeltro, mal die verhassten Malatesta in der Hand. Schon bald nach der halsbrecherischen Eroberung durch Federico da Montefeltro gehörte sie zu den ersten Burgen, die er im Kampf gegen die Malatesta verstärken ließ. Beauftragt wurde höchstwahrscheinlich der meisterliche Wehrarchitekt Francesco di Giorgio Martini, der hier das Paradebeispiel einer Festung schuf und ihren Ruf der Uneinnehmbarkeit aufs Neue begründete.

Nach dem Rückfall des Herzogtums an den Kirchenstaat installierten die Päpste in der Burg ein ausbruchsicheres Gefängnis, das bis 1906 bestehen bleiben sollte.

Berühmtester Insasse war der Hochstapler Graf Cagliostro. 1743 als Giuseppe Balsamo in Palermo geboren, versetzte er die Welt mit seiner Behauptung, Gold herstellen zu können, in helle Aufregung. Als er in Frankreich eine Gräfin verleitete, ein ihr für Marie Antoinette anvertrautes Schmuckstück zu verkaufen, löste er die berühmte ›Halsbandaffaire‹ aus und wurde in der Pariser Bastille inhaftiert. Nach seiner Ausweisung wartete in der Heimat schon die Kirche auf ihn, die ihn als Ketzer verurteilte. Am 21. April 1791 trat Cagliostro in San Leo seine lebenslange Festungshaft an. Ob er in seiner kleinen, nur durch eine Deckenluke zugänglichen Zelle im zweiten Stock am 26. August 1795 eines natürlichen Todes starb, darauf weiß auch der Führer in der Rocca di San Leo keine Antwort (tgl. 9–19 Uhr, 8 € Eintritt).

iat: Piazza Dante 10, Tel. 0541 926967, Fax 0541 926973, www.comune.san-leo.ps.it.

Castello: Piazza Dante 11/12, Tel. 0541 916214, Fax 0541 926926. Einfaches, angenehmes Hotel mit sauberen Zimmern. Im oberen Stock großartiger Ausblick zur Festung oder über den Montefeltro, DZ ca. 60 €.

La Rocca: Via Leopardi 16, Tel. 0541 916241, Mo Ruhetag. Alteingesessenes, rustikales Restaurant. Spezialität: hausgemachte Trüffelnudeln. Menü ca. 30 €.

La Butega di Cócc: Via Montefeltro 19. Nette Gebrauchskeramik und Majoliken, die Signore Cioli im Geschäft bemalt.

Festa di San Leo: 1. August. Stadtfest zu Ehren des Schutzpatrons, u.a. mit einem spektakulären Feuerwerk von der Festung.

Freunde mittelalterlicher Musik sollten keinesfalls die Auftritte der **Scuola del Duomo di San Leo** versäumen,

DER STAAT IM STAAT – SAN MARINO

Der kleinste Nachbar der Region Marken ist San Marino, ein Staat im Staat und zugleich die älteste und mit nur knapp 61 km² die kleinste Republik der Welt. In neun *castelli* leben insgesamt 26 500 Einwohner, und sie sind allesamt stolz darauf, *Sammarinesi* zu sein. Mit eigenem Autokennzeichen, eigener Landesvorwahl und eigenen Euromünzen demonstrieren sie eine kurios anmutende Selbstständigkeit auf ihrem Hügel zwischen den italienischen Regionen Emilia Romagna und den Marken. Mit über 70 Staaten pflegt San Marino diplomatische Beziehungen und ist sogar beobachtendes Mitglied der UNO.

Seine Gründung soll auf den aus Dalmatien stammenden hl. Marinus zurückgehen, der im 4. Jh. zusammen mit dem hl. Leo in den Montefeltro kam. Während sich Leo auf dem *mons feretrius*, heute San Leo, ansiedelte, zog Marinus weiter auf den benachbarten Titanberg. Seine angeblich letzten Worte, die seinen Gefährten jegliche Freiheit zusicherten, wurden zum Programm. Mittelalterliche Urkunden zeugen von dem Willen, sich nichts und niemandem unterstellen zu wollen. Auch die Kirche sollte an die Bewohner von San Marino keinerlei Ansprüche erheben dürfen. Zum Schutz der eigenen Kommune begann man spätestens im 10. Jh. mit dem Bau von Burgen und Mauern, die die wiederholten päpstlichen Versuche, das rebellische Nest gewaltsam einzunehmen, scheitern ließen. Ein 1602 unterzeichneter Vertrag zwischen San Marino und dem Vatikan verbriefte die Freiheit des Stadtstaates, seine Unabhängigkeit wurde 1815 im Wiener Kongress anerkannt und bestätigt. Hinter seine schützenden Mauern zog sich 1849 der italienische Freiheitsheld Giuseppe Garibaldi zurück, der hier samt seinen verbliebenen 2000 Freischärlern die Waffen niederlegte und, dank der Führung eines Sammarinesen, Minuten bevor das Territoium vollständig durch die österreichischen Truppen eingekreist wurde, fliehen konnte – eine Episode, auf die man vor Ort ganz besonders stolz ist. Auch im Zweiten Weltkrieg öffnete San Marino seine Tore und nahm ca. 100 000 italienische Flüchtlinge auf.

Die Altstadt von San Marino auf dem 750 m hohen Monte Titano ist schon von weitem zu erblicken. Aus der Nähe sieht das mit seiner Wehrmauer umgebene *centro storico* ein bisschen nach Disneyland aus. Werbetafeln preisen in west- und osteuropäischen Sprachen Kitsch und Andenken an. Beim Bummel durch die engen Gassen wechseln sich malerische Winkel mit Pseudomittelalter, edle Juweliergeschäfte mit kleinen Souvenirläden ab. ›Tax free‹ lautet der Slogan der Parfum- und Handtaschenverkäufer, doch bei genauerem Hinsehen zeigt sich, dass viele Angebote keineswegs günstig sind.

An der Piazza della Libertà, die einen wahrlich grandiosen Blick über die Landschaft des Montefeltro erlaubt, erhebt sich der Palazzo del Governo. Er wurde zwar erst 1894 fertig gestellt, könnte aber manchem gut 500 Jahre älteren Palazzo den Rang ablaufen. Andererseits passt sein mittelalterliches Aussehen gut zur mittelalterlichen Bürgerschaftsverfassung: Jeweils zwei *Capitani Reggenti*, also ›Regierungshauptmänner‹, repräsentieren den Mini-Staat für ein halbes Jahr. Jeden 1. April und 1. Oktober werden sie in einer feierlichen, von Umzügen in historischen Kostümen begleiteten Zeremonie ausgewechselt. Als oberste Staatsvertreter sitzen sie dem Großen und Allgemeinen Rat vor, dessen 60 Abgeordnete alle fünf Jahre vom Volk gewählt werden. Der prachtvoll ausgemalte Ratssaal, in dem die halbjährliche Übergabe der Rathausschlüssel inszeniert wird, prangt so perfekt von Ritterromantik, dass selbst der Erbauer von Schloss Schwanstein seine helle Freude daran gehabt hätte.

In der Saison (15.5.–30.9.) wird vor dem Palazzo täglich und alle halbe Stunde (8.30–19.30 Uhr) die Wachablösung der ›Guardia di Rocca‹ zelebriert, deren Uniformen in Grün und Rot Farbe auf den Platz bringen.

Das religiöse Zentrum des Staates ist die **Basilica del Santo** am Piazzale Domus Plebis, in der die Reliquien des hl. Marinus aufbewahrt werden. Dass man die vorromanische Kirche, die bis ins 5./6. Jh. zurückreichte, in Zeiten des Wohlstandes einfach abgerissen hat, bezeichnen Sammarinesen mittlerweile als den womöglich größten Fehler ihrer langen Republikgeschichte. Heute steht an ihrer Stelle die zwischen 1826 und 1838 erbaute klassizistische Kirche, die Papst Pius XI. zur Basilica Minor erhob. Die Reliquien des Heiligen werden teilweise unter dem Altar, teilweise rechts von ihm in dem bekrönten, vergoldeten Schädelreliquiar aus dem Jahr 1602 aufbewahrt.

Von der alten Wehrhaftigkeit kann man sich bei einem Spaziergang über den so genannten Hexenpass (*Passo delle streghe*) überzeugen, der von der Burg La Cesta zur Torre Guaita mit einer überwältigenden Aussicht auf den Montefeltro führt.

die im Aug. Gregorianische Choräle und Lobgesänge im Dom anstimmt.

Eine **gute Aussicht** über das Marecchia-Tal bietet sich vom Gefallenendenkmal ein Stückchen hinter dem Dom; einzigartig, aber gegen Eintritt, ist der Blick vom Glockenturm.

Den großen **Parkplatz** auf der Piazzale Buscarini erreicht man über die Piazza Dante, dann rechts durch die Via Rosa.

Sant'Agata Feltria

Reiseatlas: S. 234 B 1
Eine kurvige Panoramastraße führt in Novafeltria rechts hoch durch die herbe Landschaft des Montefeltro nach Sant'Agata. Trüffeln locken die meisten Besucher im Oktober hierher, zur ›Erntezeit‹ der edlen, zart marmorierten weißen Knollen, für die Sant'Agata landesweit berühmt ist. Beim Altstadtbummel über die große Piazza Garibaldi und in ihrer Verlängerung durch die Via Vittorio Emanuele II verleiten die Schaufenster des einfachen *alimentari* und eines Delikatessenladens zum Stehenbleiben.

An manchen Tagen liegt ein seltsamer Geruch in der Luft, dann, wenn auf der kleinen Piazza Fabbri aus den tiefen Kellern des Palazzo die reifen Höhlenkäse heraufgeholt und in riesigen Tüchern von der Rampe hinunter auf den LKW verladen werden. Über Stufen geht es hier zur **Rocca Fregoso** hinauf, die aus ihrem Felsen herauszuwachsen scheint. Der mittelalterlichen Burg hat vermutlich Francesco di Giorgio Martini ihr trutziges Aussehen verliehen (im Sommer tgl. 9–12.30, 15–19 Uhr, Eintritt 3,50 €).

L' Angolo del Buongustaio: Via Vittorio Emanuele II 9. Frische und eingelegte Trüffeln, *salsicce* und pikanter Höhlenkäse, Kräuter und Liköre – das kleine Delikatessengeschäft ist ein lukullisches Paradies.

Fiera Nazionale del Tartufo: jeden Sonntag im Oktober, Trüffelmesse mit Hundeschauen und Probierständen.

Monte San Benedetto

Reiseatlas: S. 234, B 1
Um die Mittagszeit, wenn Sant'Agata in der Stille versinkt, sollte man die einsame Landstraße Richtung Monte San Benedetto/Pennabilli wählen. Hier lohnt sich ein Stopp bei der Antenna del Morino, dem einsam liegenden gelben Haus rechts an der Straße. Auf dicken Baumstämmen, die als Tische dienen, wird eine gute Landküche aufgetragen. Die Spezialität des Hauses sind natürlich Trüffelgerichte, und der Padrone nimmt es keinem übel, der für den kleinen Hunger mittags nur einen Teller seiner vorzüglichen Trüffelnudeln bestellt (Monte San Benedetto 32, Tel. 0541 929626, Mo Ruhetag).

Petrella Guidi

Reiseatlas: S. 234, B 2
Hinter dem Weiler Monte San Benedetto öffnet sich der Kastanienwald und erlaubt weite Blicke hinüber nach Pe-

Landschaft bei Carpegna

trella Guidi. Gespenstisch still ist es zwischen den wenigen restaurierten Häuschen des winzigen alten Dorfkerns. Der staubige Boden verschluckt den Klang der Schritte auf dem Weg zur Burgruine. Davor hat der Schriftsteller Tonino Guerra zwei Steinplatten im Gedenken an den im nahen Rimini geborenen Filmregisseur Federico Fellini und seine Frau, die Schauspielerin Giuletta Masina, ins Gras gebettet.

Carpegna

Reiseatlas: S. 234, B 2
Vom Marecchia-Tal schlängelt sich die Straße durch den Naturpark Sasso Simone e Simoncello hinauf nach Carpegna. Der Weg führt vorbei an Penna-

billi, das sich mit dem romagnolischen Örtchen Verruchio um die zweifelhafte Ehre streitet, Wiege der gefürchteten Malatesta zu sein.

Monte Carpegna ist mit 1418 m die höchste Erhebung im Montefeltro. Das gleichnamige Örtchen am Fuß des Berges ist für seinen guten Schinken bekannt. In der Bar kann man sich ein *panino* mit dem deftigen *prosciutto crudo* zubereiten lassen. Dabei steht man quasi am Geburtsort der berühmten Herren von Montefeltro: Es waren die Grafen von Carpegna, die sich im Tross Friedrichs I. Barbarossa auszeichneten und 1160 den Titel der Grafen von Montefeltro erhielten.

 Wandermöglichkeiten im Naturpark Sasso Simone e Simoncello

FANO UND DIE VIA FLAMINIA

Städtischer Charme, saubere Strände und ein antiker Augustusbogen sind die Reize von Fano, das einst als römische Kolonie an der Via Flaminia lag. Die Route folgt der legendären Römerstraße durch die wilde Furlo-Schlucht bis zur umbrischen Grenze. Im Rücken der Küste faszinieren römische Bronzestatuen in Pergola und die Bergwelt des Monte Catria.

Fano   *Kinderstrand*

Reiseatlas: S. 235, E 1

Mit seiner Mischung von Kultur und Strand ist Fano ein angenehmer Urlaubsort. Am einfachsten gelangt man auf der Küstenstraße (SS 16) an den Rand der Altstadt, denn die mit knapp 57 000 Einwohnern drittgrößte Stadt der Marken hat einen breiten Halbkreis von Neubausiedlungen und Industrievierteln um ihren Kern gezogen. Im reizvollen *centro storico,* das von den Hotelbauten am Strand durch eine Bahnlinie getrennt wird, merkt man davon aber nichts mehr.

Rechtwinklige und heute autofreie Gassen zeugen von der römischen Anlage der Stadt. Sie lag an der berühmten Via Flaminia, die Rom mit der Adria verband. *Fanum Fortunae* nannte man die Stadt nach einem der Göttin Fortuna geweihten Tempel. Vielleicht hatten ihn die Römer hier nach ihrem Sieg über den karthagischen Feldherrn Hasdrubal im Metauro-Tal 207 v. Chr. gestiftet. *Iulia Fanestris* hieß die Kolonie zu Zeiten des Kaisers Augustus, als

die Stadtmauer erbaut wurde. 500 Meter dieser einst 8 bis 9 m hohen Mauer mit zylindrischen Türmen und breiten Eingängen haben sich erhalten, und wer von Pesaro herkommt, sollte sich bei ihrem Anblick links vom Viale Buozzi einen Parkplatz suchen und die Stadt stilvoll durch den nahen **Arco d' Augusto** betreten.

Spätestens im Jahr 9. n. Chr. errichtet, wirkt der breite Bogen aus Kalksteinquadern noch immer beeindruckend, wenngleich Federico da Montefeltro seinen eleganten Säulenaufbau 1463 während der Belagerung der Stadt im Kampf gegen die ansässigen Malatesta zerstörte. Es ist ein kleines Wunder, dass die Schönheit des intakten Bogens in einem flachen Relief an der Kirche San Michele nebenan festgehalten wurde.

Vom Augustusbogen führt die Via Arco d' Augusto schnurgerade stadteinwärts. Unmittelbar hinter dem Bogen öffnet sich rechts die **Loggia di San Michele,** die Arkaden eines Waisenhauses im Stil der Renaissance, das wohlhabende Bürger im 15. Jh. stifteten.

Nur wenige Schritte sind es von hier bis zum **Dom**. Das Portal dieser romanischen Basilika bewahrt in den zierlichen Schmuckbändern schöne Steinintarsien. Im Innern ist die auf vier Löwen ruhende Kanzel bemerkenswert: Große Reliefplatten zeigen die Anbetung Christi durch die Hl. Drei Könige, die Flucht nach Ägypten und Mariä Verkündigung.

Der belebte Corso Matteotti führt nach rechts zur Piazza XX Settembre. Ein kurzer Abstecher nach rechts in die Via De' Pilli bringt Liebhaber der Malerei zur Kirche **Santa Maria Nuova**. Sie birgt zwei Bilder des umbrischen Malers Perugino. Die fünfteilige Bildreihe unter dem rechten Madonnengemälde wird dem jungen Raffael, dem berühmtesten Schüler Peruginos, zugeschrieben (tgl. 10–12, 16–18 Uhr).

Die geschäftige **Piazza XX Settembre** ist der Mittelpunkt der Altstadt. Dominant erhebt sich an ihrer linken Seite der **Palazzo del Podestà** von 1299. Sein Turm musste Mitte des 20. Jh. wieder aufgebaut werden, da ihn deutsche Soldaten 1944 zusammengeschossen hatten. Da halfen auch die drei Schutzpatrone der Stadt nicht, die seit dem 14. Jh. in drei Nischen über dem Bogengang stehen. Hinter der mittelalterlichen Fassade versteckt sich das klassizistische rotgoldene Teatro della Fortuna, dessen Türen sich nur zu Theatervorstellungen öffnen.

Die barocke **Fontana della Fortuna** schmückt heute nur noch die Kopie der graziösen Fortuna-Skulptur. Das Original gehört zu den Ausstellungsstücken des Museo Civico in der **Corte Malatestiana**, dem einstigen Wohnsitz der Malatestafürsten, der die Stirnseite des Platzes einnimmt. Glanzstück der hier untergebrachten Sammlungen ist zweifellos in der archäologischen Abteilung im Erdgeschoss das beinahe lückenlos erhaltene schwarzweiße Panthermosaik aus dem 2. Jh. n. Chr. (Di–So 9.30–12.30, 16–19, 15.6.–15.9. auch 21–23 Uhr).

Auf den Spuren der ehemaligen Stadtherren geht es weiter, zunächst rechts durch die Via Froncini und die nächste Gasse links zu den **Tombe dei Malatesta** in der Säulenvorhalle der ehemaligen Kirche San Francesco. Das floral verzierte Renaissanceportal gewährt Durchblick in die dachlosen Überreste der einst imposanten Kirche. Links vom Portal hat das aufwändige spätgotische Grabmal der ersten Gattin Pandolfos III. Bianca überdauert, an der Stirnwand das einfachere Grab ihres Leibarztes. Rechts vom Portal kann man das mitgenommene Renaissancegrabmal von Pandolfo III. erkennen.

Am Ende der Gasse stößt man auf die Via Nolfi und erblickt auf der anderen Straßenseite **San Pietro in Valle,** die zu den bedeutendsten Barockkirchen der Region zählt. Ein gemütlicher Bummel durch die Via Nolfi führt (nach links) vorbei an bemerkenswerten Palazzi zu den Resten der **Rocca Malatestiana**, die dem Ende ihrer Restaurierung geduldig entgegen sehen. Links geht ein romantischer Weg innerhalb der römischen Stadtmauer zum Endpunkt der Via Flaminia am Augustusbogen.

iat: Via Cesare Battisti 10, Tel. 0721 803534, Fax 0721 824292. Ein

Fano: der Augustusbogen im Original und als Relief

weiteres Infobüro befindet sich an der Piazza XX Settembre, Tel. 0721 887523, www.turismofano.com.

Hotelvermittlung: Alberghi Consorziati, Viale Adriatico 132, Tel. 0721 827376, Fax 0721 825710, www.fanonline.it.
Elisabeth Due: Piazzale Amendalo 2, Tel. 0721 823146, Fax 0721 823147, www.hotelelisabethdue.it. Modernes Strandhotel an der Spiaggia Lido. DZ 130 €.
Madonna del Ponte: Via delle Brecce 25, Tel. 0721 804520 (1.4.–30.9. geöffnet). Schattiger Campingplatz an der Spiaggia Sassonia, ca. 1,5 km von der Altstadt entfernt.

Casa Nolfi: Via Gasperoli 59, Tel. 0721 827066, So abend, Mo geschl.

Elegantes Restaurant in der Altstadt, gute Fischgerichte. Menü ca. 40 €.

Am zweiten Wochenende im Monat großer **Antikmarkt** in der Altstadt; tgl. **Markt** auf der Piazza Costa.

Miu Miu: Via Val Cesane 136 (Autobahnabfahrt Marotta). Pompöse Disko im 9 km entfernten Marotta. Elegantes Outfit erwünscht!

An warmen Sommerabenden ist immer etwas los: Theater auf der Piazza, Cabaret am Strand, nächtliche Künstlermärkte in der Altstadt, Musikevents am Lungomare, Modeschauen. Höhepunkt der Saison ist im Juli das **Internationale Jazzfestival** auf der Piazza XX Settembre und am Lungomare Sassonia.

Karneval: Den Karneval im Februar, für den Fano seit Jahrhunderten berühmt ist, werden die meisten Touristen wohl verpassen. Heiter geht es aber auch beim *Carnevale d'Estate* (Sommerkarneval) am 3. Sonntag im Juli zu.

Die überwachten Strände Fanos sind zweigeteilt: Links vom Hafen reihen sich die Liegestühle auf dem breiten Sandstreifen der Spiaggia Lido, die Spiaggia Sassonia unterhalb der Altstadt geht nahtlos in den Kiesstrand des benachbarten Marotta über. Ideal für Kinder ist Fanos Projekt *Città per bambini*: Wassersport, Spielstunden und Ausflüge werden für die Kleinen organisiert, die *bagni* stellen am Strand Spielplätze zur Verfügung.
Sportliche finden die üblichen **Wassersportmöglichkeiten** und **Tennisplätze** vor. Das Unterhaltungsprogramm reicht von Beachvolleyballturnier bis Segelregatta (erhältlich bei den Touristeninfobüros). In den Sommermonaten organisiert die Touristeninfo – allerdings nur mit Voranmeldung – wöchentlich **Führungen** durch die geheimnisvolle Unterwelt von Fano (Treffpunkt: Piazza XX Settembre).

Stündl. **Zugverbindungen** Richtung Rimini und Ancona.
Parkplätze an der Stadtmauer.

Eremo di Monte Giove

Reiseatlas: S. 235, E 2
Ruhe und Erholung vom Trubel am Strand findet man im **Eremo di Monte Giove.** Die im Grünen gelegene Camaldulenserabtei mit ihrer Kirche aus dem 18. Jh., kleinen Wohnhäusern und Eremitenzellen erreicht man über einen alten Hohlweg, der kurz hinter Fano rechts von der SP 3 abzweigt. Vor ihren (in der Mittagszeit verschlossenen) Toren hat man einen schönen Blick hinunter auf Fano und die Küste.

Fossombrone

Reiseatlas: S. 235, D 2
Wer dem Lauf der antiken Via Flaminia folgen möchte, die ab 220 v. Chr. auf Anweisung des Censors Caius Flaminius zwischen Rom und der Adriaküste erbaut wurde, sollte in Fano die Strada Provinciale 3 (Richtung Rom) wählen und auf dieser gemütlichen alten Landstraße, die noch heute den Namen ihres Begründers trägt, durch so manches Straßendorf gondeln.

Noch vor dem Städtchen Fossombrone liegt links an der SP 3 bei San Martino in Piano ein ausgegrabenes Stück der legendären Via Flaminia. Mit etwas Glück ist das Tor der eingezäunten **Area archeologica** geöffnet, und man kann das große, original römische Pflaster betreten. Hier lag einst das nach seinem Gründer Gaius Sempronius Gracchus benannte römische *Forum Sempronii*, der Ursprung der heutigen Stadt am Metaurus. Fossombrone selbst besitzt eine liebenswerte Altstadt. Rote Ziegeldächer der parallel zum Hang gebauten Häuserreihen staffeln sich hinauf zur restaurierten **Corte Alta,** einem herzöglichen Palast der Montefeltro, die den Ort 1444 ausnahmsweise einmal nicht mit dem Schwert, sondern mit Geld von den Malatesta erwarben. Hier werden u. a. Fundstücke von dem an der Via Flaminia gelegenen römischen Forum ausgestellt (im Sommer Di–So 10.30–12.30, 16–19 Uhr).

Gola di Furlo

Reiseatlas: S. 235, D 3

Hinter Fossombrone verlässt man kurzzeitig die alte Via Flaminia und nimmt die Schnellstraße Richtung Rom bis zur Ausfahrt *Passo del Furlo/Calmazzo.* Auf einer kleinen Straße geht es durch den Weiler Villa Furlo in die **Gola di Furlo** hinein. Die Berge rücken immer enger zu einer bedrohlich imposanten Schlucht zusammen, das leuchtende Grün wird vom Grau der schroffen Felsen verdrängt. Mitten in der Schlucht verläuft die Straße durch die enge **Galleria di Furlo.** Sie ist ein kleines Meisterwerk römischer Straßenbauer, die diesen ersten italienischen Fernstraßentunnel unter Kaiser Vespasian 76/77 n. Chr., wie die römische Inschrift mitteilt, in den Fels schlugen. Ihre Bearbeitungsspuren sind in dem 38 m langen, 5,95 m hohen und 5,50 m breiten Tunnel noch heute sichtbar.

Furlo

Reiseatlas: S. 235, D 3

Die alte Bar in der kleinen Sommerfrische ausgangs der Schlucht hält Espresso und belegte Brötchen bereit, im benachbarten Ristorante del Furlo, der alten Passherberge, kann man um die Mittagszeit gut essen. Über den Räumen des Lokals steht im ersten Stock das dunkle Holzbett, in dem einst Mussolini nächtigte, nachdem er in dem eigens für ihn reservierten Salon seiner Leidenschaft für Eier mit Trüffeln gefrönt hatte. Mit einem Blick zurück in die Schlucht, sieht man links oben auf dem Monte Pietralata das angekratzte Profil des Duce in den Himmel starren. 1936 hatte es die Milizia Nazionale Forestali zusammen mit einheimischen Steinmetzen in den Berg geschlagen – nur zehn Jahre später rückte man Mussolinis Kopf mit Dynamit zu Leibe.

Gut 1 km hinter Furlo lädt links der Straße Richtung Acqualagna ein Picknickplatz mit Tischen, Bänken und einer kleinen kioskartigen Bar zur Rast ein. Ihm zugewandt ist die fast schmucklose Fassade der romanischen Kirche **San Vincenzo dal Furlo,** ein einschiffiger Bau aus dem 11./12. Jh. In die einstige Abtei zog sich 1041/42 der Klosterreformer Petrus Damiani von Fonte Avellana zurück und verfasste hier die erste Biographie des hl. Romuald, der erst 15 Jahre zuvor verstorben war. Jenseits des Picknickplatzes ermöglicht eine Holztreppe den Abgang zum Fluss Candigliano und den beachtlichen Überresten eines augusteischen **Viadukts** der Via Flaminia. An der 60 m langen, 2 bis 3 m hohen, aus großen Quadern zusammen-

---

Trüffel kaufen

Zwischen Furlo und Cagli lohnt sich ein Abstecher in das leider reizlose **Acqualagna**, einer bedeutenden märkischen Trüffelhochburg mit Trüffelgeschäften und -großbetrieben. Große Auswahl bieten ›Marini Tartufi‹ (ausgeschildert) und ›Gruppo Urbani Tartufi‹, beide in der Via Risorgimento.

gesetzten Brücke lässt sich gut die römische Trockenbauweise ohne Mörtel studieren.

🍴 **Ristorante del Furlo:** Passo del Furlo, Tel. 0721 700096, Di Ruhetag. Intimes Ristorante in der alten Pass-Herberge. Schön eingedeckte Tische und ein Kamin verbreiten eine elegante Gemütlichkeit, in der das Ehepaar Melagrana ausgezeichnete Trüffel- und Pilzgerichte – auch zur Mittagszeit – serviert. Menü ca. 40 €, starke Preisschwankungen aufgrund des wechselnden Trüffelpreises. Ansprechende Übernachtungsmöglichkeit im Haus, DZ ab 70 €.

Cagli

Reiseatlas: S. 235, D 3
Von der ausgebauten Schnellstraße nimmt man die Ausfahrt *Cagli Est* und hält sich Richtung *Centro*. Dann darf man den kleinen Weg, der rechts vor der neuen großen Brücke abzweigt, nicht übersehen. Es lohnt sich, ganz hinunter in die kleine grüne Oase zu laufen, wo in winzigen Tümpeln zwischen weiß blühenden Froschlöffeln Kröten quaken. Sie leben direkt unter dem **Ponte Mallio,** einer gut erhaltenen römischen Brücke, auf der die Via Flaminia den Burano überquerte. Ihre Fundamente gehen wohl auf das 4. Jh. v. Chr. zurück und sind ein Werk der Umbrer.

Das ländliche Cagli ist auf Tagestouristen eingestellt. Bars und Eissalons beleben das zentrale Piazza Matteotti. Im Palazzo Comunale, einem Bau von Francesco di Giorgio Martini, ist das **Museo archeologico e della Via Flaminia** untergebracht, in dem modern

und ansprechend, allerdings nur in italienischer Sprache u. a. die Geschichte der römischen Straßen erläutert wird (Juni–Sept. nur Sa, So, im Aug. tgl. 10–12, 16–19 Uhr).

20 km hinter Cagli windet sich die Via Flaminia zum Scheggia-Pass hinauf und damit ins benachbarte Umbrien. Landschaftlich reizvoll ist die langsame Weiterfahrt durch den Naturpark des Monte Cucco, der wie ein Sporn in die Region Marken hineinragt. Bei Scheggia trifft man auf den Fluss Sentino, der die Straße bis Sassoferrato begleitet.

Sassoferrato

Reiseatlas: S. 235, E 4
Sassoferrato-*Sentinum:* der Name ist verknüpft mit einer Sternstunde der römischen Geschichte. In der Flussebene unterhalb der heutigen Stadt scheiterte im Jahr 295 v. Chr. der letzte Versuch der alten Landesherren, sich der neuen aufsteigenden Macht der Römer zu widersetzen. Der hier erfochtene Sieg über Samniter und Gallier sicherte Rom endgültig die Herrschaft über Mittelitalien. Aufrecht stehende Säulen und einige Mauerreste an der Straße von Sassoferrato nach Fabriano sind die letzten, stummen Zeugen der römischen Epoche.

Hoch über dem antiken *Sentinum* und der modernen Ansiedlung erstreckt sich die winzige stille Altstadt auf einer Hügelkuppe (ausgeschildert: *Centro/Rocca*). Eine einzige Straße führt durch sie hindurch. Die Palazzi rechts und links des Palazzo Comunale an der Piazza Matteotti beherbergen eine Bibliothek mit 10 000 Büchern und Handschriften (Palazzo Oliva), eine Sammlung von rund 1000 Gemälden und Fundstücke aus dem antiken *Sentinum* (Palazzo dei Priori) – eine schier unglaubliche Fülle angesichts der 7 000 Einwohner. Die kleine Rocca wurde als päpstliche Zwingburg 1368 errichtet.

Hosteria La Rocca: Via Albornoz 3, Tel. 0732 95444, Mi Ruhetag. Rustikales Lokal mit interessanten Wildschweingerichten, einfachen hausgemachten Desserts, auch Pizza, unweit des Kastells. Menü 25–30 €.

Im Rücken der Küste

Jenseits der Kiesstrände zwischen Fano und Senigallia locken Städtchen, Burgen und Klöster ins grüne Hinter-

Römische Mosaiken

Seit 1987 legen Archäologen bei Suasa eine römische Siedlung samt Amphitheater und Nekropole frei. In einem Privathaus haben sie wunderschöne Mosaiken aufgedeckt, die zu den schönsten in Mittelitalien gezählt werden. Zufahrt zum überdachten Grabungsgelände über San Lorenzo in Campo Richtung Castelleone di Suasa, vor dem Ort rechts auf eine Feldstraße (Juni–Juli Sa, So 10.30–12.30, 15.30–19.30 Uhr, Info unter Tel. 071 966524).

land. Die SS 424 führt von Marotta durch das anfangs industriell genutzte, später ländliche Cesano-Tal ins Landesinnere.

Mondavio

Reiseatlas: S. 235, E 3

Hauptattraktion des winzigen Örtchens ist seine Festung. Das Bollwerk am südlichen Rand des *borgo* ließ Giovanni Della Rovere 1482–92 als neuer Stadtherr von Francesco di Giorgio Martini, dem besten Militärarchitekten seiner Zeit, errichten. Noch heute feiert man hier alljährlich im August mit einem historischen Bankett, höfischem Spiel und Tanz ausgelassen die Ankunft dieses Herzogs, der einst die unerbittlichen Malatesta vertrieb.

Fast beeindruckender als die Festung selbst sind die im ehemaligen Burggraben ausgestellten Belagerungs- und Verteidigungsgeräte: eine fast 2500 kg schwere *sambuca,* die dazu diente, Krieger auf die Burgmauer zu hieven, riesige Wurfgeräte, die 40 kg schwere Steine gut 400 m weit schleudern konnten, ein Leiterwagen, der zur Grundausstattung eines jeden Belagerers gehörte, und der *trabucco a martello*, ein gewaltiger Rammbock. Sie wurden im Jahr 2000 nach den Plänen von Festungsbaumeister Francesco di Giorgio Martini in Originalgröße nachgebaut.

Eine Treppe geht zum halbrunden Turm hinauf, der Einlass in die Festung gewährt. Im Innern sind vor allem für Kinder sehr anschaulich verschiedene Momente des Burglebens mit Puppen in historischen Kostümen nachgestellt.

Mondavio

Kettenhemden, Schwerter und Brust-
schilde aus dem 16./17. Jh. bestaunt
man im obersten Stockwerk des
Turms, von dem aus das ganze Gebiet
überwacht werden konnte (tgl. 9–12,
15–19 Uhr).

Über eine Rampe gelangt man oberhalb der Festung und mit schönem
Blick auf sie in die ruhige Altstadt. Ihre
idyllischen Winkel und malerischen Palazzi haben es etlichen Deutschen an-
getan, die hier mit Zeichenblöcken und
Stiften bewehrt nach romantischen
Motiven suchen. Da einige von ihnen in
Mondavio wohnen, kann man in diesem verwunschenen Nest jederzeit
deutsche Tageszeitungen kaufen.

Pro Loco: Corso Roma 1, Tel. 0721
977331, Fax 0721 989098, www.
mondavioproloco.it.

dell'AltRove: Vicolo Ridolfi 3 (nahe
Piazza Matteotti), Tel. 0721 981024.
Osteria mit Vespermöglichkeiten (*meren-
de*), auch Pizza.

Caccia al cinghiale: 12.–15. August. Prächtiges Fest mit Bankett,
Umzügen in historischen Kostümen, tra-
ditionellem Bogenschießen und Fahnen-
werfen.

Pergola

Reiseatlas: S. 235, E 3
Hinter San Lorenzo in Campo gerät ein
Stopp in Pergola zum kulturellen *must*.
Das gepflegte Städtchen ist im Besitz
eines sensationellen archäologischen
Fundes, einer römischen vergoldeten
Bronzegruppe aus dem 1. Jh. v. Chr.
Am 26. Juni 1946 stießen zwei Brüder
in der Nähe von Cartoceto bei der

Feldarbeit auf einen vergoldeten Pferdehuf. Systematische Grabungen brachten Hunderte von Bruchstücken zutage, die zunächst zur Restaurierung nach Florenz geschafft wurden. Damit begann eine Jahrzehnte andauernde Odyssee, deren Weg von Erdbeben und örtlichen Streitigkeiten bestimmt war. Erst im Jahr 1999 hat die zusammengesetzte Figurengruppe einen festen Platz im **Museo Bronzi Dorati e della Città di Pergola** gefunden.

Die Gruppe besteht aus vier Elementen: zwei Reiterstatuen, wobei nur noch ein Reiter erhalten ist, am zweiten Pferd zeugen lediglich zwei menschliche Beine von seiner Existenz, und zwei weiblichen Statuen, eine in ausgezeichnetem Erhaltungszustand, von der zweiten haben nur Reste überdauert. Die überlebensgroßen Figuren waren vollständig mit 24-karätigem Gold überzogen, an manchen Stellen schimmert grünlich Bronze hindurch.

Wen die Figuren darstellen, lässt sich nicht mehr sagen, vielleicht eine Senatorenfamilie? Ein noch größeres Rätsel gibt der Fundort auf, der mangels einer bedeutenden römischen Stadt im näheren Umkreis auf keinen Fall ihr Ursprungsort sein kann. Hatte die Gruppe einst im 30 km entfernten Sassoferrato gestanden? Wer hatte sie vergraben? Fragen, die die Gemüter bewegen. Nur in einem Punkt sind sich alle einig: Die vergoldeten Bronzen von Cartoceto müssen zusammmen mit den anderen bedeutenden antiken Bronzen genannt werden, dem vergoldeten Standbild von Marc Aurel in Rom und den Pferden von San Marco in Venedig.

Auf dem Weg zum letzten Ausstellungsraum mit den Bronzestatuen kommt man im vorletzten Raum an

Fonte Avellana

kunstvollen geometrischen Bodenmo-
saiken aus römischer Zeit vorbei
(1.7.–31.8. tgl. 9.30–13, 16–20, sonst
9.30–12.30, 15.30–19.30 Uhr).

Fonte Avellana

Reiseatlas: S. 235, D 4
Auf der Strecke von Pergola Richtung
Sassoferrato geht es nach gut 6 km
rechts über Serra Sant'Abbondio am
Fluss Cesano entlang durch eine wun-
derbare Wald- und Berglandschaft zum
Kloster Fonte Avellana. Die letzten Kilometer geraten zum langsamen Gondeln durch das reizvolle Tal. Nach einer
Biegung steht in dieser Stille plötzlich
das Kloster Fonte Avellana als Talab-
schluss im Blick.
   Die Eremitei wurde um das Jahr
1000 vermutlich vom hl. Romuald von
Camaldoli begründet. Das legen die
dem Orden der Camaldulenser ähneln-
den Regeln von Fonte Avellana nahe.
Abgefasst hat diese *consuetudines* –
ebenso wie eine erste Biographie des
hl. Romuald – Petrus Damiani, der
1035 in Fonte Avellana eintrat und acht
Jahre später zum Prior der Gemeinschaft ernannt wurde. Der Eremit und
Kirchenmann kämpfte gegen den seinerzeit verbreiteten Ämterkauf und die
Priesterehe. Als Mittler und Reformer
reiste er durch Europa, versuchte gar
1069 in Frankfurt Kaiser Heinrich IV.
von dem Plan abzubringen, sich von
seiner Ehefrau Bertha scheiden zu lassen. Er starb 1072 im Kloster Santa
Maria bei Faenza, wo er zum Leidwesen der Eremiten auch bestattet wurde. Dennoch wird Petrus Damiani in
Fonte Avellana außerordentlich verehrt,

Wandern am Monte Catria

Unterhalb des Klosters Fonte Avellana führt ein ausgeschilderter
Wanderweg in gut 3 Stunden zum
1701 m hohen Gipfel des Monte
Catria hinauf. An klaren Tagen
reicht die Aussicht bis nach San
Marino und zum Meer.

und umgekehrt ließ Dante im 21. Para-
diesgesang der Göttlichen Komödie
Petrus Damiani selbst die Einsiedelei
unterhalb des Monte Catria in höchsten Tönen loben. Wenige Jahre nach
Dantes Tod wurde die Eremitei in eine
Abtei umgewandelt, 1569 die avellani-
tische Gemeinschaft aufgehoben und
den Camaldulensern unterstellt.
   Heute sind hier 13 Mönche im weißen Habit des Camaldulenserordens
zu Hause. Trotz ihrer strengen Ordens-
regeln gewähren sie zweimal am Tag
Besuchern Zutritt (Führungen Mo–Sa
10 und 16, So 14.30, 15, 15.30, 16,
16.30, 17,17.30 Uhr – ohne Ausnahme
pünktlich!). Unter der christlichen An-
leitung eines Bruders können Kapitelsaal, Skriptorium und Bibliothek des
Klosters in Augenschein genommen
werden.
   Auch die **Krypta** in der stimmungsvollen romanisch-gotischen Abteikirche ist nur mit Führung zugänglich. Sie
gehört zu den ältesten Bauteilen und
wird ins 10. Jh. datiert. In kleinen Häuschen am Rand der Klosteranlage werden Backwaren, Honig, Wein, Liköre
und Kräuteressenzen verkauft.

In der Provinz Ancona

Am Strand von Numana

Reiseatlas S. 236, 237

ZWISCHEN MISA UND ESINO

Die Hügellandschaft zwischen den Flüssen Misa und Esino bezaubert mit netten Städtchen, guten Weinen, wilden Schluchten und einer grandiosen Tropfsteinhöhle. Die ›Samtstrände‹ des munteren Küstenstädtchens Senigallia laden zum gepflegten Dolcefarniente ein. In Jesi, heute inmitten von Weinbergen, wurde im Dezember 1194 der deutsche König und Kaiser Friedrich II. geboren.

Senigallia

Reiseatlas: S. 237, D 1

Südlich von Fano ist auch Senigallia – mit gut 42 000 Einwohnern sechstgrößte Stadt der Marken – ein angenehmer Urlaubsort an der Adria. Seine als samtweich gerühmten, 13 km langen Sandstrände werden seit dem 19. Jh. von Badenden geschätzt. Die größtenteils verkehrsberuhigte Altstadt mit ihren rötlich schimmernden Backsteinpalazzi lädt zum Flanieren ein.

Sena Gallica war die älteste der römischen Kolonien an der märkischen Adria und trägt in ihrem Namen noch die Spuren ihrer früheren Besiedlung durch die Gallier bzw. Kelten. Ab 285 v. Chr. gaben die Römer hier den Ton an, und seither teilt Senigallia seine Geschichte mit anderen Küstenstädten. Es gehörte zur byzantinischen Pentapolis und war begehrtes Streitobjekt zwischen den Malatesta und Montefeltro. Von Sigismondo Malatesta erzählt man am Ort, dass er beim Bau der Stadtmauer ein goldenes Schmuckstück seiner Frau habe einmauern lassen. Als im 18. Jh. ein Turm abgerissen wurde, begann die Schatzsuche, gefunden hat man bislang noch nichts ...

Stadtrundgang

Die Via Portici Ercolani verläuft am Rand der Altstadt auf der – mit Blick Richtung Meer – rechten Seite des Flusses Misa. Unter ihren hohen Laubengängen locken Geschäfte und Bars.

Am unteren Rand der Altstadt öffnet sich das **Foro Annonario**. Im Rund dieses klassizistischen Baus aus der Mitte des 19. Jh. mit 30 dorischen Backsteinsäulen findet täglich der Markt statt.

Ein schmaler Durchgang führt zur weiten **Piazza del Duca** mit dem Palazzetto Bavaiera (13.–15. Jh.) und dem Palazzo del Duca, in dem im 16./17. Jh. die Herzöge von Urbino als Stadtherren residierten. In seinem Erdgeschoss hat das Caffè Ducale eröffnet, von dem aus man bequem die **Rocca Roveresca** gegenüber betrachten kann. Die mächtige quadratische Festung mit ihren vier Bastionen aus dem 15. Jh. diente lange Jahre als Gefängnis und ist Wahrzeichen der Stadt. Heute dokumentiert in ihren Räumen ein ansprechendes Museum die Geschichte der Della Rovere, der letzten Herren des Herzogtums Urbino (tgl. 8.30–19.30, im Juli bis 23 Uhr).

Links neben dem Palazzo del Duca führt eine Gasse ins Zentrum der Altstadt und auf den verkehrsberuhigten Corso II Giugno, einer Flanier– und Einkaufsmeile. Nach rechts gelangt man zur kleinen Piazza Roma mit dem besten Café der Stadt und der hübschen **Fontana Nettuno** vor dem **Palazzo Comunale**. Die kleine männliche Statue, die den Brunnen schmückt, stammt vielleicht noch aus römischen Tagen.

Beim Bummel durch die Gassen zum anderen Ende der Altstadt kommt man rechts hinter dem Durchgang im Palazzo Comunale am **Palazzo Mastei** vorbei. Er ist das Geburtshaus von Giovanni Maria Mastei Ferretti, der 1846 als Pius IX. den Papststuhl bestieg und seiner Heimatstadt zu einer neuen Domfassade verhalf, hinter der noch heute sein Taufbecken steht.

iat: Piazzale Morandi 2, Tel. 0717 922725, Fax 0717 924930, www. comune.senigallia.an.it.

Ritz: Lungomare Dante Alighieri 142, Tel. 071 63563, Fax 071 7922080, www.hritz.it. Komfortables Strandhotel mit Tennisplätzen und eigenem Strandbereich. DZ ca. 100 €.

Villa Pina: Via Podesti 158, Tel. 071 7926723, Fax 071 65185, www. villapina.lt. Hübsche Villa mit Garten an der Durchgangsstraße (SS 16), 15 Zimmer. DZ 65–74 €.

Ostello Ducale: Via Maschetti 73. Jugendherberge (nicht nur für Jugendliche) in der Altstadt. Günstig.

Madonnina del Pescatore: Lungomare Italia 11, Loc. Marzocca, Tel. 071 698267. Modernes, exquisites Fischlokal mit kreativer Küche 9 km außerhalb (Richtung Ancona) an der Strandpromenade von Marzocca. Menü ca. 80 €.

Uliassi: Banchina di Levante 6, Tel. 071 65463, Mo Ruhetag. Gutes, nüchternes Fischrestaurant mit schöner Terrasse an der Mole. Menü ca 80 €.

Al Cuoco di Bordo: Lungomare Dante Alighieri 95, Tel. 071 7929661, Mi geschl. Elegantes Fischlokal am Meer, interessante Krustentiergerichte, auch Stockfisch. Menü ca. 40 €.

Osteria del Teatro: Via Fratelli Bandiera 70, Tel. 071 60517, Mi Ruhetag. Trattoria mit Unterhaltungsprogramm (Lesungen, Varieté) und märkischen Leckereien: Ciauscolo aus Visso, Pecorino aus Talamello und deftige Nudelgerichte aus der *cucina povera*. Menü ca. 30 €.

La Meridiana: Piazza Roma 16, Mi geschl. Bestes Café und Pasticceria der Stadt. Päpstliche Leckereien, sizilianische Cannoli, herzhafte Kleinigkeiten zum Aperitif.

Süße Souvenirs

Der traditionelle Papstkuchen mit dem schlichten Namen *dolce Pio IX.*, ein Rosinenzopf mit Mandeln und Zuckerguss, wird ohne Konservierungsstoffe gebacken und hält sich ca. einen Monat. Den besten gibt es in der Pasticceria La Meridiana.

Obst– und Fischmarkt: tgl. auf dem Foro Annonario.
Saltatappo: Portici Ercolani 70. Wein, Honig, Marmelade, Essig und Olivenöl.

 Shalimar: an der Straße nach Scapezzano, Tel. 071 660289. Beliebter Club mit Disko und Dinner-Partys.

 In den Sommermonaten **klassische Konzerte** im Hof der Rocca Roveresca.

 Breites **Wassersportangebot:** Segeln, Wasserski, Windsurfen.

Stdl. **Züge** Richtung San Benedetto bzw. Pesaro; **Busverbindung** nach Jesi.

Corinaldo

Reiseatlas: S. 236, C 1
Als ländliche Idylle präsentiert sich Corinaldo auf einer Hügelkuppe im grünen Hinterland von Senigallia. Die malerische Altstadt ist von ihrer vollständig erhaltenen, knapp 1 km langen Stadtmauer aus dem 14./15. Jh. umgeben, die zu den schönsten der Marken zählt. Kreisförmig sind rot schimmernde Palazzi und romantische Häuser rund um die baumbestandene Piazza Il Terreno angeordnet, tiefe Tore und Türme erlauben einen kurzen Gang auf die Mauer hinauf. Die vielen Treppenwege, die die Kreise durchschneiden und kurze Querverbindungen mit beträchtlichem Höhenunterschied schaffen, sorgen für eine effektive Verkehrsberuhigung.

Via del Corso 10,
Tel. 071 679047

I Tigli: Via del Teatro 31, Tel. 071 7975849. Trattoria unter hohem Gewölbe in der Stadtmauer von Corinaldo, gute Landküche. Menü 20 €.

Chiaravalle di Ancona

Reiseatlas: S. 237, D 1
Mitten in dem geschäftigen Städtchen unweit der Esino-Mündung erstreckt sich die Abtei mit der Kirche Santa Maria in Castagnola. Sie ist die Keimzelle des Ortes. Anfang des 12. Jh. von Zisterziensern aus Norditalien begründet, ist sie eines der vier italienischen Zisterzienserklöster, die nach dem französischen Mutterkloster Clairvaux (ital. Chiaravalle) benannt sind. Dieser Reformorden, der sich seit dem 11. Jh. europaweit ausbreitete, löste die hier ansässigen Benediktiner ab. Dem zisterziensischen Ideal entsprach die – heute kaum mehr vorstellbare – einsame Lage des Klosters inmitten eines Waldes, von dem ihre Rodungsarbeiten kaum etwas übrig ließen. Der wirtschaftlichen Ausrichtung des Ordens verdankt der Ort noch heute seinen Aufstieg, denn der hiesige Tabakanbau wurde von den Mönchen Mitte 18. Jh begonnen.

Die Abtei wurde 1126 erbaut, jedoch im 17. Jh. stark verändert. Von außen mutet der Kirchenbau, dessen Backsteinfassade mit breiter Vorhalle von einer großen Rose dominiert wird, romanisch an, während im dreischiffigen Inneren mit Spitzbogen und hohen Kreuzrippengewölben gotische Formen vorherrschen. Diese dreischiffige Anlage mit rechteckiger Apsis und gro-

Treppauf, treppab in Corinaldo

ßen Bündelpfeilern mit schmucklosen Kapitellen ist ein typisches Beispiel für die zisterziensische Kunst, die außer Ornamenten keinen Schmuck duldet. Allein die farblich abgesetzten, rötlichen Bögen und Fensterrahmungen mildern die architektonische Strenge des Baus.

Jesi

Reiseatlas: S. 237, D 2

Gut 20 km hinter der Küste breitet sich auf einer Anhöhe über der Vallesina – und dem modernen Industriegebiet – die Altstadt von Jesi aus. Zu unverhofftem Ruhm kam Jesi, das heute fast 40 000 Einwohner zählt, als hier auf dem Marktplatz am 26. Dezember 1194 der Staufer Friedrich II., der deutscher König, König von Sizilien und Kaiser werden sollte, zur Welt kam. Weinkennern sind die umliegenden Hügel von Jesi ein Begriff, auf denen die Trauben eines trockenen hellgelben Verdicchio heranreifen.

Man parkt das Auto an der **Stadtmauer** aus dem 14. Jh., die zu den am besten erhaltenen Befestigungsanlagen der Region gehört. Neben der **Porta Garibaldi** ⬚1 hat man einen bequemen, modernen Stadteingang mit einer Rolltreppe geschaffen, die durch die Stadtmauer hinaufführt (10–20 Uhr).

An der unbelebten **Piazza Federico II** ⬚2, wo sich im römischen *Aesis* das Forum befand, erinnert an der mit Blick auf den Dom rechten Platzseite eine Tafel an die Geburt Kaiser Friedrichs II. Der Brunnen mit dem Obelisken wirkt verloren auf dem großen Platz. Hinten

rechts erhebt sich der im 13. Jh. begründete **Dom** ③, dessen Fassade in das Jahr 1889 datiert. Aus seiner Gründungszeit haben sich noch die beiden romanischen Portallöwen erhalten, die heute im Innern des Doms Weihwasserbecken tragen.

Links vom Dom fasziniert der barocke **Palazzo Balleani** ④ mit großen Halbkörperfiguren. An der linken Platzseite ist in den ehemaligen Konvent von San Floriano das **Archäologische Museum** ⑤ eingezogen. Die kleine ansprechende Ausstellung zeigt schöne Funde aus der Picenerzeit, u.a. eine fein gearbeitete Herkules-Bronzestatue aus dem 5. Jh. v. Chr., römische Statuen und Fragmente (Di–So 10–13, 17–20 Uhr, Eintritt 4.50 €).

An der **Via Pergolesi,** die über dem römischen *Cardo,* einer der Achsen der antiken Siedlung, erbaut ist, füllen glänzende Schmuckstücke und feinste Bettwäsche die Vitrinen und Schaufenster der Geschäfte. Das architektonische Schmuckstück, der quadratische **Palazzo della Signoria** ⑥, liegt auf halbem Weg. Dieser Renaissancepalast, der 1486–98 nach Plänen von Francesco di Giorgio Martini erbaut wurde, war Sitz des städtischen Rates. Seine Backsteinfassaden sind durch elegante weiße Fensterrahmungen und Portale aufgelockert. Zwei prächtige Renaissanceportale geben den Blick in einen wunderschönen Innenhof frei. Über dem zur Piazza Collucci gehenden Portal wurde mit dem gekrönten

Sehenswürdigkeiten

1. Porta Garibaldi
2. Piazza Federico II
3. Dom
4. Palazzo Balleani
5. Archäologisches Museum
6. Palazzo della Signoria
7. Teatro Pergolesi
8. Pinacoteca Civica

Übernachten

9. Federico II

Essen und Trinken

10. Tana Libera Tutti

Löwen das Wappen der Stadt angebracht.

Auf der Piazza della Repubblica mit ihren Cafés trifft sich ganz Jesi zur abendlichen *passeggiata*. Dominiert wird der Platz vom **Teatro Pergolesi** 7, benannt nach dem 1710 in Jesi geborenen Komponisten. Außer dem Theater erinnert seit 1910 ein verspielter Brunnen auf der kleinen, ebenfalls nach ihm benannten Piazza an Pergolesi.

Die **Pinacoteca Civica** 8 im Palazzo Pianetti besitzt mehrere Bilder des in Loreto verstorbenen Renaissancemalers Lorenzo Lotto (s. S. 36f.), von denen die Darstellung der Geschichte der hl. Lucia, ein Altarbild nebst Predella, besonders beeindruckt (im Sommer Di–So 10–20 Uhr, Eintritt 5,50 €).

Pro Loco: Piazza della Repubblica 11, 0731 59788, www.comune. jesi.an.it.

Federico II 9: Via Ancona 100, Tel. 0731 211079, Fax 0731 57221, www.hotelfederico2.it. Luxuriöses Kongresshotel unterhalb der Altstadt mit prämiertem Ristorante. DZ ab 150 €.

Tana Libera Tutti 10: Piazza Baccio Pontelli 1, Tel. 0731 59237, So Ruhetag. Lauschige Osteria an der Stadtmauer, Spezialität: Platten mit gegrilltem Fisch und Krustentieren, unstimmiges Preis-Leistungs-Verhältnis, Menü ab 35 €.

Schuh- und edle Modeläden an der **Piazza della Repubblica** und dem **Corso Matteotti.**
Libreria Incontri: Costa Mezzalancia 1,

113

DIE GEBURT AUF DEM MARKTPLATZ

Als Kaiser Heinrich VI. im Mai 1194 mit seinem Heer von der Burg Trifels bei Annweiler nach Italien aufbrach, wurde er von seiner elf Jahre älteren, schwangeren Frau Konstanze, Tochter des Normannenkönig Rogers II., begleitet. Gerade einmal 20 Jahre war Heinrich alt gewesen, als er die 31-jährige Konstanze, die mögliche Erbin des süditalienischen Königreichs, am 27. Januar 1186 zum Altar führte. Alles, was Rang und Namen hatte, nahm damals an den prunkvollen Hochzeitsfeierlichkeiten in Mailand teil. Acht Jahre später hatten sich Heinrichs kühne Träume mit dem Tod des Normannenkönigs Tankred erfüllt, und als Kaiser zog er mit seinem Heer nach Süden, um sich das Erbe seiner Frau, die Krone im Normannenreich Sizilien, zu sichern. Die hochschwangere Konstanze, die ihr erstes Kind erwartete, war auf halber Strecke zurückgelassen worden, um in Sicherheit zu gebären. Unerbittlich bemächtige sich derweil Heinrich des Königreichs Sizilien, ließ u.a. Salerno zerstören und zog an der Spitze seines Heeres in Palermo und in den prächtigen Normannenpalast ein. Am 25. Dezember 1194 wurde Heinrich VI. im Dom von Palermo zum König von Sizilien gekrönt, der normannische Kronschatz machte ihn zu einem der reichsten Herrscher seiner Zeit. Einen Tag später brachte Konstanze knapp 1200 km entfernt in Jesi den heiß ersehnten Thronfolger zur Welt. Ihr Alter bot den Stauferfeinden Anlass für Zweifel und böse Gerüchte: Konstanze hätte die Schwangerschaft nur simuliert und sich den Sohn eines Müllers, Falkners oder Metzgers untergeschoben. Von päpstlicher Seite wurde gar der Vorwurf erhoben, Konstanze sei von einem Dämon geschwängert worden. Als Reaktion auf die Anfeindungen entstand ca. 30 Jahre nach dem Tod Friedrichs II. die Geschichte von der öffentlichen Geburt auf dem Marktplatz von Jesi, wo Konstanze unter der Anwesenheit und Aufsicht einiger Frauen am Ort in einem Zelt niedergekommen sei.

Nur wenige Monate verbrachten Mutter und Sohn zusammen, bevor Konstanze den kleinen Thronfolger in die Obhut von Konrad von Urslingen, dem Herzog von Spoleto, übergab und sich selbst nach Süditalien aufmachte. Seinen Vater bekam Friedrich wohl erst nach einem knappen Jahr für wenige Tage zu Gesicht. Und er zählte noch keine fünf Jahre, da waren Vater und Mutter bereits tot. Deswegen setzte kein Mensch mehr auf ihn, obwohl er bereits zum deutschen König gewählt war. Aber wider alle Erwartungen vermochte er sich bis 1215 durchzusetzen. Er sprach fließend Italienisch, vermutlich gut Arabisch und Französisch, ganz passabel Deutsch. Als deutscher König, König von Sizilien, Kaiser und König von Jerusalem stand er wiederholt im Konflikt mit den Päpsten, die ihn zweimal exkommunizierten. Er starb 1250 im apulischen Castel Fiorentino.

Seiner Geburtsstadt Jesi zollte Kaiser Friedrich II. in einem Schutzmandat, das er im August 1239 für die Stadt ausstellte, als ›Stätte seiner Geburt‹ und ›Ort seiner Wiege‹ höchstes Lob und Anerkennung.

gut sortierte Buchhandlung mit Wander- und regionalen Gastronomieführern.

 Stagione lirica: Sept.–Dez. Opern im Teatro Pergolesi.

 Palio di San Floriano: 1. Maiwochenende. Dreitägiges Stadtfest in mittelalterlichen Kostümen mit Turnieren und Umzügen. Vormittags Stadtführungen durch das mittelalterliche Jesi.

Enoteca Regionale 11: Via Federico Conti 5, 18–23 Uhr. Großer Weinkeller mit märkischen Weinen in der Stadtmauer. Achtung: Hinter dem Eingang geht es steil über Pferdetreppen hinunter.

Cafés an der Piazza della Repubblica.

Stündl. **Züge** und **Busse** nach Ancona und zum Flughafen.

Parkplätze an der Stadtmauer.

Parktickets erhält man in der nächsten Bar. Sie funktionieren wie Rubbellose: Jahr, Monat, Tag und Uhrzeit sind freizukratzen.

Morro d'Alba

Reiseatlas: S. 237, D 1
Rechts und links des Esino reifen in der hügeligen Landschaft die weißen Trauben des Verdicchio Castelli di Jesi heran. Am Rand des Verdicchio-Gebietes liegt Morro d'Alba, dessen kleine Altstadt von ihrer im 15. Jh. errichteten Stadtmauer umgeben ist. Der Ort ist die heimliche Hauptstadt eines wunderbaren Rotweins: Lacrima di Morro d'Alba. Diesen feinen Tropfen, der sich deutlich von anderen regionalen Rotweinen durch ein samtenes, blumiges

Aroma abhebt, sollte man sich keinesfalls entgehen lassen. Sein Anbaugebiet ist verhältnismäßig klein, exportiert wird dieser Rotwein bisher kaum.

Dal Mago: Via Morganti 16, Tel. 0731 63039. Rustikales Restaurant mit deftiger Hausmannskost und (saisonabhängig) Wildgerichten. Menü ca. 30 €.

Zwei gute Adressen für Direktverkauf und Probiermöglichkeit des Lacrima di Morro d'Alba. Beide Winzer bieten daneben auch Verdicchio Castelli di Jesi an:
Stefano Mancinelli: Via Roma 62, Tel. 0731 63021 (werktags 8–12, 15–17 Uhr).
Azienda Marotti Campi: Località S. Amico, Tel. 0731 618027.

Ostra und Ostra Antica

Reiseatlas: S. 236, C 2
Jenseits des Flusses Misa führt die S 360 am Ruinenfeld von Ostra Antica vorüber, wo man die römischen Reste eines Theaters, Tempels und von Thermen ausgegraben hat. Nachdem die Siedlung im frühen Mittelalter zerstört worden war, flüchteten sich ihre Einwohner auf die umliegenden Hügel und begründeten die Orte **Ostra**, Belvedere Ostrense und Ostra Vetere am nördlichen Rand des Verdicchio-Gebietes.

 Luciano Landi: Via Gavigliano 16 in Ostra. Winzer mit Direktverkauf von Lacrima.

Cantina Santa Barbara: im nahen Örtchen Barbara, Borgo Mazzini 35, Tel. 071 9674239. Guter Verdicchio.

Serra de' Conti

Reiseatlas: S. 236, C 2
Der kleine Ort ist ein Musterbeispiel
märkischer Tradition: Nach dem Aus-
sterben alter Handwerke haben die gut
4000 Einwohner neben dem traditionellen Weinanbau eine neue Kleinindustrie mit Lederwaren und Textilien
begründet. Hoch über allem thront die
hübsche Altstadt in ihrer gut erhaltenen
mittelalterlichen Befestigung.

🛏 **De' Conti:** Via Santa Lucia 58, Tel.
0731 879913, Fax 0731 870481.
Ruhiges Hotel im Grünen, komfortable
Zimmer und reichhaltiges Frühstücksbuf-
fet. DZ ab 80 €.

🔒 **Cantina Casalfarneto:** Via Farneto
16, Tel. 0731 8890001. Verdicchio
Castelli di Jesi.
Terre Cortesi Moncaro: Weingut im ca.
6 km entfernten Montecarotto, Via Pian-
dole 7a. Verdicchio Castelli di Jesi und
Rosso Piceno.

Arcevia

Reiseatlas: S. 236, C 2
Auf weite Agrar- und Weinfelder schaut
Arcevia von seinem 535 m hohen Hügel hinab. Für die kurvige Fahrt benötigt man ein bisschen Zeit, doch wartet
am Ende ein wunderbarer Ausblick, bei
klarem Wetter bis zum Meer. ›Perle der
Berge‹ nennen die 5476 Einwohner voll
überschwenglichem Stolz ihren Ort. Die
schönsten Ausblicke bieten sich vom
Giardino Leopardi und von der kleinen
Aussichtsterrasse auf der Piazza Garibaldi (Zugang durch das Rathaus).

Glänzende Zeugen seiner frühen Geschichte sind die filigranen keltischen
Goldblattkronen, die heute allerdings
im Archäologischen Nationalmuseum
in Ancona zu bewundern sind. Dass
Arcevia im Mittelalter eine wichtige
strategische Position besetzte, zeigt
vor Ort noch die vortrefflich erhaltene
Stadtmauer. Von der großen städtischen Parkanlage am Rand der Stadtmauer führt der Corso Mazzini quer
durch die Altstadt und am gegenüberliegenden Ende zu der mit einem Turm
verstärkten **Porta Santa Lucia** (15.
Jh.), dem eindrucksvollsten der fünf
Stadttore. Adelspaläste säumen den
Corso, an der zentralen Piazza Garibaldi steht der mittelalterliche **Palazzo del Podestà** samt Turm aus dem
13. Jh.
Noch vor dem Stadttor liegt linker
Hand die Kirche **San Medardo**, deren
überbaute Kuppel weithin sichtbar ist.
Sie birgt zwei Arbeiten von Luca Signorelli, einen Flügelaltar im Chor sowie
die Darstellung der Taufe Jesu in der
links angebauten Taufkapelle. Signorelli malte diese Bilder 1507–08, unmittelbar nach seinen meisterlichen Fresken
im Dom von Orvieto, deren Ausdrucks-
kraft sie jedoch nicht erreichen. Vier
Jahre lebte der Maler in Arcevia, 1509
verließ er den Ort und zog bis zu seinem tödlichen Sturz vom Gerüst von
einem Auftraggeber zum nächsten.

🍴 **Pinocchio:** Via Ramazzani 135, Tel.
0731 97288, Mi Ruhetag. In tiefen
Gewölbekellern in der Parallelstraße des
Corso Mazzini hat Romolo Sagrati, der
sich in verschiedenen Restaurants der
Region als Koch einen Namen gemacht
hat, sein eigenes Ristorante eröffnet. Re-

Arcevia

gionaltypische Küche, viele Wildgerichte. Menü ca. 25–30 €.

Für den kleinen Hunger zwischendurch gibt es in der **Macelleria** an der Piazza Garibaldi deftige Porchetta.

 Parkmöglichkeiten auf der Piazza Garibaldi.

Cupramontana und Staffolo

Reiseatlas: S. 236, C 2

Auf der anderen Seite des Esino windet sich eine kurvenreiche Strecke nach **Cupramontana** hinauf, einem Zentrum des Verdicchio-Anbaus. Hier wird alljährlich das gelungenste italienische Weinetikett prämiert. Von der Vielfalt der Gestaltungsmöglichkeiten kann man sich im **Museo dell'Etichetta** in der Località Poggio Cupro anhand der umfangreichen Sammlung, die bis ins 18. Jh. zurückreicht, überzeugen (Juli/Aug. Di–So 17–20 Uhr).

Im Nachbarort **Staffolo** vermittelt das **Museo dell'Arte del Vino** Geschichte und Tradition der Verdicchio-Kelterung (Juli/Aug. Di–Do 17–20, Fr–So 17–23 Uhr).

Antiche Fonti della Romita: Via Romita 8, Cupramontana, Tel. 0731 789979, Mi Ruhetag. Familiäres Lokal mit Hausmannskost in einem ehem. Konvent; es gehört zur Cantina Colonnara, deren Verdicchio und Rosso Piceno als offene Weine angeboten werden. Menü ca. 25 €.

Cantina Colonnara: Via Mandriole 2, Cupramontana, Tel. 0731 78 02 73. Weinverkauf.

Azienda Agricola Simonetti Dino: Contrada Castellaretta 8, Staffolo, Tel. 0731 77 92 64. Neben Wein ist auch Olivenöl im Angebot.

 Festa del Verdicchio: im Aug. Gastronomische Stände in der Altstadt.

Serra San Quirico

Reiseatlas: S. 236, C 2

Auf der Fahrt zu den Tropfsteinhöhlen von Frasassi lädt Serra San Quirico zu einer kleinen Pause ein. Das mittelalterliche Örtchen, dessen Häuser sich malerisch einen Hügel am Eingang zur Rossa-Schlucht hinaufstaffeln, besitzt keine großartigen Baudenkmäler – lediglich die Besonderheit, dass durch den Häuserbau auf den Stadtmauern überdachte Gassen, sog. Copertelle, entstanden. Doch ist es mit seiner charmanten Piazza und der beeindruckenden Loggia Manin mit wundervoller Aussicht ein nettes Örtchen zum Bummeln.

Von Serra San Quirico schlängelt sich eine alte Landstraße (ausgeschildert) durch die aufregende **Gola della Rossa,** die allerdings an Werktagen manchmal wegen Steinbrucharbeiten gesperrt ist.

Le Copertelle: Via Leopardi 3, Tel. 0731 86691, Di Ruhetag. Ländliche Küche mit biologisch angebauten Produkten, umbrischen Spezialitäten wie Linsen aus Colfiorito und Würstchen aus Norcia, märkischen Flusskrebsen. Menü ca. 30 €.

Bizarre Tropfsteinformationen in den Grotte di Frasassi

San Vittorio Terme und Grotte di Frasassi

Reiseatlas: S. 236, C 3

Über die gut ausgebaute S 76 sind die Tropfsteinhöhlen von Frasassi schnell erreicht. Die Strecke führt über **San Vittorio Terme,** in dem seit Römertagen schwefelhaltige Quellen sprudeln. Um die Kirche scharen sich Bars, Pizzerien und ein Hotel. Diese erstmals 1007 erwähnte Kirche **San Vittorio delle Chiuse** zählt zu den bedeutendsten romanischen Baudenkmälern der Region. Der winzige Kalksteinbau ist außen mit flachen Mauerstreifen (Lisenen) und Blendbögen verziert. Die kleine zentrale Kuppel und die drei Apsiden legen byzantinische Einflüsse nahe. Vier Säulen genügen, um den gerade mal 13,60 x 14,50 m messenden Innenraum in drei Schiffe zu unterteilen (auch in der Mittagszeit geöffnet).

Hinter dem Ort rücken die Felsen entlang des Flusses Sentino langsam zur **Gola di Frasassi** zusammen. In der Schlucht befinden sich die grandiosen **Grotte di Frasassi,** ein unterirdisches Höhlensystem mit bizarren Landschaften und Tropfsteinformationen, das seit 1948 erkundet wird. 1971 drangen Höhlenforscher zu zwei gigantischen unterirdischen Sälen vor, der **Grotta Grande del Vento** (Große Höhle des Windes), in der selbst der Mailänder Dom spielend Platz fände, und dem **Abisso Ancona** (Abgrund von Ancona), einer der größten Höhlen Europas.

Die gut einstündige Führung durch das kühle Höhlensystem ist ein besonderes Erlebnis. Auf gut gesicherten Pfaden läuft man ca. 1,5 km durch eine märchenhafte Unterwelt, vorbei an geschickt illuminierten Stalaktiten und Seen, an denen Hunderte von Stalagmiten wie riesige weiße Kerzen stehen (März–Juli, Sept.–Okt. tgl. Führungsbeginn 9.30, 11, 12.30, 15, 16.30, 18, im Aug. 8–18.30 Uhr, Führungsbeginn alle 10 Min., Führungen auch in deutscher Sprache. Eintritt Erwachsene 13, Kinder 8 €).

Kanufahrten in der Frasassi-Schlucht organisiert das Centro Escursionistico Frasassi, Loc. Castellaneta 1, Fabriano, Tel. (0039) 339 547 16 56.

Höhlentour intensiv: Für besonders Interessierte wird eine dreistündige Tour (Percorso Rosso) durch das Höhlensystem angeboten. Dicke Jacken und Wanderschuhe müssen selbst mitgebracht werden, Helme und andere Ausrüstungsgegenstände werden gestellt. Anmeldung unter Tel. 0732 97211, Kosten 36 €).

Parkplatz und **Ticketbüro** befinden sich 1,6 km unterhalb der Höhlen unweit San Vittorio Terme. Von hier fährt ein Shuttlebus zum Eingang der Grotte di Frasassi. Da jährlich fast eine halbe Million Besucher kommen, sind Wartezeiten möglich.

Fabriano

Reiseatlas: S. 236, B 3

Der Name Fabriano ist untrennbar mit der Geschichte der Papierherstellung verbunden. Seit dem 13. Jh. sorgte das handgeschöpfte Papier, später das Papier für Banknoten für das Auskommen der Einwohner und den Aufstieg des Ortes zu einem der europäischen Zent-

PAPIER UND WASSERZEICHEN

Papier hatte eine lange Geschichte und einen weiten Weg hinter sich, bis es in Europa gebräuchlich wurde. Im 1. oder 2. Jh. v. Chr. wurde das Papier in China erfunden. Die Araber lernten die Technik im 7. Jh. kennen, als sie bis an die Westgrenze Chinas vordrangen. Sie erkannten den Vorteil des neuen Beschreibstoffs und begannen bald, selbst Papier herzustellen. Durch die Araber gelangte die Kunst der Papierherstellung in den Mittelmeerraum. Im arabischen Cordoba (Spanien) war seit dem 10. Jh. Papier im Gebrauch. Anfang des 12. Jh. ist dann auch in Italien davon die Rede, doch noch Friedrich II. verbot 1231 den Gebrauch von Papier für wichtige Dokumente, die weiterhin auf Pergament abgefasst werden mussten.

Die Ursprünge der Papierherstellung in Fabriano sollen auf arabische Gefangene, die aus Ancona kamen, zurückgehen. Sicher ist, dass hier die Papierproduktion in der zweiten Hälfte des 13. Jh. begann, vielleicht im Umkreis der ansässigen Wollweber. Zum Jahr 1283 werden erstmals die Papiermühlen von Fabriano genannt. Die Herstellung des neuen Beschreibstoffs war weitaus günstiger als die des kostbaren Pergaments. Lumpen wurden dazu sorgfältig gewaschen und zermalen. Den gewonnenen Brei verdünnte man mit Wasser, bis er eine milchähnliche Konsistenz aufwies. Bis zu diesem Punkt taten die Papiermacher von Fabriano nichts anderes als ihre chinesischen und arabischen Kollegen. Nun aber fügten sie statt des gebräuchlichen pflanzlichen Leims Gelatine hinzu und erzielten bessere Ergebnisse. Grundsätzlich ist eine Form von Leim notwendig, damit die Fasern des Papiers nicht alle Tinte und Farbe aufsaugen.

Die größte Erfindung der Papiermacher aus Fabriano, die wohl auf Zufall beruht, war aber das Wasserzeichen, mit dem sie fortan ihre Erzeugnisse kennzeichneten. Die Technik ist verblüffend einfach: Ein geformtes Metallgeflecht wird auf dem Boden des Siebes angebracht, das geschöpfte Papier wird an diesen Stellen dünner und das Zeichen ist im Gegenlicht durchscheinend. Von den ersten einfachen Kreuzen entwickelte man die Technik bis hin zu Bildern und Namenszügen, die seitdem das handgeschöpfte Papier von Fabriano zieren.

Heute werden in großen Fabriken am Rand der Stadt tonnenweise Künstler-, Schreib- und Kopierpapiere sowie Banknotenpapier, auch für die Euro-Scheine, hergestellt. Doch selbst in der Fabrik von Miliani, dem größten Papierhersteller Italiens, schöpfen weiterhin erfahrene Papiermacher aus der großen Bütte und produzieren täglich 200 bis 400 Bögen des heiß begehrten Büttenpapiers (garantiert holzfrei), während nebenan in riesigen Hallen Tag und Nacht die Papiermaschinen laufen.

ren für Papierproduktion. Noch heute bilden Fabriken und Papiergeschäfte einen bedeutenden Wirtschaftszweig der knapp 30 000 Einwohner zählenden Kommune.

Ein zerissener Industriegürtel umgibt die ansprechende Altstadt, in der noch nicht alle Schäden des letzten Erdbebens von 1997 behoben sind. Auch die beeindruckende **Loggia** an der Längsseite der zentralen Piazza del Comune wartet noch auf das Ende ihrer Restaurierungsarbeiten. Dieser Platz mit dem **mittelalterlichen Brunnen,** der wohl die berühmtere Fontana im umbrischen Perugia zum Vorbild hat, ist das Herzstück der Altstadt. Seine Stirnseite verschließt der romanisch-gotische **Palazzo del Podestà** aus der Mitte des 13. Jh, den man später mit Zinnen bekrönt hat.

Vor dem Palazzo führt links eine Gasse zum **Dom** hinauf, dessen spiegelblanker Boden vom barocken Interieur ablenkt. Im gegenüberliegenden **Ospedale** mit orientalisch anmutenden, gotischen Fenstern werden nach abgeschlossener Restaurierung wieder die Arbeiten der so genannten Schule von Fabriano zu sehen sein. Begründet wurde sie von den in Fabriano gebürtigen Malern Allegretto Nuzi (ca. 1330–1390) und Gentile da Fabriano (1370–1427).

Den Dom zur Linken geht es geradeaus durch die Via Fogliardi, dann rechts in die Via Balbo und über die Piazza Sella zum Konvent San Domenico am Rand der Altstadt, der das **Museo della Carta e della Filigrana** beherbergt. Sehr anschaulich wird hier für jede Besuchergruppe von neuem vorgeführt, wie vom Mittelalter bis ins

letzte Jahrhundert hinein aus einer Brühe aus zermahlenen Lumpen, Leim und Wasser Papier geschöpft wurde. Im ersten Stock informiert ein kleiner Film über die Geschichte des Papiers. Die weiteren Räume sind den kunstvollen Wasserzeichen gewidmet und lassen die Entwicklung von einfachsten Zeichen bis hin zum filigranen Porträt nachvollziehen (Di–Sa 10–18, So, Fei 10–12, 16–19 Uhr, Führungen auch in deutscher Sprache, Eintritt 3,40 €).

Bartolini Arte Carta: Palazzo Vescovile 4a. Handgeschöpftes Briefpapier, große Auswahl an Wasserzeichen, exquisite (und teure) Papiersouvenirs.
Cartolibreria Lotti: Corso della Republica 4. Brief- und Zeichenpapier.

Trofeo della Bandiera: 2. So im September, historisches Fest mit buntem Wettstreit der Fahnenschwinger zum Trommelschlag.

Caffè Storelli: Corso della Republica 55. Traditionsreiches Café. Unwiderstehliche Törtchen, Kuchen und Desserts.

Fabriano ist ein Verkehrsknotenpunkt. **Zugverbindung** nach Sassoferrato und über Macerata zur Küste.

Salume di Fabriano

Für seine Salami ist Fabriano fast so bekannt wie für sein Papier. In den Metzgereien am Ort gibt es Salume di Fabriano in zahlreichen Variationen von mild (dolce) bis scharf (piccante)

ANCONA UND DER MONTE CONERO

Ancona, die Hafenstadt an der Adria, bietet quirliges Großstadtleben und interessante Sehenswürdigkeiten. Zum Bummeln und Baden laden die winzigen Orte und verträumten Buchten im Naturpark Monte Conero ein. Sirolo, hoch auf den weißen Kalksteinklippen, wurde in den 90er Jahren zur ›Königin der Badeorte‹ gekürt.

Ancona

Reiseatlas: S. 237, E 1

Ancona mit fast 100 000 Einwohnern ist die Hauptstadt der Marken und ihre einzige Großstadt. Nach jahrzehntelangen Restaurierungsarbeiten hat sie endlich die schweren Schäden des Erdbebens von 1972 überwunden und sich zu einer Provinzmetropole mit Flair und guten Einkaufsmöglichkeiten entwickelt. Man sollte sich daher weder von ihrem überkommenen schlechten Ruf noch vom Gürtel der sie umgebenden Gewerbe-, Industrie- und Neubausiedlungen von einem Besuch abschrecken lassen. Der Hafen unterhalb des Zentrums ist der einzige große Naturhafen an der Adria und Italiens Tor zum Osten. Riesige Frachtschiffe laufen hier ein, und das Hupsignal auslaufender Fähren wird auch für Tagesbesucher schnell zum vertrauten Stadtgeräusch.

Geschichte

Ankón – Ellbogen nannten die griechischen Siedler nach der Form des Küstenbogens ihre Gründung, doch sie entdeckten nicht als erste den schiffbaren Naturhafen. Vor ihnen waren schon die Picener hier ansässig, die wiederum den Platz prähistorischer Stämme einnahmen. Als um 390 v. Chr. Griechen, die vor dem Tyrannen Dionysios aus Syrakus geflohen waren, die Stadt begründeten, erbauten sie auf dem Guasco-Hügel ihre Akropolis samt Tempel, dessen Überreste 1948 unter dem Dom gefunden wurden. Der Hafen stellte die wirtschaftliche Grundlage der neuen Siedlung dar, und das Netz der Handelsbeziehungen im 3./2. Jh. v. Chr. lässt sich noch heute an den im Archäologischen Museum ausgestellten Bernsteinen, orientalischen Halsketten und Keramiken erkennen.

Am Ende des 1. Jh. v. Chr. übernahmen die Römer die dorische Stadt und bauten den Hafen zum Flottenstützpunkt aus. Im Gegensatz zu den Griechen siedelten sie unterhalb des Guasco-Hügels. Im frühen Mittelalter teilte Ancona das Schicksal anderer Seestädte, war Teil der byzantinischen Pentapolis und ging nach dem langobardischen Zwischenspiel mit der Pippinischen Schenkung an den Kirchenstaat. Wie ein Aufrütteln wirkte da der Überfall der Sarazenen, die um die Mitte des 9. Jh. die Stadt zerstörten.

Nach dem Wiederaufbau erkannte Ancona mittels eines jährlichen zu zahlenden Zinses zwar formal die päpstliche Oberhoheit an, doch faktisch war die Stadt stets auf ihre Autonomie bedacht, was sie in heftige Kämpfe mit der Seemacht Venedig und den deutschen Königen und Kaisern verwickelte. Erst neue Schicksalsschläge, ein umfassender Stadtbrand und das Ausbrechen der Pest, die die Einwohnerzahl stark dezimierte, zwangen die einst blühende Seestadt wie auch die Mark in die Knie und 1355 definitiv unter die päpstliche Herrschaft.

Da Anconas Bedeutung immer eng mit seinem Hafen und dem Handel verknüpft war, begannen düstere Zeiten,

als im 15. Jh. die Übergriffe der Türken auf Konstantinopel und die Adria den Handel lähmten. Im 17. Jh. und 18. Jh. beutelten Naturkatastrophen, Kriege und Wirtschaftskrisen die Stadt, die mit nurmehr 7000 Einwohnern ihren historischen Tiefpunkt erreichte. Die Einrichtung des Freihafens unter Papst Clemens XII. sorgte für neuen Aufschwung. Nach der Auflösung des Kirchenstaats 1860 wurden die alten Tore eingerissen und die Stadt mit Prachtbauten erweitert. Doch schon gut ein halbes Jahrhundert später erlitt Ancona als Angriffsziel im Ersten Weltkrieg und durch ein starkes Erdbeben im Oktober 1930 schwere Schäden. 1943–44 bombardierten dann angloamerikanische Verbände Stadt und Hafen – das pittoreske Fischerviertel am Guasco-Hügel wurde dabei in

Am Hafen von Ancona

Sehenswürdigkeiten

1. Lazzaretto
2. Porta Pia
3. Arco di Traiano
4. Dom
5. Glockenturm
6. Palazzo del Senato
7. Amphitheater
8. Palazzo Ferretti
9. Chiesa del Gesù
10. San Francesco delle Scale
11. Palazzo Bosdari
12. Santa Maria della Piazza
13. Loggia dei Mercanti
14. Teatro delle Muse
15. Palazzo del Governo
16. San Domenico
17. Fontana del Calamo
18. Mercato Pubblico

Übernachten

19. Grand Hotel Passetto
20. Jolly
21. Roma & Pace

Essen und Trinken

22. La Moretta
23. Osteria Teatro Strabacco
24. Trattoria delle Tredici Cannelle
25. La Cantineta
26. Bontà delle Marche

Schutt und Asche gelegt, hunderte Menschen starben. Das bisher letzte Erdbeben zerstörte und beschädigte 1972 zahllose Bauten. Der Wiederaufbau ging in den 70er und 80er Jahren oftmals unter funktionalen Gesichtspunkten vonstatten; die letzten Restaurierungsarbeiten in der Altstadt zogen sich bis ins 21. Jh. hinein.

Lazzaretto und Porta Pia

Zur problemlosen Einfahrt bietet sich die Hafenstraße (Autobahnabfahrt *Ancona Nord*; im Zweifelsfall der Ausschilderung *porto* folgen) an. Von Westen kommend, folgt man der Via Marconi und passiert den großen fünfeckigen Bau des **Lazzaretto** ①. Er wurde auf Befehl Papst Clemens' XII. in den 30er Jahren des 18. Jh. nach Plänen von Vanvitelli als Festung und Quarantänestation auf einer Mole im Hafen erbaut. Sein berühmtester Insasse war Giacomo Casanova. Im November 1743 kletterte der gerade 19-jährige über einen Balkon des Lazaretts, um seinem Ruf und der in Quarantäne eingeschlossenen schönen Sklavin eines türkischen Kommandanten Genüge zu tun.

Im selben Jahrhundert wurde zu Ehren Papst Pius' VI. die **Porta Pia** ②, errichtet. Heute erinnert ein Anker vor dem spätbarocken Stadttor an die Fischer und Seeleute, die auf dem Meer umkamen.

Arco di Traiano

Den schönsten Blick auf die Stadt und den Hafen hat man vom Guasco-Hügel, auf dem weithin sichtbar der wei-

ße Dom aufragt. Die riesigen Container- und Frachtschiffe verlieren von hier oben ihre gewaltigen Dimensionen, und man kann den **Arco di Traiano** ③ am rechten Rand des Hafenbeckens von oben in Ruhe betrachten. Dieser in den Jahren 100–115 aus griechischem Marmor erbaute Bogen ist das letzte aufrecht stehende monumentale Zeugnis der römischen Epoche in Ancona. Dahinter schaut der unvollendete neoklassische **Arco Clementino** hervor, der nach Entwürfen von Luigi Vanvitelli 1735 erbaut wurde.

Dom

Der romanisch-gotische **Dom** ④ ist das Prunkstück der Stadt und zählt zu den schönsten Italiens. Er wurde an der Stelle eines antiken Tempels aus dem 4. Jh. v. Chr. zunächst als dreischiffige Basilika errichtet und zu Beginn des 13. Jh. durch seitliche Anbauten in eine Kreuzkuppelkirche verwandelt. Drei Apsiden besaß der Bau fortan, zwei von ihnen haben überdauert, die dritte Apsis im Hauptschiff wurde durch eine spätere, geringfügige Verlängerung der Kirche zerstört.

Das Portal

Das grandiose **Portal** aus weißem und rötlichem Stein stammt aus dem 13. Jh. Zwei große Löwen aus Veroneser Marmor tragen die Säulen mit dem spitzen Baldachin. In den Klauen, die ebenso wie die Hinterteile von den Händen staunender Besucher und reitender Kinder blankpoliert sind, hält der rechte eine Schlange, der linke ein Lamm. Damit ihnen die aufgebürdete

Blick auf den Dom von Ancona

Last nicht zu schwer wird, ließ Vanvitelli im 18. Jh. hinter jedem Löwen eine stützende Säule einziehen. Abwechselnd rote und weiße Säulen tragen die gestaffelten, leicht spitz zulaufenden Portalbögen. Den äußeren Bogen schmücken links und rechts vom zentralen Schlussstein mit der Erlöserfigur dreißig Märtyrer. Im nächsten Bogen sind Fische und andere Tiere erkennbar, denen wiederum menschliche Figuren im dritten Bogen folgen. Die innere Türrahmung zeigt in ihrem Flachrelief menschen- und tiergestaltige Wesen.

Der Innenraum

Das Innere des Doms überrascht mit einer anmutigen Mischung byzantinischer, romanischer und gotischer Stilelemente.

Helles Licht fällt durch die **Kuppel** ein, die sich über der Vierung zwischen gewölbten und goldverzierten hölzernen Kassettendecken erhebt. Ihre Zwickel sind mit kleinen Reliefs versehen.

Die Marmorschranken vor der **Cappella del Sacramento** im südlichen Kreuzarm besitzen außergewöhnliche romanische Flachreliefs und Ritzdarstellungen. Rechts sieht man Tiere, links Propheten und Heilige, darunter den an seiner Bischofsmitra erkennbaren hl. Cyriacus, dem der Dom geweiht ist.

Das **Bildnis der Madonna** im nördlichen Kreuzarm soll nicht allein während der Pestzeit für zahlreiche Wunder gesorgt, sondern am 25. Juni 1796 eine Anrufung mit einem Augenzwinkern beantwortet haben. Der Architekt Luigi Vanvitelli gab ihm im 18. Jh. mit seiner Edicola, einem hausähnlichen

Bau, mehr als nur einen prunkvollen Rahmen.

Vor der Kapelle führt eine Treppe hinunter in die barock überarbeitete **Krypta,** in der die Reliquien der Schutzpatrone Cyriacus, Liberius und Marcellinus aufbewahrt werden. Schön ist hier unten das plastische Renaissancegrabmal für Francesco Nobili, der in seiner Ritterrüstung auf dem Sargdeckel zu schlafen scheint.

Mit Muße kann ein abschließender Gang um den Dom zur Entdeckungstour werden: Der harmonische Blendbogenfries, der sich über alle Gebäudeteil zieht, die ornamentale Einfassung der ausgebrochenen Rose, die kleinen Kopfkonsolen im Blendbogenfries, darunter zwei Elefantenköpfe, vermauerte Schmucksteine und das schlichte rechte Seitenportal sind jedes für sich ein kleines Kunstwerk.

Glockenturm und Amphitheater

Die Kuppelform des freistehenden **Glockenturms** ⑤ neben dem Dom erinnert an einen Pinienzapfen. Rechts hinter dem Turm führt – mit herrlichem Ausblick über die Dächer der Stadt – ein Treppenweg in gut drei Minuten hinunter zur Piazza del Senato. Hier wurde im 13. Jh. der **Palazzo del Senato** ⑥ erbaut, von dem allein die hübsche Fassade mit romanischen Zwillingsfenstern das Bombardement im Zweiten Weltkrieg überstanden hat, während man seine restlichen Mauern 1952 wieder aufbauen musste.

Links von ihm sieht man in der Via Pio II noch die Reste des **römischen**

Amphitheaters ⑦ aus dem 1. Jh. n. Chr., in dem wohl bis zu 8000 Zuschauern Platz fanden.

Archäologisches Nationalmuseum

Im **Palazzo Ferretti** ⑧ aus dem 16. Jh. befindet sich das **Archäologische Nationalmuseum der Marken.** Im Erdgeschoss, rechts von der Eingangshalle hat man die originalgetreue Kopie der berühmten vergoldeten Bronzen von Cartoceto ausgestellt, deren Originale zum Leidwesen der Anconetaner in Pergola zuhause sind (s. S. 103ff.). Eine güldene Nachbildung der römischen Gruppe ist auf dem Dach des Museums postiert.

Aufgrund der zentralistischen Politik findet man im Archäologischen Museum von Ancona – außer den Bronzen von Cartoceto – die bedeutendsten Fundstücke aus der ganzen Region. Der römischen Zeit ist das Erdgeschoss gewidmet. Der eindrucksvolle **Augustuskopf** ist ein hervorragendes Beispiel römischer Plastik und wird oft an Sonderausstellungen verliehen.

Im ersten Stock sind Vasen aus griechischer und picenischer Herstellung ausgestellt. Im allerletzten Raum, der am Ende des langen, geraden Flures abgeht (durch den der Rundgang nicht automatisch führt!), sind mit die besten Objekte versteckt: drei **keltische Goldblattkronen** mit feinsten Blüten und zarter **Goldschmuck** aus dem 3. Jh. v. Chr.

In der prähistorischen Sammlung im zweiten Stock ist das in Genga ergrabene, hier nachgestellte **Grab aus der Bronzezeit** besonders interessant.

Funde aus der Picenerzeit sind im 3. Stockwerk versammelt: Schmuck-stücke, verzierte Helme aus dem 8. Jh. v. Chr. und im mittleren Raum grandiose Funde aus San Severino. Hier steht neben dem Kamin der berühmte **Kopf des Kriegers von Numana** (Di–So 8.30–19.30 Uhr, Eintritt 4 €).

Von der Piazza San Frances-co zur Loggia dei Mercanti

Auf der Via Ferretti stehen der **Palazzo Anziani** aus dem 13.–16. Jh. und die **Chiesa del Gesù** 9 aus dem 18. Jh. einander gegenüber. Die von Vanvitelli entworfene, geschwungene Fassade der Kirche strahlt in makellosem Weiß.

Aus der schattigen Via Ferretti heraus betritt man die Piazza San Francesco und schaut nach oben auf das prächtige, gotisch-venezianische Portal der **Kirche San Francesco delle Scale** 10. Der Bau dieser einschiffigen Kirche geht auf das 14. Jh. zurück. Zahlreiche architektonische Veränderungen und schwere Schäden durch die Bombenangriffe der Alliierten im Zweiten Weltkrieg sind der Grund, warum sich nur im unteren Fassadenbereich die helle Kalksteinverblendung erhalten hat.

Im nahen **Palazzo Bosdari** 11 ist die städtische Gemäldesammlung (Pinacoteca Civica) untergebracht. Neben den Werken einheimischer Maler besitzt sie Bilder von Carlo Crivelli, Tizian und Lorenzo Lotto (Mo 9–13, Di–Sa 9–19, So 15–19 Uhr, Eintritt 4 €). Im Nebengebäude versammelt die **Galleria d' Arte Moderna** gut 300 Werken moderner Malerei, u.a. Bilder von Adolfo De Carolis und Carlo Levi.

Santa Maria della Piazza 12, nach dem Dom die interessanteste Kirche der Stadt, wurde Anfang des 13. Jh. über einem frühchristlichen Gotteshaus des 4. Jh. erbaut. Ihre Fassadenverblendung mit vier Reihen schlanker Marmorsäulchen, die kleine Rundbögen stützen, verweist auf byzantinische und orientalische Vorbilder. Der obere Fassadenabschnitt blieb unvollendet und wurde in nachfolgenden Jahrhunderten verändert. Ein Flachrelief schmückt den äußeren Bogen des vierstufigen romanischen Portals: In eine Girlande sind filigrane Tier- und Menschenfiguren, z. B. ein Bogenschütze, eingebettet. Einen Hauch des ehemaligen Glanzes lassen noch die spärlichen Reste der Steinintarsien in den Bogenfeldern rechts vom Portal erkennen. Im dreischiffigen Inneren schaut man durch Glasfenster im Boden auf die Mauern des ersten Baus.

Nur einige Meter entfernt erinnern in der stark befahrenen Via Loggia die **Loggia dei Mercanti** 13 an den Handel, dem Ancona seinen Reichtum verdankt(e). Auf der Rückseite dieser ehemaligen Börse der Kaufleute befinden sich schon die Hafenanlagen. Die herrliche Fassade, ein Werk des Dalmatiers Giorgio Orsini im 15 Jh., zieren vier Statuen, Personifizierungen der Tugenden. Über dem Portal steht der galoppierende Reiter in seinerzeit modisch spitzem Schuh als Wappenbild der Stadt. Zusammen mit dem benachbarten **Palazzo Benincasa** desselben Baumeisters bildet die Loggia ein schönes Ensemble.

An der Piazza della Repubblica erstrahlt nach jahrzehntelangem Schattendasein wieder das hübsche klassizistische **Teatro delle Muse** 14 in weiß und gelb. Der erste Vorhang hob sich hier am 28. April 1827 zu einer Oper von Gioacchino Rossini.

Zum Mercato Pubblico

Von morbider, stiller Schönheit ist die weite **Piazza del Plebiscito,** die diesen Namen wegen des **Palazzo del Governo** 15 aus dem 14./15. Jh. trägt, in dem der Rat der Stadt tagte. Die Anconetaner allerdings nennen den Platz wegen des Denkmals für Papst Clemens XII. meist Piazza del Papa. Rechts unterhalb der Statue befindet der Eingang zum **Museo della Città,** das mit Funden, Gemälden und Fotos die Geschichte der Stadt dokumentiert (Sa–Do 10–13.30 Uhr). Eine Doppeltreppe führt am oberen Platzende zur **Kirche San Domenico** 16 hinauf, deren größter Schatz das Gemälde einer Kreuzigung von Tizian ist.

Links um San Domenico herum und an dem mittelalterlichen Stadttor San Pietro vorbei gelangt man zur **Fontana del Calamo** 17 aus dem 17. Jh. Wegen ihrer dreizehn Wasserspeier wird der Brunnen auch als Fontana delle Tredici Canelle bezeichnet. Wer nachzählen möchte, kann dies bequem von einer der umliegenden Bars aus.

Etwas versteckt steht auf der Piazza delle Erbe der 1926 aus Stahl und Glas konstruierte **Mercato Pubblico** 18 in reinem Jugendstil, in dem täglich Markt mit Obst und Gemüse, Milch und Käse, Fisch und Salami abgehalten wird.

Passetto und Strand

Der familiäre Strand mit Schwimmbadatmosphäre (Betonterrasse) versteckt sich am **Passetto** unterhalb des Kriegsgefallenendenkmals. Eine geschwungene Freitreppe führt über 196 Stufen durch eine Grünanlage zum Meer hinunter – wenn man nicht den Aufzug an der Piazza IV Novembre vorzieht.

iat: Via Thaon de Revel 4, Tel. 071 358991, Fax 071 3589929 und Piazza Cavour, Tel. 071 2222457, Fax 071 22 22442, www.comune.ancona.it.

Grand Hotel Passetto 19: Via Thaon de Revel 1, Tel. 071 31307, Fax 071 32856, www.hotelpassetto.it. Gediegenes Hotel in Panoramalage am Passetto, komfortabel ausgestattete Zimmer. DZ ab 150 €.
Jolly 20: Rupi di Via XXIX Settembre 14, Tel. 071 201171, Fax 071 206823, www.jollyhotels.it. Gepflegtes Hotel zwischen Bahnhof und Altstadt. DZ 145 €.
Roma & Pace 21: Via Leopardi 1, Tel. 071 202007, Fax 071 20074736. Altmodisches Stadthotel mit Flair. DZ 95 €.

La Moretta 22: Piazza del Plebiscito 52, Tel. 071 202317, So geschl. Traditionsreiches, touristenverwöhntes Ristorante an der Piazza del Papa, wo man am besten zur Mittagszeit isst, da abends der Lärm der benachbarten Bar stören kann. Menü ca. 40 €.
Osteria Teatro Strabacco 23: Via Oberdan 2, Tel. 071 54213, Mo Ruhetag. Skurriles Weinlokal mit bodenständiger Küche, Wurst aus eigener Herstellung. Menü ca. 25 €.
Trattoria alle Tredici Cannelle 24: Corso Mazzini 108, Tel. 071 206012, So Ruhe-

tag. Kleine, typische Trattoria mit guten Fischgerichten. Menü ca. 25 €.

La Cantineta 25: Via Gramsci 1c, Tel. 071 201107, So Ruhetag. Unter den Einheimischen beliebte und zur Mittagszeit immer gut besucht, fast spartanische Trattoria, Spezialität Stockfisch. Menü ca. 20 €.

Bontà delle Marche 26: Corso Mazzini 96. Einkaufsparadies für märkische Spezialitäten und Weine. Dazu sehr gute, reichhaltige Tavola calda inkl. *Vincisgrassi* und Rosticceria mit köstlichen Hähnchen direkt an der Fontana del Calamo (12–15 Uhr). Günstig.

 Schöne Boutiquen findet man auf dem **Corso Garibaldi** und **Corso Mazzini**.

 Barfly: Via Grandi 3 (Zona Baraccola), www.barflymusiclub.com. Lokal und Musikclub mit abwechslungsreichem Programm von Jazz und Soul, Punkrock und Techno, auch Liveauftritte.

Die Altstadt Anconas ist abends alles andere als ausgestorben. Lebhaft geht es in den Bars an der Fontana del Calamo zu, zum (lauten) Szenetreff hat sich die Cocktailbar **Penny Lane** an der Piazza del Papa entwickelt (16–2 Uhr).

Fest zu Ehren des **Stadtpatrons Cyriacus** im Mai.

Gute **Parkmöglichkeiten** am Dom; da die Hafenstraße für den Durchgangsverkehr gesperrt ist, nimmt man an der Piazza della Repubblica die Parallelstraße, die in weiten Kehren zum Dom hinaufführt.

Ancona ist ein Verkehrsknotenpunkt. Mit dem **Zug** sind die Städte an der Adria gut zu erreichen, das Hinterland wird durch die Linie Ancona-Rom angebunden.

Fähren u.a. nach Griechenland, Albanien, Kroatien.

Flughafen im benachbarten Falconara Marittima.

Riviera del Conero

Kleine Kiesstrände und verträumte Buchten – die Riviera del Conero ist ein Badeidyll an der mittleren Adria. Mit 572 m schiebt sich der Monte Conero als einzig nennenswerte Erhebung zwischen dem Monte San Bartolo und dem apulischen Monte Gargano ins Blau der Adria. Schroff fallen helle Kalksteinfelsen zum Meer hin ab. Der malerische Kontrast zwischen den grünen Wäldern, blendend weißen Felsabbrüchen und dem tiefblauen Wasser ist von herber Schönheit und in der Region einzigartig.

Griechische Siedler, die im 4. Jh. von Sizilien hierherkamen, nannten das Kap *Komaros* nach dem so genannten Erdbeerbaum, einer typischen Macchiapflanze, deren rote essbare Beeren allerdings nichts mit unserer Vorstellung von Erdbeeren zu tun haben. Ein Großteil des 1987 zum Naturpark erklärten Gebiets ist heute von mediterraner Macchia, Lorbeer und Ginster, Kiefern und Eichen bewachsen. Zahlreiche Legenden von Geistern, Hexen und Druiden ranken sich um den Conero. Nachts sollen in den dunklen Wäldern gar die klagenden Rufe der ewig jungen Giana zu hören sein, die um ihre von Piraten getöten Söhne trauern.

Seit dem Mittelalter haben sich Mönche in die wilde Landschaft zurückgezogen, die es immer wieder mit Piraten aufnehmen mussten. So ver-

Aus einer Festung wurde ein Traumhotel: Fortino Napoleonico

wundert es wenig, dass der Conero mit seinen zahlreichen Grotten auch als adriatische Schatzinsel gilt.

Portonovo

Reiseatlas: S. 237, F 2

Am äußeren Ende der kleinen kiesigen Badebucht zu Füßen des Monte Conero siedelten sich im 11. Jh. Benediktinermönche an. Sarazenen- und Piratenüberfällen hatte die Abtei getrotzt, doch 1320 bereitete eine Serie von Erdrutschen allem ein Ende. Die letzten Mönche verließen die zerstörten Reste ihrer Gebäude Richtung Ancona. Von ihrem Kloster blieb – wie durch ein Wunder – allein die Kirche Santa Maria, ein Juwel romanisch-langobardischer Baukunst, erhalten (Fr–So 15.30 –19 Uhr).

Eine schmale Straße führt parallel zum Strand zur **Torre Clementina.** Der Küstenwachturm, 1716 auf Wunsch des in Urbino geborenen Papstes Clemens XI. erbaut, kam zu neuen Ehren, als hier der aus Ancona stammende Dichter Adolfo de Bosis einzog, weshalb der Turm bei Einheimischen auch *Torre di Poeta* genannt wird.

Ein wenig weiter und schließlich rechts über eine private Hotelzufahrtsstraße erreicht man das kleine **napoleonische Fort,** das Anfang des 19. Jh. unter Napoleons Stiefsohn und Vizekönig in Italien, Eugène Beauharnais, zur Sicherung der Seeblockade im Krieg gegen England direkt am

Strand erbaut wurde. Sechshundert Soldaten sollen dazu Hand angelegt haben.

In den 1960er Jahren wurde die Anlage restauriert und in ein luxuriöses Hotel mit einem zauberhaft begrünten Innenhof umgewandelt. Und wo einst Kanonen auf die Adria ausgerichtet waren, lassen sich nun bei einem Glas Wein schillernde Sonnenuntergänge betrachten.

Fortino Napoleonico: Via Poggio 166, Tel. 071 801450, Fax 071 801454, www.hotelfortino.it. Das geschichtsträchtige Hotel gehört zu den schönsten an der Adriaküste. Glanzvolles Ambiente mit Stilmöbeln. DZ 160–240 €. Im Haus gibt es ein prämiertes Ristorante mit raffinierter Fischküche, darunter die typischen Stockfischgerichte, Menü ca. 60 €.

Hotel Emilia: Collini di Portonovo 149, Tel. 071 801145, Fax 071 801330, www. hotelemilia.com. Modernes Hotel in einmaliger Panoramalage hoch über der Küste, Pendelbusse zum Strand. DZ 140–290 €.

Viele **Weinbauern** am Monte Conero bieten im Direktverkauf ihre Erzeugnisse an.
Azienda Agricola La Ginestra del Conero: an der Durchgangsstraße zwischen Massignano und Poggio. Direktverkauf von Wein, Honig und Oliven.

Maroder: in Montacuto zwischen Ancona und Portonovo. Eine der bekanntesten Kellereien. Hier gibt es Rosso Conero, auch Riserva sowie Grappa di Rosso Conero. Zur Azienda gehört das Ristorante Arion, wo mit hauseigenen Produkten gekocht wird (Via Montacuto 121, Tel. 071 898232, www.maroder-vini.it, Mo–Sa 8–12, 14–18 Uhr).

 Kleiner Sandstrand in der Bucht **Mezzavalle** nördl. von Portonovo.

 Busverbindung nach Ancona, Sirolo, Numana.

Badia di San Pietro

Reiseatlas: S. 237, F 2
Eine Stichstraße windet sich zwischen Portonovo und Sirolo zum Monte Conero und der Badia di San Pietro hinauf. Etwas Vorsicht ist hier geboten, denn auf dieser einsamen Strecke durch den ›Druidenwald‹ sind häufig frei laufende Hunde zu zweit oder zu dritt unterwegs. Die ehemalige, heute als Hotel genutzte Abtei geht auf die Gründung benediktinischer Eremiten zurück und liegt noch heute hoch über den lebhaften Stränden in romantischer Einsamkeit. Ihre Kirche bleibt dem Besucher in der Regel jedoch verschlossen.

 Hotel Monteconero: in den einstigen Klostergebäuden, Tel. 071 93 30592, Fax 071 9330365, www.hotel monteconero.it. Stilvolle Unterkunft mit freundlichem Service. Als Zugeständnis an die modernen Bedürfnisse wurde die alte Abtei um Swimmingpool und Tennisplätze ›erweitert‹. DZ 120–140 €.

Sirolo

Reiseatlas: S. 237, F 2
Der mit 3261 Einwohnern größte Ort im Naturpark thront 125 m hoch über der Küste. Eingebettet in eine wunderschöne Landschaft und ohne Hotelhochhäuser und Industrie, hat sich Sirolo zu einem stimmungsvollen Ferienort entwickelt.

Hinter dem Stadttor gelangt man über den Corso Italia in die verkehrsberuhigte Altstadt. Vorbei an der Kirche Madonna del Rosario mit einem in der Außenwand vermauerten frühmittelalterlichen Relief des Erzengels Michael führt der Weg hinauf zum Belvedere. Hier bietet sich ein atemberaubender Blick auf die Buchten der Steilküste und eine türkisblaue Adria. Diese Aussicht nahm wohl auch schon den hl. Franziskus von Assisi gefangen, der außerhalb des Ortes bei der heutigen Villa Vetta Marina zu den Fischen gesprochen hat.

 iat: Via Peschiera, Tel. und Fax 071 9330611, www.conero.it.

 Locanda Rocco: Via Torrione 1, Tel./Fax 071 9330558, www.locanda rocco.it. Bezauberndes Hotel in alten Mauern am Stadteingang, 7 liebevoll eingerichtete Zimmer mit italienischem Flair, DZ 115–150 €. Ansprechendes Fischrestaurant im Haus. Menu Degustazione 55 €.
Il Parco: Via Giulietti 60, Tel. 071 9330733. Einfache, saubere Unterkunft in einem schönen Natursteinhaus unweit des Belvedere. DZ 60–70€.
Camping Internazionale: Via Michele 10, Tel. 071 9330884, Fax 071 731709, 1.5.–

30.9. Gut ausgestatteter Platz in traumhafter Lage über der Küste.

🍴 **Trattoria Sara:** Corso Italia 9, Tel. 071 9330716, Mi Ruhetag. Uriger, kühler Gastraum im Souterrain, wo an langen Tischen vor allem Fische vom Grill serviert werden. Menü ca. 40 €.
Il Grottino: Vicolo del Cerusio 9, Tel. 071 9331218. Fischgerichte auf rustikalen Holztischen unter dem Gewölbe im Souterrain. Menü ca. 30 €.

🏌 **Conero Golf Club:** Via Betelico, Loc. Coppa, Tel. 071 7360613. Schönster Golfplatz der Region, 3 km von Sirolo entfernt.
Trekkingtouren durch den Naturpark organisiert Escursioni Parco del Conero, Via Vivaldi 1–3, Tel. 071 9330376. Im Frühjahr auch vogelkundliche Ausflüge.
Einige Bauernhöfe der Umgebung bieten **Reiterferien** an, u.a. **Il Ritorno**, Via Piani d' Aspio 12, Fraz. Coppo, Tel. 071 933 1544, info@ilritorno.com (7 Zimmer), 3 km vom Strand, Reitkenntnisse werden vorausgesetzt.

↪ Eine kurvenreiche Straße führt vom alten Ortskern zur Spiaggia Urbani hinunter, wo chronischer Parkplatzmangel herrscht.
Pendelbusse zu den Stränden San Michele und Sassi Neri.
Nur per **Boot** ist die Bucht bei den *Due Sorelle* zu erreichen.

Numana

Reiseatlas: S. 237, F 2
Knapp 3500 Einwohner zählt der letzte Ort am schon abflachenden Monte Conero. Im Hafen liegen Fischer- und Segelboote nebeneinander, täglich le-

Strandidylle am Monte Conero

gen Fähren zu dem intimen Strand bei Due Sorelle, zwei im Meer liegenden ›Felsen-Schwestern‹, ab. Im 8. Jh. v. Chr. nutzen den Hafen die Picener, später Griechen und Römer. Das **Antiquarium Statale** in der Via della Fenice dokumentiert ihre Geschichte (tgl. 8.30–19.30 Uhr, Eintritt 2 €).

Apt: Via Litoranea 97, Tel. 071 7390179, www.comune.numana.it.

Hotel Giardino: Via Circonvallazione 19, Tel. 071 9331081, Fax 071 9331082, www.hotelgiardino.com. Familienfreundliche kleine Hotelanlage im Grünen mit Kinderschwimmbad und eigenem Strandbereich. DZ ab 85 €.
Camping Numana Blu: Via Costaverde 37, Tel. 071 7390993, Fax 071 7391793, www.numanablu.it, geöffnet 1.5.–30.9. Zeltplätze und Bungalows 300 m vom Meer entfernt, Swimmingpool.

Il Saraghino: Via Litoranea 209, Località Marcelli (südl. von Numana), Tel. 071 7391596, Mo Ruhetag. Unter Italienern gilt das Lokal als bestes Fischrestaurant der Conero-Küste, in dem man bei der Herstellung hauseigener Nudeln zusehen kann. Menü ca. 45 €.

Tagestouren per Boot entlang der Conero-Küste: **Traghettatori,** Via Peschiera 11, Tel./Fax 071 9331795.
Im Hafen von Numana, vorm. stündl. **Boote** zum Strand Due Sorelle.

Busverbindung nach Sirolo und Ancona.

Feste Medioevali

In der letzten Juliwoche verwandelt sich Offagna für eine Woche in einen mittelalterlichen Ort. Das elektrische Licht wird ausgeschaltet, jedes Straßenschild verhüllt. Marktstände und Handwerker beleben die Gassen der Altstadt, Falkner führen ihre Vögel vor, Tamburine erklingen und Tavernen offerieren Gerichte nach alten Rezepten. Turniere, Theater und Tanz füllen die Abendstunden. Höhepunkt ist das Bankett auf der Piazza della Contessa, wo Kellner in historischen Kostümen mittelalterliche Gerichte an langen Tischen servieren (Voranmeldung im Pro Loco erforderlich!).

Camerano

Reiseatlas: S. 237, F 2
Camerano ist einer der Hauptorte des Rotweins *Rosso Conoro.* Unterirdische Gänge und Höhlen durchziehen die hübsche Altstadt. Dieses Labyrinth, das vielleicht schon in vorrömischer Zeit angelegt wurde, trägt allerlei Spuren aus verschiedenen Jahrhunderten, von einfachen Kreuzritzzeichnungen bis zu religiösen Symbolen. Das letzte Mal diente die unterirdische Stadt 1944 im Zweiten Weltkrieg als Versteck. Auf zwei verschiedenen Wegen kann die Unterwelt von Camerano unter ortskundiger Führung begangen werden (im Sommer Sa, So 17.30 und 18.30 Uhr, Information im Pro Loco, Via Maratti 22, Tel. 071 304018, Fax 071 300992).

Offagna

Reiseatlas: S. 237, E 2

Der kleine Ort wird von seiner gut erhaltenen Festung überragt. Sie wurde 1445 erbaut, als Offagna in den Besitz der Stadt Ancona überging. Die restaurierte Burg beheimatet ein Waffenmuseum mit Exponaten aus dem 16.–18. Jh. Von der zinnenbekränzten Mauer der Festung überblickt man den ganzen Ort (im Sommer tgl. 10–12.30, 16.30–19.30 Uhr, veränderte Öffnungszeiten während der Festwoche Ende Juli).

Pro Loco, Via dell'Arengo 72, Tel. 071 7107552, www.festemedioevali.it.

Osimo

Reiseatlas: S. 237, E 2

Die provinzielle Kleinstadt mit fast 30 000 Einwohnern kann auf eine ruhmvolle Vergangenheit zurückschauen. Osimo teilte zunächst seine Geschichte mit vielen anderen Orten in der Region: Besiedlung durch die Picener, Gründung als römische Kolonie, zusammen mit Ancona Teil der byzantinischen Pentapolis, Übergang an den Kirchenstaat. Im 13. Jh. aber rebellierte Osimo gegen die päpstliche Herrschaft und bot ihr als freie Stadtkommune die Stirn. Erst nach der grausamen Herrschaft des lokalen Condottiere Boccolino kehrte Osimo 1486 reumütig in den Schoß der Kirche zurück und steuerte im 17. Jh. mit dem Mönch Giuseppe da Copertino, der zu Lebzeiten schweben,

ja sogar fliegen konnte, einen neuen Heiligen bei.

Die zentrale Piazza Boccolino geht nahtlos in die Piazza del Comune über und ist ein geeigneter Ausgangspunkt für die Stadtbesichtigung. Im Eingang des **Palazzo Comunale** am Platz sind zwölf antike Statuen aufgestellt. Sie stammen vom römischen Forum, das sich rings um den Palazzo erstreckte. Da sich die Statuen alle ohne Kopf präsentieren, hängt den *Osimani* auch der Spitzname ›die Kopflosen‹ an. Der beeindruckende **Palazzo Baldeschi Baleani** aus dem 16./17. Jh. gegenüber wird teilweise von einem Restaurant genutzt.

Über die Piazza del Comune hinweg und die Via Antica Rocca hinauf gelangt man zum **Dom San Leopardo**, der an der Stelle eines römischen Tempels erstmals im 8. erbaut und im 12.–14. Jh. erneuert wurde. Sein reich verziertes, romanisches Hauptportal im linken Seitenschiff ist fast immer verschlossen. Eingang gewährt ein Portal in der schlichten Hauptfassade, die zum Innenhof des benachbarten Palazzo Vescovile zeigt. Die stimmungsvolle Krypta unter der dreischiffigen Kirche wird von 16 unterschiedlichen römischen Säulen getragen. Zwischen ihnen steht vor der Apsis ein Sarkophag aus dem 4. Jh. mit den Reliquien verschiedener Heiliger. Seine Frontseite schmückt eine ausdrucksstarke Jagdszene. Rechts davon befinden sich in einem vergleichsweise schlichten Sarkophag mit Wellendekor die Reliquien des ersten Bischofs von Osimo. An der rechten Seitenwand türmen sich weitere Sarkophage: Der obere zeigt eine Hirtenszene, der untere ist mit langobardischen Bändermustern geschmückt.

Nur ein paar Schritte hinter dem Dom eröffnet sich von einer kleinen Terrasse im Stadtpark ein herrlicher Ausblick über die Hügellandschaft der Marken.

Piazza Boccolino: Tel. 071 724 9221, www.comune.osimo.an.it.

Palazzo Baldeschi: Via Sacramento 3, Tel. 071 714566, Mi Ruhetag. Ristorante von morbider Eleganz mit sonnengeschützter Terrasse, Spezialität: Fisch- und Krustentierplatten. Menü ca. 50 €. Fr Jazzkonzerte auf der Terrasse.
Caffè del Corso: Piazza Gallo 2/3. Pasticceria, Enoteca und Cocktail Bar, mittags auch gutes Buffet mit Antipasti und Nudelgerichten.

Bahnhof in Osimo Scalo, Züge Richtung Ancona/Pesaro und San Benedetto del Tronto.
Busverbindung nach Ancona, Macerata, Castelfidardo, Offagna und im Sommer auch nach Numana.

Castelfidardo

Reiseatlas: S. 237, F 2
Die meisten Besucher zieht es weder wegen der schönen Aussicht noch wegen des schlichten Palazzo Priorale nach Castelfidardo, sie kommen der guten alten Ziehharmonika zuliebe. Seitdem 1863 hier die Familie Soprani mit der Produktion begonnen hat, sind Abertausende von *fisarmoniche* exportiert worden, in den besten Jahren bis zu 250 000 Stück, und haben für wirt-

schaftlichen Aufschwung und schließlich weltweiten Ruf der kleinen Stadt gesorgt. Dem Begründer der italienischen Akkordeonindustrie Paolo Soprani (1844–1918) hat man vor dem **Museo Internazionale della Fisarmonica** im Palazzo Priorale (tgl. 10–12, 16.30–19 Uhr, So nur vorm.) ein amüsantes Bronzedenkmal gesetzt.

 Akkordeons direkt vom Hersteller: Die Fabriken liegen in der Zona Fornaci (Ausfallstraße Richtung Loreto); edle Stücke stehen bei **Victoria** und **Bompezzo** in der Via XVIII Settembre im Schaufenster.

Loreto

Reiseatlas: S. 237, F 2
Gläubige wie Kunstsinnige zieht es gleichermaßen zur strahlend weißen, beeindruckend schönen Basilika von Loreto. Unter ihrer Kuppel verbirgt sie die Santa Casa, das Heilige Haus der Muttergottes. Rund eine Million Pilger suchen alljährlich den Wallfahrtsort auf, der mittlerweile 11 300 Einwohner zählt. Ihre Haupteinnahmequelle sind neben Hotels und Pensionen, Restaurants und Bars die zahlreichen Andenkenläden rund um die Piazza della Madonna. Schon frühe Reisende kommentierten den ausgeprägten Budenzauber und mokierten sich im 18. Jh. über den »Tand der geistlichen Industrie«.

Die Basilika

Die gewaltigen Mauern um die Wallfahrtskirche von Loreto entstanden im

DAS FLIEGENDE HAUS VON LORETO

Ziel der Pilger nach Loreto ist das ›Heilige Haus der Muttergottes‹, die *Santa Casa*. Nach der alten Überlieferung soll es sich um das Nazarener Haus handeln, in dem Maria geboren wurde, aufwuchs und die Verkündigung der Geburt Jesu durch den Erzengel empfing. Als 1291 Muslime wieder einmal Palästina eroberten, begann die weite Reise des kleinen Hauses: Von Engeln in die Luft gehoben, landete es zunächst an der Küste von Dalmatien für einen zweijährigen Zwischenstopp. 1294 ging es bei Recanati nieder, wo sich zwei Brüder um das Heiligtum gestritten haben sollen, weshalb es nach einem letzten kurzen Flug in der Nacht vom 9. auf den 10. Dezember an einer öffentlichen Straße aufsetzte, am jetzigen Standort. Um Ungläubigen und Zweiflern zu begegnen und somit wenigstens die Echtheit des Heiligen Häuschens zu retten, wird vor Ort und aus kirchlichen Kreisen die Theorie eines Transportes durch Menschenhand laut: Kreuzfahrer könnten das Haus zerlegt und per Schiff nach Italien gebracht haben. Fünf rote Stoffkreuze – wie sie bei den Kreuzfahrern üblich waren –, die in einer Aushöhlung unter dem sog. Engelfenster gefunden wurden, stützen diese Theorie. Andere wollen aufgrund einer schriftlichen Notiz, die erstmals 1900 ein päpstlicher Archivar publik machte, den Byzantiner Niceforo Angeli (= Engel) dafür verantwortlich machen. Er habe 1294 die heiligen Steine anlässlich der Hochzeit seiner Tochter mit Philipp von Anjou, dem Sohn des herrschenden Karl II. von Anjou, als Brautgabe nach Italien schaffen lassen. Diese modernistischen Thesen hielten Papst Benedikt XV. nicht davon ab, 1920 die Muttergottes zur Schutzpatronin aller Flugreisenden zu erklären.

Alljährlich werden in der Nacht vom 9. auf den 10. Dezember in Erinnerung an die Landung des Heiligen Hauses große Feuer rund um Loreto entzündet, und so manchem Heiden drängt sich unwillkürlich der unchristliche Vergleich mit der modernen Rollbahnbefeuerung auf ....

16. Jh. als Schutz vor Piraten. Durch die Porta Marina im Westen oder die Porta Romana oberhalb der Scala Sancta im Osten betritt man die überwältigende Piazza della Madonna.

Hier erhebt sich die riesige, innen 60 m breite und 93 m lange **Basilika, das ›Santuario della Santa Casa‹.** Wie ein Schrein wurde sie über dem kleinen ›Heiligen Haus‹, bei dem es sich um das Geburtshaus Marias handeln soll, erbaut. Schon zu Beginn des 14. Jh.

hatte man zum Schutz des Heiligtums eine Backsteinmauer errichtet, wenig später wurde diese durch den ersten schlichten Kirchenüberbau ersetzt. 1468/69 begann man mit dem Bau der jetzigen Kirche, an dem so berühmte Architekten und Künstler wie Giorgio Martini, Bramante, Sansovino und Sangallo mitwirkten. Die Arbeiten zogen sich bis ins 18. Jh. hinein, und so weist der Bau heute eine Vielzahl von Stilelementen auf.

Piazza della Madonna: Palazzo Apostolico und Basilika

Die Fassade aus weißem Kalkstein wurde in den Formen der Spätgotik begonnen und 1587 im dominierenden Stil der späten Renaissance fertig gestellt. Die drei großen Bronzeportale, um 1600 von verschiedenen Künstlern geschaffen, zeigen Szenen aus dem Alten Testament. Die 41,5 m hohe Kuppel vollendete der Florentiner Giuliano da Sangallo, wie er selbst schrieb, am 23. Mai 1500 um 15 Uhr mit »großer Andacht, Sorgfalt und Genauigkeit«. Auch sie wurde von nachfolgenden Baumeistern verändert.

Unter der Kuppel steht die **Santa Casa**. Ihr rechteckiger Corpus ist mit einer aufwendigen Marmorverkleidung ummantelt, die Bramante auf Wunsch Papst Julius' II. Anfang des 16. Jh. entwarf. Auf großen Reliefplatten sind Szenen aus dem Leben Marias dargestellt: Die ›Geburt Marias‹ und ihre ›Vermählung‹ auf der Nordwand, ›Mariä Verkündigung‹, ein Meisterwerk Sansovinos, darunter ihr ›Besuch bei der hl. Elisabeth‹ und die ›Volkszählung‹ auf der Westwand, ›Geburt Jesu‹ und die ›Anbetung durch die Heiligen Drei Könige‹ auf der Südwand sowie der ›Tod Marias‹ auf der Nordseite, darunter widmet sich die letzte Bildplatte dem Engelsflug und der Überführung der Santa Casa nach Loreto. Die 20 Nischen besetzen große Figuren von Propheten und Weissagerinnen. Innen zeigt das Häuschen verschiedene Baumaterialien, darunter im unteren Bereich einen hellen Naturstein, der tatsächlich nicht in den Marken, wohl aber im Heiligen Land zu finden ist. Die Zedernschnitzfigur der Madonna von Loreto in der Nische über dem Altar ist eine päpstlich finanzierte Nachbildung und ersetzt die ursprüngliche Statue, die während eines Brandes in der Kirche 1921 zerstört wurde. Erhalten haben sich dagegen Freskenreste und ein bemaltes Holzkreuz aus dem 13. Jh.

Sehenswert sind in der Basilika außerdem die Renaissance-Fresken von Luca Signorelli in der **Sakristei des hl. Johannes** und diejenigen von Melozzo da Forlì in der **Sakristei des hl. Markus**.

Die **Kapellen** in der Apsis und in den Querschiffen sind heute einzelnen Nationen zugedacht und wurden von Künstlern des jeweiligen Landes im 19./20 Jh. mit Fresken, die sich gelegentlich auch auf die Landesgeschichte beziehen, oft in nachahmender gotischer Manier ausgemalt.

Piazza della Madonna

Die Nord- und Westseite der weiten Piazza della Madonna wird vom **Palazzo Apostolico** eingefasst. Der apostolische Palast wurde nach Plänen von Bramante errichtet. Die schattigen Bogengänge im ersten Stock, die frei zugänglich sind, erlauben einen überwältigenden Blick auf die Kirche, den Glockenturm, den Luigi Vanvitelli entwarf, die Papststatue Sixtus' V., der Loreto zur Stadt und Diözese erhob, und den Brunnen aus dem 17. Jh. in der Mitte des Platzes. Hier oben ist auch der Eingang zur Gemäldegalerie (**Pinacoteca**), die einige Spätwerke von Lorenzo

Lotto (s. S. 36f.) besitzt, der 1556 als Laienbruder in Loreto starb (Di–So 9–13 und 16–19, im Winter 10–13, 15–18 Uhr).

Von der Piazza della Madonna führt der Corso Boccalini vorbei an Souvenirläden, Bars und Pizzerien an das andere Ende der ummauerten Altstadt, die seit 1519 mit einer Bastion bewehrt ist.

Pro Loco: Corso Boccalini 67, Tel. und Fax 071 977748, www.loreto.it.

Pellegrino e Pace: Piazza della Madonna 51/53, Tel. 071 977106, Fax 071 978252, www.pellegrinoepace.it. Schlichtes Pilgerhotel schräg gegenüber der Wallfahrtskirche, für Rollstuhlfahrer geeignet. 28 DZ, ab 65 €, Mindestaufenthalt 3 Tage.
Villa Tetlameya: Via Villa Constantina 187, Tel. 071 978863, Fax 071 976639, www.loretoitaly.com. Elegantes Viersternehotel in einer Villa aus dem 19. Jh. 6 Zimmer, 2 Suiten. DZ ab 110 €. Ansprechendes Ristorante Zi'Nené im Haus.

Teure, aber ansprechende Bars sind **Wally** (Piazza della Madonna) mit Blick auf die Basilika und **Pirri** (Corso Boccalini) mit hausgemachtem *Pane dolce di Loreto*, einer Art Rosinenkuchen, und anderem guten Gebäck.

Marienfeste: 25. März (Mariä Verkündigung), 15. August (Mariä Himmelfahrt), 8. September (Mariä Geburt) und 10. Dezember (Mariä Empfängnis). Zugleich wird am 10. Dezember mit einem großen Feuer der Ankunft des heiligen Häuschens in Loreto gedacht.

 Der **Bahnhof** von Loreto ist 3 km von der Wallfahrtskirche entfernt.

In der Provinz Macerata

MACERATA UND UMGEBUNG

In der heiteren Universitätsstadt Macerata bilden die Freilicht-Opernfestspiele in der klassizistischen Ballspielarena den Höhepunkt des Jahres. Verträumte Hügelstädtchen mit grandiosen Aussichten locken ins liebliche Hinterland.

Macerata

Reiseatlas: S. 237, E 3

Bis in die 1950er Jahre war die Provinzhauptstadt mit 42 000 Einwohnern ein wichtiges landwirtschaftliches Zentrum, heute dominieren Studenten der Universität und Angestellte der Provinzverwaltung das städtische Leben. Häuser aus Renaissance und Barock prägen das Bild der ausgedehnten Altstadt. Sie stammen aus der Blütezeit der Stadt, die 1445 mit der Rückkehr der im Mittelalter freien Kommune unter die päpstliche Herrschaft einsetzte. Als Papst Paul III. 1540 Macerata, das schon seit dem hohen Mittelalter über eine Rechtsschule verfügte, offiziell die Gründungsurkunde einer Universität verlieh, begann der Aufstieg der Stadt zum Bildungszentrum.

Sferisterio und Porta Mercato

Das **Sferisterio** 1 vor den Toren der ummauerten Altstadt wurde in den 1820er Jahren mit den Spenden von 100 wohlhabenden Bürgern als elegante Arena für ein seinerzeit populäres Ballspiel erbaut. Diesem *Gioco del pallone al bracciale* kann man alljährlich im August in Treia und Cingoli noch zuschauen. Im letzten Jahrhundert hat man die ehemalige Ballspielarena für allerlei genutzt: als Lazarett, als Truppen- oder Zirkusplatz musste sie herhalten. Seit ihrer meisterlichen Restaurierung avancierte sie zum Anziehungspunkt für Opernfreunde aus aller Welt. Und wenn im Juli und August bei einsetzender Dunkelheit vor rund 7000 Zuschauern unter freiem Himmel auf der prächtig illuminierten Bühne die gewaltigen Stimmen der Sänger anheben, fragt sich jeder, warum so viele Opernliebhaber immer nur nach Verona fahren.

Man betritt die Altstadt durch die **Porta Mercato** 2 und gelangt sofort auf die Piazza Mazzini. Die Tische der wenigen Bars sind auf dem stillen, leeren Platz kaum auszumachen, und selbst eine Gruppe von 50 Leuten verliert sich hier. Geradeaus fällt der Blick auf das große Gebäude, in dem die Provinzverwaltung sitzt und damit die Tradition fortsetzt, die 1373 mit dem Bau des unscheinbaren **Palazzo del Podestà** 3 an diesem Platz begonnen wurde.

Piazza della Libertà

Auf dem Weg über steile Treppen hinauf zur Piazza della Libertà passiert man die Kirche **Santa Maria della Porta** 4 mit einer schlichten romanisch-gotischen Fassade, in der bei genauer Betrachtung zwei winzige Löwen zu erkennen sind.

Die Piazza della Libertà bildet den belebten Mittelpunkt der Altstadt und wird von Bauten aus mehreren Jahrhunderten gerahmt: Das **Teatro Lauro Rossi** 5 aus dem 18. Jh. ist nach einem einheimischen Dirigenten benannt und zählt mit seinem bezaubernden Rokoko-Interieur zu den schönsten historischen Theatern der Region. Die der Universität angebaute ehemalige Kirche **San Paolo** 6 stammt aus dem 17. Jh. Im schmucklosen **Palazzo dei Priori** 7 residierten die päpstichen Kardinallegaten. Die benachbarte **Loggia dei Mercanti** 8 aus der Renaissance gab der spätere Papst Paul III. in Auftrag. Die Stirnseite des Platzes nimmt der harmonische Bau des **Palazzo del Comune** 9 ein. Seine heutige Gestalt geht auf einen Umbau im 19. Jh. zurück.

Die Baudenkmäler an der Piazza sind allesamt nicht herausragend, doch erzeugen sie ein so typisch mittelitalienisches Stimmungsbild, dass es ein Vergnügen ist, in einer der Bars zu sitzen und dem vormittäglichen Markttreiben oder der *passeggiata* in den frühen Abendstunden zuzuschauen.

Von der Ballspiel- zur Opernarena: das Sferisterio

Sehenswürdigkeiten

1 Sferisterio
2 Porta Mercato
3 Palazzo del Podestà
4 Santa Maria della Porta
5 Teatro Lauro Rossi
6 San Paolo
7 Palazzo dei Priori
8 Loggia dei Mercanti
9 Palazzo del Comune
10 Palazzo degli Studi
11 Palazzo dei Diamanti
12 Palazzo Rotelli
13 Pinacoteca e Museo d. Carozze
14 Palazzo Buonaccorsi
15 Dom
16 Madonna della Misericordia

Übernachten, Essen und Trinken

17 Hotel Claudiani
18 Hotel Lauri
19 Hotel Arena
20 Osteria dei Fiori
21 Trattoria da Rosa
22 Pizzeria Scalette

Zum Kutschenmuseum und zum Dom

Der Corso Matteotti lockt mit Designer-mode, die Via Gramsci mit Lederwaren zum Schaufensterbummel. Zwischen den beiden Straßen birgt die Galleria Scipione im **Palazzo degli Studi** 10 eine lichtdurchflutete, sonnengeschützte Oase mit einem guten Café. Beim Bummel durch die von Stadtpalästen gesäumten Straßen entdeckt man so manchen eleganten Bau, manche Kuriosität, etwa den **Palazzo dei Dia-**manti 11 aus dem 16. Jh., dessen Fassade mit spitzen Buckelquadern bestückt ist, oder den **Palazzo Rotelli** 12 mit den typischen Rosenschmucksteinen im Dachgesims.

Pinacoteca e Museo delle Carozze 13 gewähren einen Blick auf vergangene Tage: ein Armholz im Eingangsbereich erinnert an das beliebte Ballspiel, für das man das Sferisterio erbaute; die hübschen Kutschen rollten einst durch die Gassen der Stadt (Di–Sa 9–13 und 16–19 Uhr, Mo nur nachm., So nur vorm.).

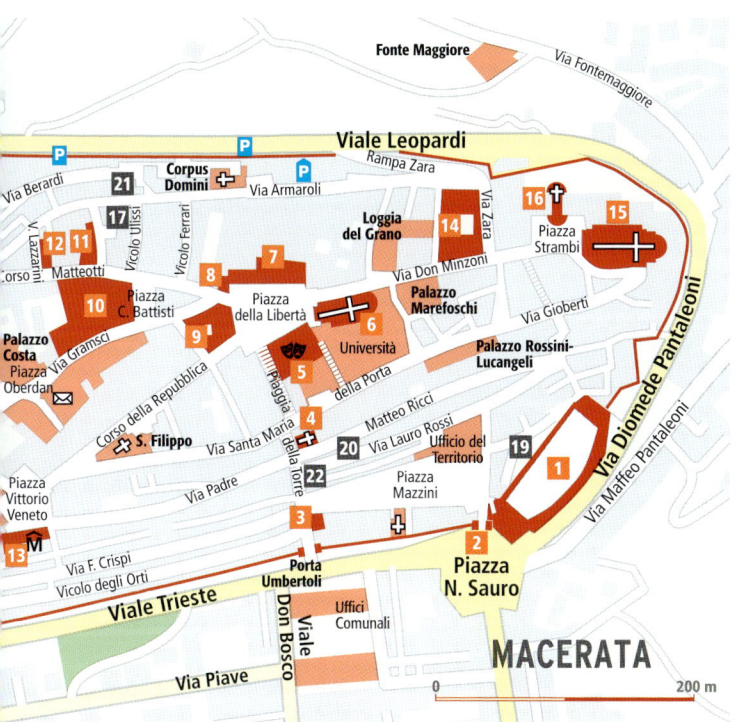

MACERATA

0   200 m

Schlägt man an der Piazza della Libertà die östliche Richtung ein, gelangt man vorbei am **Palazzo Buonaccorsi** 14, in den künftig alle Museen der Stadt einziehen sollen, zum barocken **Dom** 15 (1771–90). Sein Glockenturm von 1478 ist der schönste Teil des unvollständig gebliebenen Äußeren. Die benachbarte Kirche **Madonna della Misericordia** 16 entstand aus einer Kapelle, die man im Seuchenjahr 1447 aus Angst vor der Pest stiftete und wiederholt dem Zeitgeschmack folgend um- und ausgestaltete.

iat: Piazza della Libertà 12, Tel. 0733 234807, Fax 0733 266631, www. comune.macerata.it.

Claudiani 17: Via Ulissi 8, Tel. 0733 261400, Fax 0733 261380, www. hotelclaudiani.it. Die beste Adresse in der Stadt; luxuriös-elegante Zimmer mit jedem Komfort, Tiefgarage (9–14 €). DZ ab 100, Juli/Aug. 132 €.

Lauri 18: Via Lauri 6, Tel./Fax 733 232376, www.lauri.gestionihotels.it. Kürzlich renoviertes Haus, helle große Räume mit romantischen Eisenbetten. DZ ab 80 €.

Arena 10: Vicolo Sferisterio 10, Tel. 0733 230931 Fax 0733 236059, albergo

arena.com. Kleines Dreisternehotel direkt hinter der Bühnenwand des Sferisterio; kleine, 2004 komplett renovierte Zimmer mit Bad und Klimaanlage, Parkmöglichkeit. DZ 55–80 € (Verhandlungssache).

Während der Opernfestspiele können die Zimmerpreise 15–20% höher liegen.

Osteria dei Fiori 20: Via Lauro Rossi 61, Tel. 0733 260142, So Ruhetag. Traditionsreiches Ristorante, gekocht wird nach alten Rezepten von Antonio Nebbia aus dem 18./19. Jh., Reservierung notwendig. Menü ca 30 €.

Da Rosa 21: Via Armaroli 17, Tel. 0733 260124. Beliebte, vollbebilderte Trattoria mit prämierter Küche, hausgemachte Nudeln. Wer keinen Platz reserviert hat, sollte zeitig (ab 12.30, bzw. 19.30 Uhr) zum Essen gehen. Menü ab 30 €.

Pizzeria Scalette 22: Via Rossi 56, Tel. 0733 260126. Pizza vom Blech – zum Mitnehmen oder aus der Hand essen!

Caffè Venanzetti: Galleria Scipione 10, Eingang über Via Gramsci oder Corso Matteotti. Ausgewählte Leckereien.

Mi ist **Markt** auf der Piazza della Libertà.

Macerata Opera: Ende Juli–Mitte Aug., Opernfestspiele im Sferisterio, Kartenvorbestellung: maceratoopera@mercurio.it bzw. www.maceratopera.org, Ticketbüro: Piazza Mazzini 10, Tel. 0733 230735, Fax 0733 261570, Karten 15–100 €. Die **Operntexte** zum Mitsingen gibt es im Tabakgeschäft an der Porta Mercato.

In den Sommermonaten nächtliche **Galopprennen** (ab 21 Uhr) im Ippodromo Martini (Via Font' Orsola 107) im benachbarten Corridonia.

Recanati: Piazza Leopardi

dem 18. Jh. liegt am südlichen Rand der Altstadt und beherbergt eine Ausstellung mit Porträts und Manuskripten Leopardis sowie seine Bibliothek (tgl. 15.3.–15.9. 9–19, 16.9.–31.10. 9–18 Uhr).

Auf der Via Roma bummelt man durch die lang gezogene, ziegelrote Altstadt vorbei am herrlichen Renaissanceportal der Kirche **Sant'Agostino** bis zur zentralen **Piazza Leopardi** mit einem Standbild des Dichters und netten Bars. Auf dem Platz erhebt sich auch die mächtige **Torre del Borgo** aus dem 12. Jh. Der **Palazzo Comunale** begrenzt mit Bogengängen die Längsseite der Piazza. In ihm erinnert ein Museum an den zweiten berühmten Sohn der Stadt, den 1957 verstorbenen Tenor Beniamino Gigli.

Am anderen Ende der Altstadt birgt die **Villa Colloredo Mels** eines der schönsten Bilder des gebürtigen Venezianers Lorenzo Lotto, der 1511–13 in Recanati arbeitete. Seine »Verkündigung« trägt mit der erschreckt wegspringenden Katze fast humorvolle Züge (Di–So 9–12, 15–19, Juli/Aug. 9–13, 15–21 Uhr).

Nächster Badeort mit breitem Sandstrand ist das 10 km entfernte **Porto Recanati.** Neben bagni, Segelmöglichkeiten und Tauchschulen (Centro Sviluppo Cultura Subacquea, Via Colombo 69) besitzt es ein zum Schutz vor Piratenüberfällen errichtetes Kastell.

Stündl. **Busse** durch das Chienti-Tal zur Küste; die beiden Chienti-Kirchen San Claudio und Santa Maria sind gut zu erreichen.
Parkplätze entlang der Stadtmauer, Parkhaus an den Giardini Diaz mit direktem Aufgang zur Via XX Settembre.

Recanati und Porto Recanati

Reiseatlas: S. 237, F 2
Hoch über dem Potenza-Tal breitet sich **Recanati** aus, ein liebenswertes Städtchen mit intakter Altstadt.

Ein Muss für italienische Touristen ist die **Casa Leopardi,** in der am 29. 6. 1798 einer der großen Dichter Italiens, Giacomo Leopardi, geboren wurde und aufwuchs. Dieser stattliche Palazzo aus

apt: Piazza Leopardi, Recanati, Tel./Fax 071 981471 und Porto Recanati, Corso Matteotti 111, Tel./Fax 071 9799004, www.comune.recanati.it und www.comune.porto-recanati.mc.it.

Palazzo della Casapiccola: Piazzuola Gioberti 2, Recanti, Tel. 071 7574818, Fax 071 7574352, www.palazzo dellacasapiccola.it. Wohnen im Palazzo? Die Familie Biondo della Casapiccola bietet in 11 geräumigen und komfortablen Räumen stilvolle Übernachtung im Zentrum der Altstadt. DZ ab 120 €, Suite ab 150 €.
Il Gelso: Contrada Santa Croce 46 (außerhalb von Recanti), Tel. und Fax 071 987002. Agriturismo, angeboten werden u. a. geführte Touren in die Sibillinischen Berge und in den Naturpark des Monte Conero. Mindestaufenthalt 3 Tage.

Torcoletto: Via Scarfiotti 47, Porto Recanati, Tel. 071 7590196, außer im Aug. Mo Ruhetag. Das elegante Ristorante am Strand mausert sich seit einigen Jahren zum Gourmettempel, Grundlage des Ruhms sind fantasievolle Gemüse-Fisch-Kreationen. Menü ca. 50 €.
Da Silvano: Via Campo dei Fiori 4, Recanati, Mo Ruhetag. Urtümliche Bar, Trattoria und Pizzeria hinter der Villa Colloredo Mels, das Speiseangebot findet man auf Holztäfelchen an der Hauswand.
Pizzeria Romana: Via Calcagni 3, Recanati. Pizza vom Blech zum Mitnehmen, interessant ist die getrüffelte Pizza.

Azienda Agricola Conti Leopardi: im Palazzo Leopardi. Direktverkauf von Wein und Olivenöl.
Moretti: Ecke Via dell'Olmo/Via Riccabella, nur Schritte unterhalb des Leopardihauses. Werkstatt mit Verkaufsräumen des über die Landesgrenzen hinaus bekannten Pfeifenmachers.

Green Leaves: Via D' Acquisto 1, Porto Recanati, Tel. 071 9798145. Heiße Diskothek am Fluss.

Busse nach Loreto, Porto Recanati und Ancona.

Treia

Reiseatlas: S. 237, D 3
Die harmonische Silhouette des anmutigen Hügelstädtchens ist schon von weither zu sehen. Vor den Toren der gut erhaltenen Stadtmauer steht Treias größte Kirche, das **Santuario del Ss. Crocefisso.** Einige im Turm des Baus aus dem 18 Jh. vermauerte römische Architekturfragmente erinnern daran, dass vor 2000 Jahren an dieser Stelle das antike *Trea* lag.

Der Bummel durch die romantische Altstadt führt vorbei an ziegelroten Palazzi und blumengeschmückten Häusern. Von der zentralen **Piazza della Repubblica**, die vom Palazzo Municipale (16./17. Jh.) mit seinem Laubengang dominiert wird, bietet sich ein herrlicher Blick über »das schöne Land der sanften Hügel«. Direkt unterhalb der Piazza schaut man auf das Spielfeld der Disfida del brac*ciale* hinab, die hier im August stattfindet. Für dieses traditionelle Ballspiel mit Armhölzern ist Treia in der Region berühmt.

Ein Abstecher führt zur romanischen Kirche **Santa Maria** kurz vor **Rambona**. Ihre stimmungsvolle Krypta aus dem 11. Jh. mit floral verzierten Kapitellen ist allerdings nur zur Messe geöffnet.

Armhölzer gibt es bei **Scorcella Nando** in der Via Vasari 17.

Disfida del bracciale: 1. Augustwochenende, Wettkampf der Stadtviertel im Armholz-Spiel. Und um dem Ganzen einen festlichen Rahmen zu geben, finden historische Märkte und Um-

Treia

züge in den Gewändern des 19. Jh. statt, der Zeit, als das Spiel zum Volkssport avancierte.

Cingoli

Reiseatlas: S. 237, D 3

Das schönste an Cingoli ist der Ausblick. Stolz bezeichnet sich der 630 m hoch gelegene Ort als ›Balkon der Marken‹ und bietet an klaren Tagen ein grandioses Panorama. Man erkennt den Monte Conero und die Sibillinischen Berge, aber auch das Gran Sasso-Massiv in der benachbarten Region Abruzzen, dessen Hauptgipfel Corno Grande mit 2912 m die höchste Erhebung der italienischen Halbinsel darstellt. An sehr klaren Tagen soll es sogar möglich sein, etwas von den Bergen Kroatiens jenseits des Meeres zu sehen.

Den Ort, der noch immer den römischen Siedlungsplatz aus dem 3. Jh. v. Chr. einnimmt, umgibt mit mittelalterlichen Häusern und teilweise renovierungsbedürftigen Renaissancepalästen eine morbide Aura.

Grottenkirche

Ein reizvoller Spaziergang durch die Schlucht des Flusses Grilli führt zur Grottenkirche **Sant'Eustachio** aus dem 11.–14. Jh. Man verlässt San Severino Richtung Castelraimondo und biegt 2 km hinter der Stadt (bei km 61) von der SS 361 links ab. Jenseits der kleinen Brücke führt ein ca. 1 km langer Fußweg zur Grottenkirche.

Durch das klassizistisches Stadttor, die **Porta Pia**, gelangt man ins *centro*. Auf der Piazza Vittorio Emanuele II. stehen sich der **Dom** aus dem 17. Jh. und der **Palazzo Comunale** gegenüber. Letzterer wurde im 12. Jh. über den Resten eines römischen Hauses erbaut. Während der Palazzo selbst in der Spätrenaissance erneuert wurde, stammt der romanische Glockenturm – natürlich ohne die moderne Uhr – noch aus der Entstehungszeit.

Cingoli 1848: 3. Augustsonntag. Zum historischen Ballspiel, dem *gioco del pallone a bracciale,* kleiden sich alle wie im 19. Jh., als das Spiel sich großer Beliebtheit erfreute.

San Severino Marche

Reiseatlas: S. 237, D 4

Der alte Kern des heute dreigeteilten Ortes liegt gleichsam als Oberstadt und mit zwei Türmen weithin sichtbar auf dem Montenero. Hierher hatten sich Mitte des 6. Jh. die Bewohner der alten römischen Stadt *Septempeda* nach Zerstörung ihrer Siedlung durch Totilas Ostgoten geflüchtet. Schon im 13. Jh. bildete sich eine Siedlung unterhalb des Kastells, eine Unterstadt, die heute von einem Kranz landwirtschaftlicher Betriebe und kleinerer Fabriken umgeben ist. Nur eine Hand voll der knapp 13 000 Bewohner leben in der Oberstadt, die wie ausgestorben wirkt.

Das Herzstück der Unterstadt ist die weite, ovale **Piazza del Popolo** mit einladenden Bars und Geschäften un-

San Severino Marche

ter den Arkaden der Palazzi aus dem 16.–19. Jh. Den Uhrturm aus dem 19. Jh. im Rücken verlässt man die Piazza am gegenüberliegenden Ende. Vorbei am Palazzo Comunale, geht rechts die Via Sauro hinauf und links in die Via Salimbeni, wo im Palazzo Manuzzi die **Pinakothek** u.a. mit Werken von Vittorio Crivelli und Niccolò Alunno sowie einem modern anmutenden Gemälde von Bernardino Mariotto (16. Jh.) einen Besuch lohnt. Den in San Severino geborenen Brüdern Jacopo und Lorenzo Salimbeni, den Begründern einer kleinen Malschule, ist ein eigener Saal gewidmet. Hier hängt auch das Gemälde ›Hochzeit der hl. Katharina‹, das Lorenzo 1400 datierte. Aus der am Bild entdeckten Notiz, er habe es im Alter von 26 Jahren gemalt, konnte erstmals sein Geburtsdatum errechnet werden (Di–Sa 9–13, im Juli/Aug. auch 16.30–18 Uhr, jeden 2. So geschl., Eintritt 2,10 €).

Am Ende der Straße beeindruckt die anlässlich des Heiligen Jahrs 2000 restaurierte Abteikirche **San Lorenzo in Doliolo**. Den romanischen Bau aus dem 11. Jh., der einen älteren aus dem 8./9. Jh. ersetzt, unterteilen dicke Säulen mit den für die Entstehungszeit typischen Würfelkapitellen in drei Schiffe. Unter dem um einige Stufen erhöhten Altarraum verbirgt sich eine ebenfalls dreischiffige Krypta mit Freskenresten. Auch die Brüder Salimbeni hatten einst zur Ausmalung der Krypta beigetragen, doch ihre Fresken hat man abgelöst. Sie werden jetzt in der Sakristei ausgestellt.

Zur Oberstadt führt von der Piazza del Popolo zwischen dem Palazzo Comunale und dem Palazzo Gentili di Ro-

vellone, der noch aus dem 16. Jh. stammt, die Via Indivini hinauf. Hier erhebt sich die schlanke **Torre Comunale** aus 13./14. Jh., einst Teil des Kastells.

Der zweite, hohe Turm gehört zum **Dom**, dem alten Bischofssitz von San Severino. Der ins 10. Jh. zurückreichende Bau wurde zwischen dem 11. und 14. Jh. mehrfach erneuert und verändert, was seine uneinheitliche Fassade erklärt. Im Inneren besitzt der Dom ein schönes Chorgestühl mit Intarsienarbeiten (15./16. Jh.).

Pro Loco: Piazza del Popolo 43, Tel./Fax 0733 638414, www.san severinomarche.it.

Servanzi Confidati: Via Battisti 13/15, Tel. 0733 633551, Fax 0733 633409, www.servanzi.it. Im edlen Landhausstil eingerichtete, große Zimmer im gleichnamigen Palazzo in der Unterstadt. DZ 93 €.
Locanda Salimbeni: Località Valle dei Grilli (3 km außerhalb, SS 361, Richtung Castelraimondo), Tel./Fax 0733 634047. Kleines Hotel mit liebevoller Ausstattung, hübsches Restaurant, 8 Zimmer. DZ 65 €.

Due Torri: Via San Francesco 21, Tel. 0733 645419, www.duetorri.it, Mo Ruhetag. Familiäres Ristorante (auch Hotel) in der Oberstadt, je nach Saison Pilz- und Trüffelgerichte. Menü ca. 25 €.

Geführte Wander- und Bergtouren vermittelt die **Comunità Montana Alta Valle del Potenza,** Via Salimbeni 6, Tel. 0733 637245.

Zugverbindung nach Tolentino, Fabriano und Civitanova.

153

IM CHIENTI-TAL

Das Chienti-Tal bietet ein volles Kulturprogramm: Burgen, romanische Kirchen, die grandiose Zisterzienserabtei von Chiaravalle, in der heute wieder Mönche leben, einen meisterhaften Freskenzyklus und das Karikaturmuseum in Tolentino. Ein kleines Naturreservat lädt zu Spaziergängen und Picknick ein.

Santa Maria a Piè di Chienti

Reiseatlas: S. 237, F 3

Die romanische Kirche Santa Maria am Ortsrand von Montecorsaro Scalo (ausgeschildert) sollte man sich auf keinen Fall entgehen lassen, denn sie gehört zu den schönsten und zugleich seltsamsten Kirchen in der Region und wird daher in den Sommermonaten gerne als Hochzeitskirche genutzt. Die älteste Nachricht über die Kirche und das dazugehörende Benediktinerkloster, eine Zweigstelle des berühmten Klosters in Farfa, stammt aus dem Jahr 936. Doch der jetzige Bau ist wohl ein Werk des 12. Jh. Geweiht wurde er, wie eine Inschrift in der Eingangshalle rechts belegt, 1125 durch Abt Ardenolfo von Farfa.

Die schmucklose – später hinzugefügte – Fassade lässt eine dreischiffige romanische Basilikaform erkennen, deren Seitenschiffe nur halb so hoch wie das Mittelschiff sind. An der Rückseite des Baus sieht man die große Mittelapsis mit ihren angebauten Radialkapellen. Flache Mauervorlagen und Blendbögen zieren die Backsteinflächen. Der ungewöhnliche Aufbau über der Apsis weist auf ein Obergeschoss hin.

Im düsteren Inneren begeistert die ursprüngliche Romanik. Dicke Pfeiler und Säulen gliedern den Raum in drei Schiffe. Bemerkenswert ist der Chorumgang, an den drei Radialkapellen angebaut sind. Über eine Treppe gelangt man auf die Empore, die einst den Mönchen vorbehalten war, während im unteren Teil der Kirche die Gemeinde der Messe folgte. Auf einer Galerie über den Seitenschiffen sieht man aus nächster Nähe die dünnen, lichtdurchlässigen Marmorscheiben, die früher anstelle des viel zu teuren Glases verwendet wurden. In der Apsis auf diesem Stockwerk hat man beachtliche Fresken aus dem 14. Jh. freigelegt (durchgehend geöffnet, Lichtschalter im Treppenaufgang).

La Luma: Via Bruscantini 1, Montecorsaro, Tel. 0733 229701, Di, Mi mittags geschl. Restaurant im ehem. Klosterkeller im ca. 6 km entfernten Montecorsaro. Spezialität sind Lamm- und Kaninchengerichte mit Kräutern. Menü ca. 35 €. Übernachtungsmöglichkeiten im benachbarten Haus.

154

Monte San Giusto

Reiseatlas: S. 237, F 4

Der kleine und wie immer kurvige Abstecher in das Hügelstädtchen Monte San Giusto lohnt sich wegen einer faszinierenden Kreuzigungsdarstellung in der Kirche Santa Maria della Pietà, die Lorenzo Lotto 1531 malte. Sie gilt als Meisterwerk ihrer Zeit. Der Weg zur Kirche ist im Ort ausgeschildert, wer sie wider Erwarten geschlossen vorfindet, kann im benachbarten Pfarrhaus klingeln.

San Claudio al Chienti

Reiseatlas: S. 237, F 3

Das zweite romanische Kleinod im Chienti-Tal ist die Kirche San Claudio. Bei der Anfahrt ist Aufmerksamkeit geboten, denn das Schild, das von der SS 485 rechts in die Zypressenallee weist, kann man leicht übersehen. Am Ende der Allee erhebt sich zwischen wenigen Gebäuden, in denen Bar, Hotel und Ristorante für das Wohlergehen der Touristen und oft zahlreichen Hochzeitsgäste sorgen, die Doppelkirche San Claudio. Zwei mächtige Rundtürme mit romanischen Zwillingsfenstern flankieren den Bau. Er wurde schon im Frühmittelalter über den Ruinen einer römischen Stadt begründet, jedoch im 11./12. Jh. neu errichtet und gehört zu den ältesten romanischen Kirchen der Marken. Einzigartig in der Region ist sein Aufbau als Doppelkirche. Über quadratischem Grundriss erbaut, erinnert er an griechische Kreuzkuppelkirchen, deren Kreuzarme gleich lang sind. Durch einen tiefen rundbogigen

Ursprüngliche Romanik: Santa Maria a Piè di Chienti

155

ZISTERZIENSER

Die nüchterne Architektur der Zisterzienser hebt sich von anderen Klöstern und prächtig ausgeschmückten Kirchen deutlich ab. Sie ist Sinnbild ihrer Spiritualität und verfolgt das Ziel, die Seele nicht durch die Sinne abzulenken. Armut, Keuschheit und Gehorsam waren die benediktinischen Grundbegriffe, die die Zisterzienser in einem asketischen Leben in der Abgeschiedenheit wieder aufleben ließen.

Entstanden war der Orden aus dem Bemühen, die in der Benediktinerregel formulierten Ideale des Mönchtums ohne Einschränkungen zu verwirklichen. Robert von Molesme begründete dazu in eremitischer Abgeschiedenheit in Burgund die Abtei Cîteaux. Einer seiner Mitstreiter formulierte Anfang des 12. Jh. die Prinzipien des Reformordens. Für seinen Aufschwung sorgte Bernhard von Clairvaux, der aus einer der ersten Tochtergründungen des Mutterklosters stammte. Während seiner Italienaufenthalte begründete er 1136 vor den Toren Mailands das Zisterzienserkloster Chiaravalle. Zu den Neugründungen, die von diesem Chiaravalle Milanese ausgingen, gehörte auch die Abtei Chiaravalle di Fiastra (1141/42) in den Marken. Sie ist geradezu ein Vorzeigebeispiel für die zisterziensische Architektur, die wie der Orden selbst ihren Ursprung in Frankreich hatte.

Das Vorbild aller Zisterzienserabteien war nicht etwa das Mutterkloster Cîteaux, sondern die Anlage der französischen Abtei Clairvaux, die von den Vorstellungen des hl. Bernhard von Clairvaux geprägt war. Das entscheidende Merkmal dieser Architektur ist ihr Verzicht auf nahezu jeden Schmuck. Die gebräuchlichen Türme wurden als Symbol des Stolzes verboten, die Westfassade der Kirche durfte mit Ausnahme der Rose keinerlei Schmuck zeigen. Typisch ist auch der in Chiaravalle di Fiastra ebenso wie in Chiaravalle di Ancona zu sehende rechteckige Chorabschluss. Auch die Innenausstattung war asketisch: Es gab keine Fresken, keine Mosaikböden und außer der Christusfigur auf dem Kreuz war jede figürliche Darstellung verboten. Einzig und allein Grisaillefenster – ursprünglich ungefärbtes Hüttenglas, dessen Ornamente durch den Verlauf von Bleilinien gebildet wurden – schmückten die kargen Gotteshäuser. An die Südwand der streng nach Osten ausgerichteten Kirchen wurde der quadratische Kreuzgang angebaut, an dessen Außenseiten sich Refektorium, die Speisesäle der Brüder, Wärmestube und Küche sowie der Kapitelsaal (so genannt, da hier täglich ein Kapitel aus der Ordensregel verlesen wurde) befanden. Darüber lagen die Schlafsäle der Mönche. Ebenfalls an den Kreuzgang angegliedert war das *cellarium*, der Speicher und Wirtschaftsraum der Laienbrüder, die zur Verrichtung der körperlichen Arbeiten in die Gemeinschaft aufgenommen wurden. Sie betraten von hier aus die Kirche, denn der Kreuzgang selbst war allein den Chormönchen vorbehalten. Baulich getrennt davon standen die ausgedehnten Wirtschaftsgebäude, in denen der Orden dank fortschrittlicher Technik, später auch erster Manufakturen, Überschüsse produzierte.

Eingang betritt man eine düstere Unterkirche, die von vier mächtigen Pfeilern unterteilt wird. Der Aufgang zur Oberkirche im rechten Turm ist neuerdings oft verschlossen, und so muss man über die breite Freitreppe außen an der Kirche ins nächste Geschoss aufsteigen. Das mehrfach gestufte romanische Portal der Oberkirche ist mit seiner rechteckigen Einfassung sehr viel eleganter ausgefallen als das der Unterkirche.

San Claudio: Fraz. San Claudio 14, Tel. 0733 288144, Fax 0733 287159. Direkt neben der Kirche San Claudio, elegante Zimmer mit Deckenmalerei und modernem Komfort, mit Restaurant. DZ ab 70 €.

Abbadia di Fiastra

Reiseatlas: S. 237, E 4
Die Zisterzienserabtei liegt inmitten eines kleinen Naturschutzgebiets, dessen Wald mit Zerr-, Sommer- und Flaumeichen das letzte Beispiel der alten Wälder ist, die ehemals einen Großteil der Hügellandschaft bedeckten. Gepflegte Wege entlang dem Fiastra, angelegte Picknick- und Kinderspielplätze, kleine Bars und Andenkenläden mit Likören und Honig: Diese heitere Mischung von Natur und Kultur, Glauben und Kitsch machen den Ort zum beliebten italienischen Wochenendausflugsziel. Entstanden ist das kleine Erholungsgebiet auf dem Boden der einstigen *grancie*, den Ländereien, auf denen die Laienbrüder der Abtei Getreide anbauten.

Die Abtei Chiaravalle di Fiastra, eine weitere zisterziensische Gründung in den Marken, wurde nach dem französischen Mutterkloster Clairvaux (ital. Chiaravalle) benannt. Ins Leben gerufen wurde sie 1141/42 von Zisterziensern aus dem mailändischen Kloster Chiaravalle. Trotz späterer Schäden, etwa der Brandschatzung durch den Heerführer Fortebraccio da Montone 1422, und notwendiger Erneuerungen kann man in dem Kloster wunderbar anschaulich Leben und Regeln der Zisterzienser nachvollziehen. Vielleicht begegnet man auch einem der 13 Brüder in den hellgrauen Kutten, die seit 1985 wieder im Kloster leben und für den tadellosen Zustand der Anlage und des Parks sorgen.

Die große Backsteinkirche wird von einer weißen zwölfblättrigen Rose, einem schlichten rundbogigen Kalksteinportal und zierlichen dreibogigen Fensteröffnungen in der Vorhalle aufgelockert. Durch das dahinterliegende Hauptportal mit verschiedenfarbigen Marmorsäulen betritt man die lichtdurchflutete dreischiffige Kirche. Das Ziegelrot der Säulen und aufgesetzten Halbsäulen, die Rippen in den weiten Gewölbefeldern, florale Ornamente und Flechtbandmuster an den weißen Kapitellen schmücken den strengen Raum. Die Fresken in dem typisch rechteckigen Chor stammen allerdings erst aus dem 15. Jh., als sich das Kloster nicht mehr in den Händen der Zisterzienser befand. Zahlreiche römische Steine, Kapitelle und Säulen aus dem nahen Urbisaglia hat man beim Bau der Abtei verwendet, auch der Altarfuß stammt aus einem römischen Tempel.

Chiaravalle di Fiastra

Neben der Kirche können die Klostergebäude besichtigt werden: Hinter dem Eingang rechts liegt das Refektorium, der Speisesaal der Laienbrüder. Ein zweiter Saal für die Chormönche wurde durch den Bau des Palazzo Bandini zerstört. Die sieben Stützpfeiler in der Raummitte stammen aus den Ruinen der römischen Stadt Urbisaglia. Der Kreuzgang, der allein den Chormönchen vorbehalten war, wurde mit weiten Bögen nach 1442 wieder errichtet. Unter dem Innenhof erstreckt sich eine große Zisterne samt raffiniertem Regenwasserfiltersystem; über den Brunnen in der Mitte konnte das gesammelte Wasser nach oben geholt werden.

Dem Rundgang im Uhrzeigersinn folgend, betritt man zunächst das *cellarium*, Speicher und Arbeitsplatz der Laienmönche. Eine heute vermauerte Tür ermöglichte den Laienbrüdern von hier aus den direkten Zugang zur Kirche, ohne den Kreuzgang zu betreten. Im benachbarten Kellergewölbe wurde einst das in der Abtei produzierte Olivenöl gelagert, heute werden hier römische Fundstücke aus Urbisaglia präsentiert. Stufen führen in die tiefen Kellerräume des Kosters hinunter, dem ›Kühlschrank‹ der Abtei. Von den gestampften und teils feuchten Böden der unterirdischen Korridore führte eine Rampe nach draußen, über die man mit Esel- und Pferdegespannen die Ernte direkt in die Keller schaffen konnte. Im Kapitelsaal an der Ostseite des Kreuzgangs wurden die Mönche täglich mit großen gotischen Lettern (rechts) daran erinnert, möglichst wenig zu sprechen. Die abgebildete Axt ist das Symbol für die wirtschaftliche Ausrichtung des Ordens und die Urbarmachung ihrer Ländereien.

Urbisaglia

Reiseatlas: S. 237, E 4

Nur wenige Kilometer trennen Fiastra von den Ruinen der römischen *Urbs salvia*, die als Steinbruch für die Zisterzienserabei und manch andere Kirche in der näheren Umgebung herhalten mussten. Von der bedeutenden römischen Stadt, die 409/10 von Alarich zerstört wurde, haben sich direkt an der SS 78 (von Fiastra kommend links) die Reste eines ansehnlichen **Amphitheaters** erhalten, das heute von stämmigen Eichen bewachsen ist, deren Wurzeln sich tief zwischen die Mauerritzen gezwängt haben. Die elliptische Arena wurde wohl in den 70er Jahren n. Chr. eingeweiht und lag – wie es Brauch war – außerhalb der Stadtmauern.

Sehenswert sind die römischen Wandmalereien im **Kryptoportikus,** der eine Tempelanlage umgibt (Juli/Aug. tgl. 10–12, 16.30–19.30, Mai, Juni, Sept. Sa 16–19, So 10–12, 16–19 Uhr). Noch vor den Resten des Tempels geht rechts innerhalb der römischen Mauer ein Weg, der sich bald zum kaum erkennbaren Trampelpfad verengt, zum **römischen Theaters** aus der ersten Hälfte des 1. Jh. n. Chr. oberhalb der Straße hinauf. Die Zuschauerränge, die Unterkonstruktionen der Bühne und der breite Orchestergraben sind noch gut zu erkennen.

Das mittelalterliche Urbisaglia wurde auf einem Hügel hoch über den römischen Ruinen erbaut. Heute leben hier 2700 Einwohner von den Erträgen der Landwirtschaft und einer bescheidenen Textilindustrie. Eine mächtige Burg aus dem 14./15. Jh. dominiert das geschlossene Stadtbild. In dem 1999 eingerichteten **Museo Archeologico Statale** (Traversa Piccini) sind römische Funde, darunter Statuen aus dem Theater, ausgestellt (tgl. 8.30–13.30, April–Sept. auch Do–Sa 15–19 Uhr).

Pro Loco: Via Sacrario 9, Tel. 0733 506566. Sollte der Archäologische Park samt Kryptoportikus geschlossen sein, hilft man im Pro Loco weiter.

Castello di Rancia

Reiseatlas: S. 237, E 4

Die weithin sichtbare, zinnenbekrönte Burg an der Schnellstraße nach Tolentino lohnt eine kurze Fahrtunterbrechung. Man nimmt die Abfahrt *Tolentino Zona industriale* und folgt dann der Beschilderung. Der Bau geht zurück auf ein zur Abtei Chiaravalle di Fiastra gehörendes befestigtes Landgut samt Kornspeicher, das im 13. Jh. von den Herren von Varano zur Burg umgewandelt wurde. Im Angesicht der Burg lieferten sich am 2./3. Mai 1815 die österreichischen und neapoletanischen Truppen, letztere unter Führung des Franzosen Murat, Schwager Napoleons und König von Neapel, eine blutige Schlacht um die Neuordnung und Herrschaft in Italien. Im Innern der restaurierten Burg führt eine schmale Wendeltreppe durch drei Geschosse bis zu den Zinnen des Turms hinauf. Von hier oben lässt sich die Burganlage gut überblicken. Im Nordflügel ist eine kleine Ausstellung mit interessanten vorchristlichen Grabfunden und römischen Statuen aus dem nahen Tolentino untergebracht (16.3.–15.10. Di–So 10–13, 15–19 Uhr, im Winter nur am Wochenende).

Tolentino

Reiseatlas: S. 237, D 4

Nach Loreto ist Tolentino der zweite bedeutende Wallfahrtsort in den Marken. Die Stadt des hl. Nikolaus zählt heute etwa 19 000 Einwohner und ist gleichermaßen Pilgerziel wie industrielles Zentrum der Provinz. In die Geschichtsbücher ging die Stadt mit dem ›Frieden von Tolentino‹ ein, einem am 19. Februar 1797 geschlossenen Vertrag, mit dem Napoleon als siegreicher Kriegsherr Papst Pius VI. das zum Kirchenstaat gehörende Gebiet der Emilia Romagna samt Bologna und Ferrara abnahm.

Heiligengeschichte

Nikolaus von Tolentino – nicht zu verwechseln mit Nikolaus von Bari bzw. Myra, der am 6. Dezember die Kinder beschenkt – wurde 1245 in Sant'Angelo in Pontano, gut 15 km südwestlich von Tolentino geboren. Der Legende nach ist seine Geburt einer Pilgerfahrt zu verdanken, die seine bis dahin kinderlosen Eltern zum hl. Nikolaus nach Bari unternahmen. In jungen Jahren trat Nikolaus in den Orden der Augustinereremiten ein, zog als Prediger durch die Region und ließ sich schließlich 1275 in Tolentino nieder, das er bis zu seinem Tod 1305 nicht mehr verließ. Seine asketische Lebensführung, sein Talent als Prediger und Beichtvater

sorgten bereits zu seinen Lebzeiten für Ruhm und Wundergeschichten. Zwanzig Jahre nach seinem Tod forderte der Orden der Augustinereremiten seine Heiligsprechung, wohl auch um mit den anderen Bettelorden gleichzuziehen, die allesamt ihre eigenen Heiligen aufweisen konnten. Die offizielle Kanonisierung erfolgte schließlich 1446 unter Papst Eugen IV. Wie alle Heiligen wird Nikolaus von Tolentino stets mit besonderen Attributen dargestellt, an denen er zu erkennen ist: ein Buch (die Ordensregel), eine weiße Lilie, ein Kruzifix, einen Teller (von dem die auf sein Gebet hin lebendig gewordenen Rebhühner auffliegen), vor allem aber der Stern, der an ein Lichtwunder kurz vor seinem Tod erinnert.

Basilica di San Nicola

Der Stern ziert auch die Fassade der Kirche, die eine Mischung unterschiedlicher Baustile vorweist: Im Mittelpunkt der Barockfassade steht ein aufwändig gestaltetes, rundbogiges Portal aus dem frühen 15. Jh., das Nanni di Bartolo im Stil der venezianischen Flammengotik schuf. Es wird von zwei Nischensäulen mit Heiligenfiguren eingefasst. Im aufgesetzten Bogenfeld erkennt man rechts neben der Madonna mit Kind den hl. Augustinus, links den hl. Nikolaus, über ihnen ist der Kampf des hl. Georg mit dem Drachen dargestellt.

Im **Innern** zeigt der Bau kaum noch Merkmale seiner Entstehungszeit Ende des 13. Jh. Die prächtige, goldglänzende Ausschmückung, darunter die außergewöhnliche Kassettendecke, stammt aus dem 17. Jh. Durch eine Tür vorne rechts geht es zunächst zur vergitterten, barocken **Cappella delle Sante Braccia**, in der die Arme des hl. Nikolaus in einem Reliquiar aufbewahrt werden. Wie es zu der Verstümmelung seiner Leiche kam, ist nicht mehr zu klären. Eine der Legenden schreibt die Tat einem deutschen Mönch zu, der 1345 in dem unbezähmbaren Wunsch nach einer Reliquie in den Sarg gegriffen und die Arme der Leiche abgerissen habe. Gemälde in den Vorräumen der Kapelle zeigen das Wunder: In den abgerissenen Armen floss noch Blut.

Dann betritt man die Kapelle des hl. Nikolaus **(Cappellone di San Nicola).** Sie ist vollständig mit einem in kräftigen Farben leuchtenden Freskenzyklus ausgemalt und ein kunsthistorisches Juwel der Region. Der Maler, der seine Arbeit wohl bald nach 1335 begann, ist namentlich nicht bekannt. Man bezeichnet ihn nach diesem Werk als ›Meister von Tolentino‹. Stilistisch steht er der Malschule von Rimini nahe, eine Beeinflussung durch die berühmten Fresken Giottos in Assisi ist in Farbgebung und Gestaltung deutlich zu sehen. Der Freskenzyklus zeigt in den Zwickeln unter der Decke Apostel und Kirchenväter, die Bildfelder darunter nehmen Szenen aus dem Leben Marias ein, und wiederum darunter werden Stationen aus dem Leben Christi dargestellt.

Die unterste, teilweise zerstörte Bilderreihe erzählt das Leben und die Wunder des hl. Nikolaus. Ausgehend von der Längswand mit der Darstellung des Gekreuzigten zeigen die Bildfelder auf den vier Wänden im Uhrzeigersinn:

›Nikolaus' Eltern bitten den hl. Nikolaus von Bari um einen Sohn‹ und ›Verkündigung der Geburt des Heiligen durch den Engel‹ sowie ›Nikolaus in der Schule‹ – ›Nikolaus lauscht der Predigt und tritt im weißen Habit der Novizen in den Orden der Augustiner ein‹ – ›Nikolaus erhält von einem Engel die Krone als Zeichen kommender Größe‹ und (stark zerstört) ›Nikolaus liest die Messe für einen verstorbenen Bruder‹ – ›Tod des Heiligen‹, wobei der Aufstieg seiner Seele in den Himmel durch das weiß gekleidete Kind, das Christus in einem Tuch hält, dargestellt ist, und, als erstes Bild der Wundertaten des hl. Nikolaus, die ›Wiederauferweckung der Filippa Barraca‹ – ›Heilung einer Blinden‹ und die ›Befreiung des Lorenzo Bottoni‹ sowie die ›Rettung der in Not geratenen Schiffsleute‹ und die ›Errettung eines zu Unrecht Gehängten‹ – die ›Heilung Kranker‹ (in Begleitung von Maria mit Kind) und schließlich Nikolaus (ganz

Silenzio

Wer nur die faszinierenden Fresken im Cappellone di San Nicola betrachten möchte, sollte der Bitte der hiesigen Brüder Folge leisten und direkt durch den Kreuzgang zur Kapelle gehen, ohne die Andacht zu stören und den spiegelblanken Kirchenboden zu trüben. Die anwesenden Augustiner sind sehr freundlich, erklären gern ihre Kirche samt Kunstwerken und bemühen bei Bedarf auch Deutsch oder Englisch sprechende Brüder herbei.

rechts) mit weißer Lilie und Buch in der Hand unter dem Gekreuzigten.

Im Raum erinnert ein Renaissance-Sarkophag mit der Statue des hl. Nikolaus an die Stelle, an der man 1929 die Gebeine des Heiligen fand. Sie sind jetzt in der unter der Kapelle liegenden Krypta in einem gläsernen Sarg mit silberner Totenmaske aufgebahrt. Man verlässt die Wallfahrtskirche durch einen stimmungsvollen Kreuzgang aus dem 13. Jh. (tgl. 7–12, 15.30–18/19 Uhr).

Stadtrundgang

Ein kurzer Spaziergang führt die Via San Nicola abwärts und durch die Porta del Ponte in der Stadtmauer zum **Ponte del Diavolo.** Diese ›Teufelsbrücke‹ wurde 1278 über den Chienti gebaut.

Von der Piazza San Nicola aufwärts dagegen gelangt man zur geschäftigen **Piazza della Libertà** mit einem guten Café, das zur Mittagszeit auch belegte Brötchen und Pizza anbietet. Der erste Blick fällt auf die Rückseite von San Francesco (13.–18. Jh.) und den **Uhrturm**, der auf drei unterschiedlichen Zifferblättern Tag und Zeit angibt und in der sternenverzierten Kapsel darüber mit einem weißen pausbäckigen Gesicht auch die Mondphase anzeigt. Rechts davon trumpft der Palazzo Massoporcelli im Jugendstil des 20. Jh. auf, nicht ganz im Einklang mit dem Palazzo Sangallo aus dem 16. Jh. an der rechten Seite des Platzes.

Im Palazzo Sangallo hat das **Internationale Karikaturmuseum** seinen Sitz, eine einmalige Kuriosität. Bislang werden gut 3000 Objekte aus verschiedenen Ländern und Jahrhunderten ausgestellt, Bilder, Zeichnungen und Keramiken von Altan über Bosch, Fellini, Mordillo bis Zlatkowski, und es werden immer mehr, denn Künstler, die an der alle zwei Jahre stattfindenden Biennale des Humors in der Kunst teilnehmen, überlassen ihre Originale meistens dem Museum (Di–So 16–19, Sa, So auch 9.30–12.30 Uhr).

Hinter San Francesco rechts liegt in der Via della Pace mit der Hausnummer 20 der **Palazzo Parisani Bezzi**, in dem der berüchtigte Friedensvertrag von Tolentino von Napoleon und dem päpstlichen Legaten ratifiziert wurde.

Folgt man stattdessen von der Piazza della Libertà der Hauptstraße, dem Corso Garibaldi, vorbei an verspielten Backsteinpalazzi, gelangt man geradewegs zum klassizistischen **Dom**, der einen sehenswerten römischen Sarkophag aus dem 4. Jh. birgt.

iat: Piazza della Libertà (im Palazzo Sangallo), Tel. 0733 972937, www.tolentino.com.

Hotel 77: Viale Buozzi 90, Tel. 0733 967400, Fax 0733 960147, www.hotel77.com. Modernes Viersternehotel mit großen Zimmern, unweit der Altstadt. DZ ab 110 €.

San Nicola: Via Flaminia 6/Ecke Corso Garibaldi, Tel. 0733 967448, Di Ruhetag. Charmante Osteria und Pizzeria. Pizza ab 5 €.
Bar Zazzaretta: Piazza della Libertà 19. Unter den Arkaden an den Tischen der Bar kann man das Geschehen auf der Piazza in aller Ruhe genießen. Leckere Kleinigkeiten, hausgemachtes Eis und Gebäck.

🍸 Abends ist die Pasticceria, Gelateria und Bar der **Brüder Pistacchi** am Corso Garibaldi ein beliebter Treffpunkt.

🎭 **Biennale Internazionale dell'Umorismo nell' Arte:** in den ungeraden Jahren von Juli bis Nov. Festival, Ausstellung und Prämierung der besten Karikatur.

🐾 **Festa di San Nicola:** 10. Sept. Zum Fest zu Ehren des hl. Nikolaus wird die ganze Stadt mit Lichtergirlanden geschmückt.

🚃 **Züge** Richtung Fabriano und Civitanova, große **Parkplätze** außerhalb der Stadtmauern.

Caldarola

Reiseatlas: S. 237, D 4
Schon von weitem grüßt das Kastell von Caldarola vom höchsten Punkt des überschaubaren Ortes. An der großen Piazza Municipale, die sich ein paar Bars und Geschäfte teilen, führt links eine Straße zu ihm hinauf. Die letzten Meter müssen allerdings zu Fuß über Treppen zurückgelegt werden, denn der *borgo* rund um das **Castello Pallotta** ist für Autos einfach zu eng .

Diese schon im Mittelalter bestehende Burg ließ der päpstliche Legat Kardinal Evangelista Pallotta Ende des 16. Jh. zu seiner Sommerresidenz ausbauen. Sie befindet sich heute noch im Besitz der Familie, und familiär und herzlich ist auch die Führung durch Wappensaal und Bibliothek, Arbeits- und Schlafzimmer, Küche und Bad. Eine Rarität ist die original erhaltene, noch funktionstüchtige Zugbrücke, über die

man den hübschen Park betritt. Die gewaltige Pinie wurde im Jahr 1598 anlässlich des Besuchs von Papst Clemens VIII. gepflanzt (1.4.–30.9. tgl. 10–12, 15–18, 1.10.–30.3. 10–12, 14.30–17.30 Uhr).

Camerino

Reiseatlas: S. 236, C 4
Die Universitätsstadt mit knapp 7000 Einwohnern im umbrisch-märkischen Grenzland wurde 1997 vom Erdbeben schwer getroffen, das von der nur 20 km entfernten umbrischen Ebene von Colfiorito ausging. Doch während sich alle Augen auf die tragischen Todesfälle und schweren Schäden an der weltberühmten Franziskusbasilika in Assisi richteten, gerieten die Sorgen von Camerino in Vergessenheit. Bizarre Stützkonstruktionen werden, wie es aussieht, noch für Jahre die beklemmende Hauptattraktion der Stadt sein. Auch der große **Palazzo Ducale** mit seinem eleganten Renaissanceinnenhof, heute Sitz der Universität, blieb nicht verschont. Glanzstück der **Pinakothek** im ehemaligen Konvent von San Domenico ist das Gemälde »Mariä Verkündigung« (1462) von Girolamo di Giovanni (Di–So 10–13, 16–19 Uhr).

Die romantischen Ruinen der **Rocca Varano** thronen außerhalb der Stadt hoch über dem Chienti-Tal. Die Burg war der Stammsitz der Herren von Varano, die ab dem 14. Jh. in Camerino herrschten (Aug. Di–So 10.30–12.30, 16–19.30 Uhr, Juli, Sept. Sa und So nachm., Okt. So nachm.).

163

IN DEN PARCO NAZIONALE DEI MONTI SIBILLINI

Das Tal des Fiastrella geleitet in den nördlichen Teil des Nationalparks der Sibillinischen Berge, der von Wanderern wie Wintersportlern gleichermaßen geschätzt wird. Das nahe der umbrischen Grenze gelegene Städtchen Visso ist der Sitz der Verwaltung des 70 000 Hektar großen Naturparks. Am Rand der Sibillinischen Berge bieten die ziegelroten Altstädte von San Ginesio und Sarnano kleinstädtisches Flair.

San Ginesio

Reiseatlas: S. 238, C 2

Einen gelungenen Einstieg mit Ausblick offeriert San Ginesio. Von seiner Terrasse am oberen Rand der Altstadt, berühmt als ›Balkon der Sibillinischen Berge‹, eröffnet sich an klaren Tagen ein sagenhaftes Panorama. Doch nicht allein wegen der Aussicht über den nördlichen Teil der Sibillinischen Berge lohnt sich ein Besuch. Das 683 m hoch gelegene, gepflegte Hügelstädtchen bezaubert mit seiner heiteren Atmosphäre. Man betritt das fast gänzlich von seiner Stadtmauer umschlossene mittelalterliche Örtchen durch die Porta Picena, hinter der sich rechts die weiten doppelstöckigen Bögen des **Ospedale di San Paolo** öffnen. Dieser Bau aus dem späten 13. Jh.–15. Jh. diente als Hospiz am Pilgerweg, der sog. Via Lauretana, die von Rom nach Loreto führte. Die zentrale Piazza wurde nach dem berühmtesten Sohn des Ortes benannt: Alberico Gentili, 1552 geboren, lehrte Jura in Oxford. Im Schatten seines Denkmals diskutieren Männer die Neuigkeiten des Tages. Der hübsche Platz ist der Mittelpunkt des kleinstädtischen Lebens: das Caffè Centrale mit gutem Eis aus eigener Herstellung, ein Hotel und eine Bank, ein Zeitungsladen und Tabacchi sind hier versammelt.

An der unteren Platzseite überrascht die **Kollegiatskirche** mit einer herrlich verspielten Fassade, die 1421 ein deutscher Baumeister im Flamboyant-Stil schuf. Diese an züngelnde Flammen erinnernde spätgotische Dekoration leuchtet im warmen Rot des Backsteins und ersetzte eine romanische Fassade, von der allein das weiße Portal aus dem 12. Jh. erhalten blieb.

Geradewegs über die Piazza gelangt man zur Aussichtsterrasse. Zuvor passiert man die Kirche San Francesco mit einem Portal aus dem 14. Jh. und den Franziskanerkonvent gegenüber. Letzterer besitzt neben dem Portal noch eine kleine Totentür, durch die man die Verstorbenen aus dem Haus trug.

 Informationsstand an der Porta Picena, www.sanginesio.sinp.net.

 Palio di San Ginesio: 15. Aug. Historienfest mit Umzügen in mittelalterlichen Kostümen und einem Reitwettstreit.

Sarnano

Reiseatlas: S. 238, C 2
Am Rand der Sibillinischen Berge gehört Sarnano mit 3400 Einwohnern zu den größeren Orten. Moderne und nicht immer ansprechende Hotelbauten unterhalb der Altstadt beherbergen in den Wintermonaten Skitouristen, im Sommer Wanderer und einige italienische Kurgäste. Die Backsteinhäuser der Altstadt türmen sich am steilen Hang übereinander. Ganz oben an der stillen **Piazza Alta** stehen mehrere Palazzi und die Kirche **Santa Maria.** Letztere wurde Ende des 13. Jh. erbaut und besitzt im spitzen Bogenfeld des Portals ein ausdrucksvolles Relief mit der Darstellung vom Tod Mariens. Das Innere hat man entbarockisiert und die herrlichen Fresken von Lorenzo d' Alessandro restauriert. Sie zeigen an der rechten Wand eine von Engeln umgebene Muttergottes. Eine Schutzmantelmadonna (1494) von Pietro Alemanno findet man vorn links.
Im unteren Ortsteil sorgen Porchetta-Stände für einen deftigen Imbiss,

Bars und Gelaterien an der zentralen Piazza della Libertà locken mit Eis und Espresso.

 iat: Largo Ricciardi 1, Tel. 0733 657144, Fax 0733 657343, www.sarnano.com.

 Für Wanderer ist Sarnano wegen verhältnismäßig zeitraubender Anfahrtswege als Standort ungünstig. Die kleineren Orte im Naturpark der Sibillinischen Berge bieten bessere Möglichkeiten.

Gute Lebensmittelgeschäfte mit regionaltypischen Spezialitäten rund um die **Piazza della Libertà.**

Mehrmals tgl. **Busse** nach San Ginesio, Macerata und Ancona.

Lago di Fiastra

Reiseatlas: S. 238, B 2
Von Sarnano schlängelt sich eine steile Straße quer durch den nördlichen Zipfel des Nationalparks und ein kleines Wintersportgebiet über Piobicco und Bolognola zum Lago di Fiastra. Eine flachere, landschaftlich ebenfalls reizvolle Strecke verläuft oberhalb der Schlucht des Fiastrone, in der sich schöne Wanderungen unternehmen lassen. An ihrem Ende öffnet sich ein breiter Stausee, der an warmen Sommertagen eine willkommene Abkühlung bietet. Angler warten an seinem steinigen Ufer geduldig darauf, dass Forellen anbeißen. Unten am See liegen die Häuser von San Lorenzo al Lago und gegenüber erhebt sich hoch

über dem See das alte, morbide Örtchen Fiastra.

Casa del Parco: Via Gigli, San Lorenzo al Lago, Tel. 0737 52598, www.sibillini.net

Camping Al Lago: Via Lungo Lago, Tel. 0737 52295, Fax 0737 52468.

Festa di San Lorenzo: 9./10. Aug. Fest zu Ehren des Schutzpatrons, am 9. Aug. Höhepunkt ist das Feuerwerk am See.

Visso

Reiseatlas: S. 238, B 3

Die ›Hauptstadt‹ der Sibillinischen Berge mit dem Sitz der Parkverwaltung zählt mittlerweile 1200 Einwohner. Die ziegelgedeckten Natursteinhäuser geben dem idyllischen Ort eine lichte Farbigkeit. Im Mittelalter gehörte das Städtchen am Nera mal zum Herzogtum Spoleto, mal zum Herrschaftsbereich der in Camerino ansässigen Herren von Varano, bevor es schließlich im 15. Jh. den Sforza in die Hände fiel. Heute ist Visso vor allem für den *Ciauscolo* bekannt, eine weiche, würzige Salami, die mit der deutschen groben Mettwurst verwandt zu sein scheint.

Die **Piazza dei Martiri Vissani,** an der Vissos schönste Kirchen stehen, ist der Mittelpunkt des Ortes. Die Längsseite des Platzes nimmt die **Kollegiatskirche Santa Maria** ein. Hinter ihrem Renaissanceportal birgt sie ein ca. 12 m hohes, etwas plumpes Christophorus-Fresko von 1474. Wunder-

schön gearbeitet ist der romanische Weihwasserstein gleich hinter dem Eingang (siehe Abbildung auf S. 34). Die kleine gotische **Kirche Sant'Agostino** an der Stirnseite des Platzes mit ihrer filigranen Rose wurde um 1340 erbaut.

Der Platz geht nahtlos über in die Piazza Capuzzi mit dem restaurierten **Palazzo dei Governatori** aus dem 13.–16. Jh., der das Informationsbüro des Nationalpark der Sibillinischen Berge beheimatet.

Säcke mit Linsen stehen vor dem Gemüseladen, Ciauscolo hängt in den Auslagen der Metzgereien. Das Erdbeben von 1997 hat auch in Visso einige Schäden an den schönen alten Häusern mit ihren Renaissancefenstern verursacht, doch man gibt sich vor Ort zuversichtlich, dass bald auch die letzten Gerüste abgebaut werden können. Der Palazzo dei Priori, den man in der Verlängerung der Piazza Capuzzi ausmacht, ist schon wieder herausgeputzt.

Folgt man rechts der schmalen Via XXIV Maggio, dann links der Via Leopardi, gelangt man zu dem Haus von Pietro Capuzzi, der hier am 9. Mai 1944 von Soldaten Hitlers erschossen wurde, woran eine Gedenktafel erinnert. Läuft man dagegen geradeaus weiter, steht man bald an einer mächtigen Mauer, die das Bächlein Ussita in Schach hält, das sich 1858 zu einem reißenden Strom entwickelte und Teile des Ortes in Mitleidenschaft zog. Ein Brückchen gibt Gelegenheit, einen malerischen Blick auf die alten Häuser von Visso und die Kirche San Francesco zu genießen.

 **Casa del Parco:** Piazza Capuzzi 55, Tel. 0737 968026, www.sibillini. net.

Trattoria Richetta: Piazza Garibaldi 7, Tel. 0737 972033, Mo Ruhetag. Familiäres Lokal mit ländlichen Gerichten in riesigen Mengen, Spezialität: Trüffelnudeln. Menü ca. 30 €.
Bella Roma: Piazza Capuzzi 29. Einfache, gute Pizzeria.

Bar Sibilla: Piazza Capuzzi 58–60, Eis aus eigener Herstellung.

Enoteca Belisario: Piazza Vissani. Große Auswahl an Weinen, darunter besonders empfehlenswert der Verdicchio aus Matelica.
Vissana Salumi: Via Battisti 57. Deftige *Ciauscolo*.
Ausgezeichnete Einkaufsmöglichkeiten von Wurst, Wein und Gebäck während der *Mostra mercato Sibilla* auf der **Piazza Vissani** im Aug.

Torneo delle Guaite: 15. Aug. Historischer Wettkampf der fünf Stadtviertel.

Visso eignet sich hervorragend als Ausgangsort für Radtouren in die Sibillinischen Berge und zum nahen Piano Grande.

Santuario di Macereto

Reiseatlas: S. 238, B 3
An der Straße von Ussita nach Cupi liegt einsam in einer faszinierenden Landschaft der herrliche Renaissancerundbau des Heiligtums der Madonna von Macereto. Ihren Anfang nahm die

Piano Grande

Auf keinen Fall sollte man sich einen Abstecher ins umbrische Castelluccio entgehen lassen. Eine kleine Landstraße führt von Visso über Castelsantangelo in dieses winzige Bergdorf, das für seine kleinen und ausgesprochen zarten Linsen über die Grenzen Italiens hinaus bekannt ist. 1452 m hoch thront es über der unbesiedelten und in ihrer Schönheit unbeschreiblichen Hochebene, dem Piano Grande, einem Paradies für Schafe und gleichermaßen für Drachenflieger.

Madonnenverehrung hier am 12. August 1359: Ein Eselszug, unterwegs von Loreto ins Königreich Neapel, transportierte eine hölzerne Madonnenstatue. Es soll ein sonniger Tag gewesen sein, als ein kleines Wölkchen am strahlend blauen Himmel auftauchte und dem Esel, der die Madonnenstatue trug, Schatten spendete. Ein in den benachbarten Burgruinen lebender Eremit sah die Szene und erblickte darin ein Wunder – so will es die fromme Legende.

Erbaut wurde der vieleckige ›Rundbau‹ mit drei von Flachreliefs verzierten Renaissanceportalen in der zweiten Hälfte des 16. Jh. Ein idyllisches Schauspiel bietet sich, wenn Schafe auf dem weiten Platz zwischen der Kirche und dem aus demselben Jahrhundert stammenden Palazzo delle Guaite weiden.

In der Provinz
Ascoli Piceno

Ascoli Piceno,
Piazza del Popolo

Reiseatlas S. 238, 239

FERMO UND UMGEBUNG

**In respektvollem Abstand zur Küste thront die wür-
devolle Altstadt von Fermo hoch über den Badeorten
an den Stränden der Verde Riviera Picena. Zwischen
den Flusstälern von Tenna und Aso gibt es mancher-
lei zu entdecken: ein römisches Theater in Falerone,
ein Hutmuseum in Montappone. Architektonisches
Highlight ist die päpstliche Musterstadt Servigliano.**

Fermo

Reiseatlas: S. 239, E 1

35 500 Einwohner nennen die an-
heimelnde Kleinstadt ihr Zuhause. Der
Dom auf dem höchsten Punkt des
Monte Sabulo bildet den Mittelpunkt
der gut erhaltenen Altstadt, die noch
ganz von ihren alten Stadtmauern umgeben ist. Imposant thront er weithin
sichtbar auf seinem Hügel, der nur sieben Kilometer von Fermos altem Hafen, dem heutigen Porto San Giorgio,
entfernt ist. Noch vor wenigen Jahren
zog es viele Einwohner in die nahen
Küstenorte, doch mittlerweile hat man
das *centro storico* wieder entdeckt.

Geschichte

Die picenische Gründung wurde 264 v.
Chr. von den Römern übernommen,
um ihre Kolonie *Firmum Picenum* an-
zulegen. Römische Fundstücke bele-
gen Fermos eigene Münze, römische
Autoren rühmten das treue Fermo als
Bollwerk gegen die rebellische italische
Welt, und Cnaeus Pompeius Strabo er-

oberte von hier aus das benachbarte
Ascoli. Glanzvolle Tage erlebte die
Stadt im Mittelalter als Zentrum der
Mark Fermo. Im 12. Jh. wurde das seinerzeit papsttreue Fermo durch den
Kanzler Friedrich Barbarossas, Erzbi-
schof Christian von Mainz, eingenommen und geplündert. Berühmtheiten
wie der hl. Dominikus und der hl. Franziskus haben sich in Fermos Mauern
aufgehalten, im 14. Jh. schlug Kardinal
Albornoz hier sein Lager auf. Zu jener
Zeit wohnten in Fermo ca. 10 000 Menschen und damit 30–40% mehr als in
Ancona oder Ascoli. Nach der französischen Eroberung und der Einteilung
des Landes nach französischem Vorbild wurde Fermo Hauptstadt des *Di-
partimento Tronto.* Als schwarzer Tag
in der Geschichte der stolzen Stadt gilt
der 22.12.1860, an dem man bei der
Neuordnung der Region Fermo eine eigene Provinz vorenthielt und es dem
alten Rivalen Ascoli Piceno unterstell-
te. Den Kampf um eine eigenständige
Provinz hat Fermo gewonnen: Gemäß
dem 2004 verabschiedeten Gesetz erhält Fermo 2009 wieder Provinzstatus.

Piazza del Popolo

Die weite **Piazza del Popolo** gehört zu den markantesten Plätzen in der Region. Der längliche, von Bogenreihen gesäumte lichte Platz ist als ›Wohnzimmer der Stadt‹ zu allen Tageszeiten Treff- und Mittelpunkt des städtischen Lebens. Er wurde im 16. Jh. gestaltet. Auch der **Palazzo del Governo** 1 bzw. Apostolico, einst Sitz der päpstlichen Legaten, stammt aus dieser Epoche. Die kleine **Loggia di San Rocco** 2 mit ihren zierlichen Säulen ist der verbliebene Rest einer Kirche, die Gianfrancesco Rosati 1528 zum Dank für seine Verschonung von der Pest stiftete.

Die Stirnseite des Platzes nimmt der **Palazzo degli Studi** 3 ein, der einst Sitz einer Universität war. Schon im 9. Jh. hatte Kaiser Lothar in Fermo ein *studium generale* ins Leben gerufen, 1598 begründete Papst Bonifaz IX. dann die Universität, die bis 1866 existierte. Den päpstlichen Förderern setzte man mit kleinen Büsten über den Fenstern ein charmantes Denkmal.

Prunkstück der Piazza aber ist der **Palazzo dei Priori** 4, der auf einen Bau aus dem 13. Jh. zurückgeht. Über seiner Freitreppe hebt segnend Papst Sixtus V. die Hand. Im nahen Grottammare geboren, amtierte er 1571–77 als Bischof von Fermo. Die große Bronzestatue wurde im Todesjahr des Papstes 1590 angefertigt. Heute ist der Palazzo Sitz einer kleinen Gemäldegalerie. Besonders sehenswert sind hier acht wunderschöne Tafeln von Jacobello del Fiore, die das Martyrium der hl. Lucia schildern, und ein Frühwerk von Peter Paul Rubens, das eine ›Anbetung der Hirten‹ darstellt. Doch können die Gemälde kaum mit der stimmungsvollen *Sala del Mappamondo* konkurrieren. In dieser alten Bibliothek mit 15 000 Büchern versetzt ein fast mannshoher Globus von 1713 in Erstaunen.

Einen schönen Eindruck von fernen Zeiten und stilvollen Ratssitzungen kann man beim Verlassen des Palazzo mit einem Blick in die *sala consigliare* erhaschen. Sie wird auch als Adlersaal bezeichnet, da man hier zum Schrecken aller Tierschützer einen lebenden Adler, das Wappentier der Stadt, hielt (Di–So 10–13, 16–20, Juli, Aug. Do auch 21–23 Uhr).

Der Dom

Der steile Aufstieg zum grün angelegten Piazzale Girfalco wird mit einem weiten Ausblick und der Ansicht des prächtigen **Doms** 5 belohnt. Die

Teatro dell'Aquila

Das Theater von Fermo gehört zu den schönsten historischen Theatern der Region. Es öffnet seine Türen nicht nur zu Aufführungen, sondern lässt Besucher jeden Donnerstag im Juli und August in den späten Abendstunden einen Blick in den bezaubernden goldglänzenden Saal aus dem 19. Jh. werfen (Via Mazzini, Juli/Aug., Do 21.30 und 22.30 Uhr, Tickets und Anmeldung neben der Touristeninfo an der Piazza del Popolo).

Sehenswürdigkeiten

1. Palazzo del Governo
2. Loggia di San Rocco
3. Palazzo degli Studi
4. Palazzo dei Priori
5. Dom
6. Palazzo Azzolino
7. Palazzo Vitali-Rosati
8. Torre della Gentilizia
9. Palazzo Fogliani
10. San Zenone
11. San Domenico
12. Zisternen
13. San Francesco
14. Musei Scientifici

Übernachten

15. Astoria
16. Casina delle Rose

Essen und Trinken

17. La Locanda del Palio
18. Il Frantoio
19. OK

asymmetrische Fassade wirkt befremdlich und man ist versucht, sich den Turm wegzudenken, doch auch dann will sich die gewohnte Harmonie eines dreischiffigen Gotteshauses nicht einstellen. Zwei Phasen prägen den Bau, der über einer frühchristlichen Kirche errichtet wurde. Aus der ersten im 13. Jh. stammt das reich dekorierte Rundbogenportal, das im Architrav (Türsturz) Christus zwischen den Aposteln zeigt. Die kleine Bronzestatue im aufgesetzten Giebel unter der filigranen Rose datiert dagegen erst ins 18., die Bronzetür ins 20. Jh. Der angebaute Turm reichte ursprüng-

lich nur bis zur Giebelhöhe, die weiteren drei Geschosse sind Zutaten späterer Jahrhunderte. Auch das Innere der dreischiffigen Kirche wurde im 18. Jh. umgestaltet – allein der freigelegte Rest des Fußbodenmosaiks aus dem 5. Jh. vor dem Altarbereich erinnert an den Vorgängerbau. In der Krypta zeigt ein Sakophag aus dem 4./5. Jh. Reliefs mit Szenen aus dem Leben des hl. Petrus. Die Schatzkammer birgt neben anderen Kostbarkeiten das Messgewand von Thomas von Canterbury, einen mit verzierten Medaillons reich bestickten Umhang arabischer Herkunft (12. Jh.).

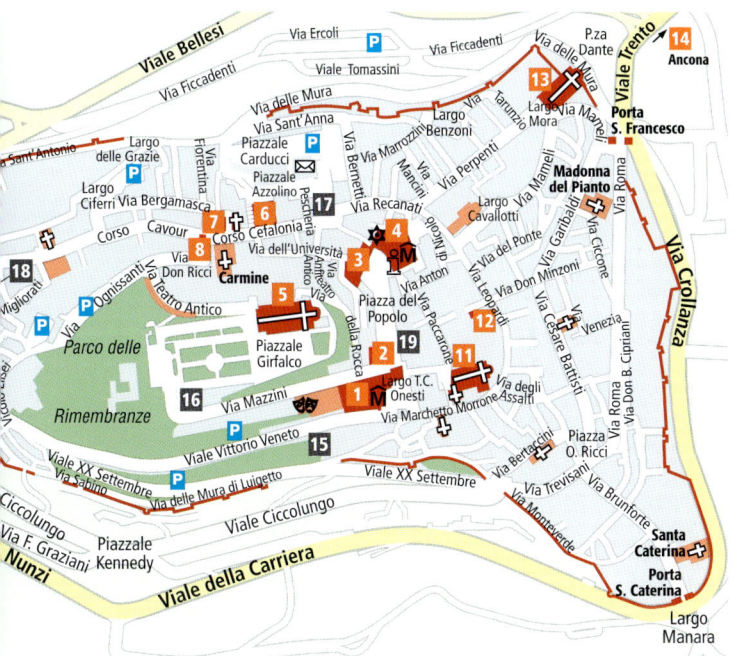

Corso Cefalonia und Corso Cavour

Der Corso Cefalonia ist die Einkaufs-straße der Stadt. Man spaziert vorbei an herrlichen Palazzi, von denen der **Palazzo Azzolino** 6 und der **Palazzo Vitali-Rosati** 7 auf Entwürfe von Antonio da Sangallo d. J. zurückgehen. Durch zu-weilen geöffnete Tore kann man einen Blick in ihre Innenhöfe erhaschen.

Hinter der **Torre della Gentilizia** 8, einem Turm aus dem 13. Jh., wo win-zige Gassen zwischen hohen Palazzi tief in die stille Altstadt führen, scheint in Fermo die Zeit stehen geblieben zu

sein. Erst am Largo Fogliani kehrt man in die betriebsame kleinstädtische At-mosphäre zurück. Hier zeigt der **Palazzo Fogliani** 9 ein stilreines Renais-sanceportal, über dem sich im zweiten Stock Fenster in venezianischer Gotik öffnen. Gegenüber entdeckt man an der im 12. Jh. errichteten, in großen Tei-len zerstörten Kirche **San Zenone** 10 einen ungewöhnlichen, figürlichen ro-manischen Architrav.

Im Osten der Altstadt

Möglicherweise befand sich an der Stelle der Kirche **San Domenico** 11 in

173

Fermo

Römertagen das Haus des Feldherrn Cnaeus Pompeius Strabo. Sicher ist, dass die Kirche im 13. Jh. errichtet und mehrfach verändert wurde.

Nur ein paar Schritte entfernt befindet sich der Eingang zu den riesigen römischen **Zisternen** 12, die 40–60 n. Chr. zur Sammlung von Regen- und Quellwasser erbaut wurden. Die dreißig unterirdischen Säle, von denen jeder 9,20 x 6 m misst und zudem 6 m hoch ist, sind mit einer hochinteressanten dreißigminütigen Führung zugänglich, bei der man sich mit rutschfesten Schuhen und einer Jacke gegen das feucht-kalte Klima in Fermos Unterwelt wappnen sollte (Treff- und Ausgangspunkt der Führung ist das Ticketbüro neben der Touristeninformation, Di–So 10.30, 11.30, 12.30, 16, 17, 18, 19, im Juli, Aug Do auch 21, 22, 23 Uhr, Eintritt 3 €).

Die Kirche **San Francesco** 13 am unteren Ende der Altstadt birgt ein Grabmal für Ludovico Euffreducci, das der bedeutende Bildhauer und Baumeister Andrea Sansovino 1527 schuf. Moderne Glasfenster führen die Geschichte des polnischen Franziskaners Maximilian Kolbe vor Augen, der 1941 im Konzentrationslager Auschwitz am Hungertod starb, weil er die ihm zugeteilte Nahrung einem Mitgefangenen schenkte und idiesem so das Leben rettete.

Etwas außerhalb liegen am Viale Trento 29 die **Musei Scientifici** 14 mit einem in Italien einzigartigen Polarmuseum. Die aus Fotos und Dokumenten sowie einigen Inuitschnitzereien beste-

hende Sammlung verdankt Fermo dem 1985 in Ancona verstorbenen Forscher und Abenteurer Silvio Zavatti. Seine Leidenschaft galt beiden Polarlandschaften, in die er in den 1940–60er Jahren Expeditionen unternahm (Mo–Fr 9–12.30, 16–20, So, So 16–20 Uhr, Eintritt 2 €; an der Pforte klingeln!).

iat: Piazza del Popolo 5, Tel. 0734 228738, Fax 0734 228325, www. fermo.net.

Astoria 15: Viale Vittorio Veneto 8, Tel. 0734 228601, Fax 0734 228602, www.hotelastoriafermo.it. Großes Hotel aus den 60er Jahren in Hanglage. Geräu-

mige Zimmer, teilweise mit herrlichem Ausblick, prämiertes Ristorante im Haus. DZ 90 €.

Casina della Rose 16: Piazzale Girfalco 16, Tel./Fax 0734 228932. Familiäres Hotel mit Fernblick, einfache Zimmer. DZ ab 75 €.

La Locanda del Palio 17: Piazzale Azzolini 6, Tel. 0734 229221, So Ruhetag. Beliebte Osteria unter gemütlichem Backsteingewölbe. Menü ca. 30 €.

Il Frantoio 18: Via Migliorati 19, Tel. 0734 217116, Di Ruhetag. Rustikales Lokal im kühlen Gewölbe einer alten Ölmühle, Antipastiteller mit Salami und Käse auch als Vesper möglich, hausgemachte Nudeln und Gnocchi. Menü ca. 30 €.

OK 19: Piazza del Popolo 31. Bar und Pizzeria. Hier gibt es den ganzen Tag gute Pizza vom Blech.

L' Enoteca Bar e Vino: Via Mazzini 1/Piazza del Popolo 39, Tel. 0734 228067. Familiäres Weinlokal unter der Loggia di San Rocco 2, Wein und Käse oder ein deftiges *Menu degustazione* (25 €).

Die Gegend um Fermo ist eine Hochburg der **Schuhproduktion.** In Sant'Elpidio, Cassette d' Ete, Monte Urano, Monte Granaro offerieren viele Hersteller günstigen Direktverkauf in kleinen Läden im Industriegebiet unweit ihrer Fabriken. Pläne und Adressen gibts beim Touristeninformationsbüro in Fermo und im Internet: www.fashionvalley.it.

Kunsthandwerk- und Trödelmarkt im Juli und August Do auf der Piazza del Popolo.

Cavalcata dell'Assunta: 1.–15. Aug. Großes historisches Fest, das am 14. 8. mit dem nächtlichen Umzug in Renaissancekostümen und dem Wettkampf der Stadtviertel samt Pferderennen am 15. 8. seine Höhepunkte erlebt.

Die Sandstrände von **Lido di Fermo** und **Casabianca** sind nur 8 km entfernt.

Busabfahrt am Largo Calzecchi Onesti. Halbstdl. Busse nach Porto San Giorgio und zu den Stränden Lido di Fermo, Casabianca und Lido Tre Archi. Von Porto San Giorgio stdl. **Zugverbindungen** Richtung Pesaro bzw. San Benedetto.
Gute **Parkmöglichkeiten** am Viale Vittorio Veneto und dem Piazzale Carducci.

Sant'Elpidio a Mare

Reiseatlas: S. 239, E 1
Der Ortsname täuscht, denn das produktive Städtchen erstreckt sich nicht am Meer, sondern hält einen flachen Hügel gut 10 km oberhalb seines Strandortes Porto Sant'Elpidio besetzt. Es lohnt, sich durch die neueren Siedlungen und Industriegebiete, in denen vor allem Schuhe produziert werden, den Weg in die reizvolle Altstadt zu suchen. An der stillen Piazza Matteotti sind die Sehenwürdigkeiten versammelt: In der **Kollegiatskirche** sieht man auf der Rückseite des Altars die römische Darstellung einer Löwenjagd (3. Jh. v. Chr.). An der **Torre Gerosoli-**

mitana aus dem 14. Jh. zeigt sich das Malteserkreuz der Bauherren über der Uhr; bedeutender aber ist die Darstellung des Gekreuzigten über dem Turmeingang, die aus dem 9./10. Jh. stammen dürfte. Bewundernswert sind die barocken Holztüren an der **Kirche Ss. Maria Misericordia**.

Servigliano

Reiseatlas: S. 239, D 2
Die S 210 führt im zersiedelten Tal des Tenna rasch nach Servigliano. Hier erwartet den Besucher eine städtebauliche Rarität, denn der winzige Ort ist eine gerade einmal 230 Jahre alte päpstliche Musterstadt. Zwar haben seither einige neue Häuser die Stadt vergrößert, doch bleibt sie in ihrem Altstadtkarree unverändert und erlaubt eine Stippvisite ins 17./18. Jh.

Ihren Anfang nahm die Geschichte mit dem Ende des alten *vicus Servilianus*, der, auf einem Hügel zwischen Aso und Tenna gelegen, durch einen schweren Erdrutsch Mitte des 18. Jh. zerstört wurde. Die Einwohner des zum Kirchenstaat gehörenden Dorfs wandten sich daraufhin mit einer Bittschrift an den Papst und ließen trotz ausbleibender Antwort nicht locker. Ihre Hartnäckigkeit wurde belohnt – man nahm sich in Rom der Sache an, suchte Örtlichkeiten für eine neue Siedlung und legte schließlich einen Bebauungsplan vor. 1773 wurde unter Papst Clemens XIV. der Grundstein gelegt, 1925 das letzte Haus fertig gestellt.

Herausgekommen ist dabei eine fast quadratische Stadtanlage im Kleinformat, die gerade mal 144 x 137 m misst.

Außerhalb der geschlossenen Siedlung liegt die Kirche **Santa Maria del Piano** mit angeschlossenem Kloster. Ihr gegenüber erlaubt die **Porta Clementia,** der älteste der drei Stadteingänge aus dem Jahr 1774, an der Nordseite den Zutritt zur Stadt. Eine Inschrift über dem Bogen nennt Papst Clemens XIV., der den Einwohnern die Häuser und der Stadt den Namen Castel Clementino gegeben habe, doch seit 1866 nennt sich die Stadt wieder nach ihrem abgerutschten Ursprungsort.

Die Orientierung ist in Servigliano ein Kinderspiel, denn von der Porta Clementia kann man geradeaus auf die Porta Navarra, das Südportal der Stadt, schauen. Die Ostseite ist verschlossen und statt eines Tores erhebt sich in der Mitte die einschiffige Kirche San Marco, die wiederum exakt gegenüber der Porta Santo Spirito im Westen steht. Innerhalb des Karrees befinden sich einige größere Palazzi, die den besseren Leuten vorbehalten waren. Nur der quadratische Palazzo Comunale unterbricht die symmetrische Anordnung der Häuser, denn ihm liegt eine Grünfläche gegenüber.

Es ist ein Vergnügen, durch das harmonische Ensemble zu bummeln und in der Bar an der Piazza Roma einen Espresso zu trinken. Kleine Grünanlagen lockern den strengen Charakter der Anlage auf, Blumenkästen geben den einheitlichen Backsteinfassaden bunte Farbtupfer und lassen unwillkürlich kritische Gedanken zu den trostlosen Siedlungen aufkommen, die später entstanden.

 Salami, *Ciauscolo* und einen interessanten milden rohen Schinken, *dolce di grotta*, gibt es in der **Macelleria** an der Piazza Roma zu kaufen.

 Torneo cavalleresco di Castel Clementino: 3. So Aug. Mittelalterliches Fest mit Reitturnier.

Falerone

Reiseatlas: S. 239, D 2

Auf der anderen Seite des Tenna verteilen sich in der Flussebene die Überreste des antiken *Falerio Picenus*, das vermutlich um das Jahr 30 v. Chr. als römische Veteranenkolonie gegründet wurde. Amphitheater und Theater, Thermen, Aquädukte und Brunnen prägten einst das römische Stadtbild, dessen Name in dem fruchtigen Weißwein der Provinz weiterlebt.

Von Servigliano kommend, biegt man von der SS 216 links in die Via Pozzo ein und gelangt rechts über einen Feldweg zum bedeutendsten Teil der 30 ha großen archäologischen Zone. Von den Rängen des gut erhaltenen **römischen Theaters** konnten ca. 1500 Zuschauer das Geschehen auf der 33 m langen Bühne verfolgen. An den Resten der Bühnenrückwand lässt sich noch die römische Mauerverblendung mit diagonal gesetzten Steine erkennen (Aug. tgl. 10–12, 17–19 Uhr, Juli, Sept. nur Fr–So).

Seit Beginn der Ausgrabungen im 16. Jh. hat man hier bedeutende Funde gemacht, von denen die berühmtesten heute im Louvre oder den Museen von Rom stehen. Doch sind vor Ort im kleinen **archäologischen Mu-**

seum an der Piazza della Libertà in Falerone, das sich 3 km entfernt auf einem Hügel hoch über seiner antiken Gründung ausgebreitet hat, einige Statuen, Urnen und Sarkophagreste verblieben.

 Informationsstand (Juli/Aug.) an der SS 216 (Viale della Resistenza), Ecke Via Pozzo.

 Theateraufführungen: Juli/August im antiken Theater.

Montappone und Massa Fermana

Reiseatlas: S. 239, D 2
Im benachbarten Montappone, wo seit jeher Hüte gemacht werden, informiert ein Museum in der Via Marzo über Hut- und Herstellungsformen seit dem 18. Jh. Nur einen Katzensprung ist es von hier nach Massa Fermana, dessen Pfarrkirche **SS. Lorenzo, Silvestro e Rufino** einen prächtigen Flügelaltar von Carlo Crivelli besitzt. Es ist die erste Arbeit, die er 1468 in seiner neuen Wahlheimat malte.

 Hutgeschäfte in der **Via San Giorgio** und der **Via Leopardi.**

Porto San Giorgio

Reiseatlas: S. 239, E 1
Der traditionsreiche Badeort mit 16 000 Einwohnern wurde im 11. Jh. befestigt und nannte sich bis 1857 Castel San Giorgio. Seine Burg, die Lorenzo Tiepolo, der spätere Doge von Venedig,

hier 1267 errichten ließ, liegt hoch über dem Ort und der SS 16. Die Promenade am gepflegten Sandstrand ist von hohen Palmen und Oleandern gesäumt. Jugendstilvillen erinnern an die frühen Tage des 20. Jh., als Porto San Giorgio ein exklusives Urlaubsziel war.

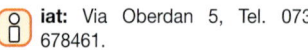 **iat:** Via Oberdan 5, Tel. 0734 678461.

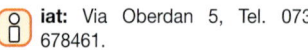 **Regata del Doge:** Juli. Fest zur Erinnerung an die Ernennung des Bürgermeisters von Fermo zum Dogen von Venedig im Jahr 1253.
Festa **del Mare:** Juli/Aug. Fisch bis zum Abwinken aus einer Riesenpfanne mit einem sagenhaften Durchmesser von 5 m!

 **Segeln/Surfen:** Lega Navale, Lungomare Centro, Tel. 0734 678706.

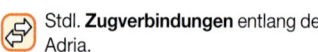 Stdl. **Zugverbindungen** entlang der Adria.

Torre di Palme und Moresco

Reiseatlas: S. 239, E 2
Auf den Hügeln hinter der Küste laden malerische Örtchen zum Bummeln ein. Das mittelalterliche **Torre di Palme** bietet hoch über der Küste einen herrlichen Ausblick und die perfekte Kulisse für einen romantischen Spaziergang.

Auch der winzige alte Ortskern von **Moreso** ist eine Oase der Ruhe. Unter den offenen Bögen des Palazzo Comunale sitzen die alten Männer auf der Piazza des nur 640 Einwohner zählenden Ortes. An der Stirnseite des Platzes ragen über den Häusern die Zinnen des siebeneckigen Kastellturms auf, der stolze 25 m hoch ist und noch ins 12. Jh. datiert.

Montefiore dell'Aso

Reiseatlas: S. 239, E 2
Auf dem gegenüberliegenden Hügel jenseits des Aso erhebt sich das immerhin 2239 Einwohner zählende Örtchen Montefiore dell'Aso. Innerhalb seiner Stadtmauer aus dem 15. Jh. wurde 1874 der Maler und Grafiker Adolfo De Carolis geboren, dessen Dantebildnis weltberühmt ist.

Betritt man die Altstadt durch die große Porta Aspramonte, gelangt man rechts über Stufen hinauf zur zentralen Piazza. In der **Kollegiatskirche** am Platz findet man in der ersten Nische links ein ausgesprochen schönes Polyptychon von Carlo Crivelli.

Links der Kirche führt eine Gasse steil hinunter und nach rechts an dem rückwärtigen schlichten romanischen Portal aus dem 11./12. Jh. vorbei zur **Sala De Carolis** mit Werken des Künstlers (wechselnde Öffnungszeiten). Sein Grab hat der Künstler in der romanisch-gotischen Kirche **San Francesco** gefunden, die man durch ein Rundbogenportal in der polygonalen Apsis betritt. Ein ausdrucksvoller Freskenzyklus aus dem 14. Jh., der dem so genannten Meister von Offida zugeschrieben wird, schmückt den oberen Teil der Apsis.

Piazza della Repubblica 2, Tel. 0734 939019.

Maccheronci, Tagliatelle, Fettucine

Das nahe Campofilone ist berühmt für seine Nudeln. Jede Form hat hier ihren eigenen Meister. Die handgemachten Maccheroncini werden seit Jahrhunderten aus einem Teig von Mehl und Eiern hergestellt, der hauchdünn ausgerollt und in feine Streifen geschnitten wird. *Capelli d' angelo* – Engelshaar – werden die zarten Maccheroncini liebevoll genannt, die man vor Ort in zahlreichen Geschäften (Via Santa Maria, Via XX Settembre, Via XXV Aprile) kaufen kann.

I Cigni: Fosso San Giovanni 56, Tel./Fax 0734 938723, www.agriturismoicigni.it. Familiäre Übernachtungsmöglichkeit, große Zimmer und Ferienwohnungen in drei Gebäuden. DZ ab 80 €. **La Favella:** Contrada Menocchia 54, Tel. 0734 939017, Fax 0734 939067. Agriturismo, 6 Zimmer/Bad, Reitausflüge, Sprachunterricht – auch für Kinder, moderat.

Monte Rinaldo

Reiseatlas: S. 239, D 2
Vom Aso-Tal führen Hinweisschilder zur archäologischen Zone von Monte Rinaldo in der Località Cuma. Hier sind von einem römischen Tempel aus dem 2./1. Jh. v. Chr., der vielleicht bei einem Erdrutsch oder Erdbeben einstürzte, einige kannelierte Säulen mit Kapitellen wieder aufgerichtet worden (Aug. tgl. 15.30–19.30 Uhr, im Juli nur Sa, So).

IM HERZEN DES PICENO

Heiteres Leben am palmengesäumten Strand von San Benedetto del Tronto, fast vergessene Handwerkskunst in Offida, hübsche Weinörtchen und verträumte Altstädte in Ripatransone und Grottammare prägen den Süden der Provinz. Glanzvoller Höhepunkt ist die stimmungsvolle Provinzhauptstadt Ascoli Piceno, die zu den schönsten Städten Mittelitaliens zählt.

Cupra Marittima

Reiseatlas: S. 239, F 2

Das Badeörtchen ist – wie alle an der Riviera delle Palme – durch SS 16 und Bahngleise zweigeteilt. Seine Geschichte reicht bis auf die Picener zurück, die unweit des heutigen Ortes auf dem Hügel Morgante ihrer Fruchtbarkeitsgöttin *Cupra* einen Tempel geweiht hatten. Das kleine Cupra Marittima nahm bis in die Neuzeit einen begehrten strategischen Platz ein, da es über einen der wenigen natürlichen Häfen an der Adria verfügte.

Hoch über dem kurzen, gepflegten Sandstrand liegt die mittelalterliche Altstadt, deren Kastell zum Schutz vor Sarazenen- und Piratenüberfällen erbaut wurde.

Liebhaber bizarrer Muschelformen können sich im **Museo Malacologico Piceno** an der Via Adriatica Nord am Anblick von über 700 000 Exemplaren aus aller Welt erfreuen (im Juni tgl. 16–20.30, Juli, Aug. tgl. 16–22.30, April, Mai, Sept. Di, Do, Sa, So 15–18.30 Uhr, Eintritt 6 €).

Piazza della Libertà 11, Tel. 0735 777145, www.cupramarittima.net.

Europa: Via Gramsci 8, Tel. 0735 778033, Fax 0735 778034. Einfach ausgestattetes Strandhotel mit großer Veranda, Babysitterservice. DZ ab 55 €.
Terazzo sul Mare: Via Adriatica Nord, Tel. 0735 777859, Fax 0735 777191. Großer, schattiger Campingplatz mit eigenem Strandbereich.

Oasi degli Angeli: Contrada Sant'Egidio 50, Tel. 0735 778569, nur am Wochenende. Familiäre Trattoria in einem Bauernhaus knapp 3 km außerhalb der Stadt, hausgemachtes Brot und Wurst, große Auswahl an vegetarischen Gerichten. Menü 20–30 €.

Grottammare

Reiseatlas: S. 239, F 2

Der ausgesprochen angenehme, traditionsreiche Strandort zählt mittlerweile 14 236 Einwohner und mehr als 2000 Hotelbetten. Seine Villen beherbergten einst so berühmte Gäste wie den Komponisten Franz Liszt und Königin Christina von Schweden, Giuseppe Garibaldi und Vittorio Emanuele.

Mit außergewöhnlichen Sehenswürdigkeiten kann das über der modernen Strandsiedlung gelegene **Grottammare Alta** nicht aufwarten, doch ist der anmutig geschlossene mittelalterliche *borgo*, der im sanften Ziegelrot seiner alten Häuschen schimmert, einer der romantischsten Plätze in der Provinz. Die verwinkelten autofreien Gassen verströmen eine heitere Gelassenheit, besonders abends, wenn auf der Piazza Peretti die Kerzen auf den blanken Holztischen der Osteria dell'Arancio angezündet werden.

Die Längsseite der Piazza nimmt die Loggia des **Teatro dell'Arancio** aus dem 18./19. Jh. ein. Über ihrem mittleren Bogen steht in einer Nische die Bronzestatue Papst Sixtus' V., der hier 1521 unter dem Namen Felice Peretti geboren wurde. Ihm zu Ehren wurde in der Kirche San Giovanni Battista an der unteren Platzseite das **Museo Sistino** eröffnet (im Sommer tgl. 18–20, 21.30–23.30 Uhr). Einen scharfen Kontrast zu diesen altehrwürdigen Gebäuden bildet die moderne Bronzeskulptur des hier geborenen Bildhauers Pericle Fazzini.

Links neben der Osteria dell'Arancio führt die schmale Via Patriarca hinauf und oben rechts über steile Treppen zur **Kirche Santa Lucia**. Der für die Altstadt geradezu gigantische Kuppelbau wurde 1597 zu Ehren und auf Wunsch des kurz zuvor verstorbenen Papstes Sixtus V. errichtet.

Piazza Pericle Fazzini, Tel./Fax 07 35 631087, www.grottammare.com.

Grottammare: Osteria dell'Arancio

Parco dei Principi: Lungomare De Gasperi 70, Tel. 0735 735066, Fax 0735 775080, www.hotelparcodeiprincipi.it. Modernes Viersternehotel mit auffälliger blaugelber Fassade. Zimmer mit Meeresblick, Pool, Tennis. DZ (VP) 130–220 €.
Roma: Lungomare De Gasperi 16, Tel. 0735 631145, Fax 0735 633249. Angenehmes Dreisternehotel mit entsprechendem Komfort, in Pastelltönen eingerichtete, moderne Zimmer, Frühstücksdachterrasse mit Meeresblick. DZ ab 60 €.
Don Diego: Lungomare De Gasperi, Tel. 0735 583166. Gepflegter Campingplatz am Meer.

Locanda Antico Borgo: Vicolo Santa Lucia 1, Grottammare Alta. Romantisches Lokal mit Tischen an der Brüstung über den Ruinen der Wehrtürme, Blick auf das Meer, Fisch- und Fleischgerichte. Menü ab 34 €.

Osteria dell'Arancio

Der Besuch dieser Osteria in Grottammare Alta ist ein besonderes Erlebnis! Man sitzt an rustikalen Holztischen auf der stimmungsvollen Piazza Perretti und genießt eines der täglich wechselnden 5-Gänge-Menüs, die den Abend zum sinnlichen Genuss werden lassen. Der junge Koch hat sich der neuen italienische Küche verschrieben und kann mit den hoch gelobten Meistern der Region konkurrieren. Inbegriffen im Menüpreis von 35 € ist eine Probe von drei Weinen aus der Region (Reservierung nötig, Tel. 0735 634357, außerhalb der Saison Mo Ruhetag).

Papa Sisto: Via Palmaroli 19, Grottammare Alta, Di Ruhetag, sonst 19–2.30 Uhr. Gut besuchte Pizzeria und Bar am höchsten Punkt der Altstadt.

 Fleurie: Piazza Feretti. Weinladen.

 B.B. Banana Beat Club: Die beliebteste Disko versteckt sich zwischen Grottammare und Ripatransone: Von der Provinzialstraße Richtung Ripatransone biegt man nach ca. 7 km rechts Richtung Cupra Marittima ab. Nach weiteren 500 m liegt der Club rechts an der Straße. Nur am Wochenende geöffnet, karibische Rhythmen und 70er-Jahre-Musik.

 Im Juli/August **Konzerte** auf der Piazza Peretti in Grottammare Alta.

Fantasia in Maschera: Juli. Farbenfroher sommerlicher Karneval.

 Segeln: Circolo Velico, Via Colombo 4, Tel. 0735 63372.

Grottammare liegt an der Adriabahnlinie, stündl. **Züge** Richtung Pesaro/San Benedetto del Tronto.

Ripatransone

Reiseatlas: S. 239, E 2
Eine Tour auf der Strada del Rosso Piceno führt in die sanfte Hügellandschaft im Rücken der Küste und zu sehenswerten Städtchen: Ripatransone etwa, eine Weinstadt mit 4337 Einwohner und 13 Kirchen. Der fast 500 m hoch gelegene und fast vollständig von seiner Mauer umgebene Ort gewährt als ›Balkon des Piceno‹ einen herrli-

Die Weinberge von Ripatransone

chen Ausblick, an klaren Tagen bis zu den Gipfeln der Sibillinischen Berge.

Im 9.–3. Jh. v. Chr. besiedelten den Hügel die Picener, wie die Funde im **Museo Archeologico** im Palazzo Comunale an der Piazza XX Settembre dokumentieren (16.6.–30.8. tgl. 16–20, So auch 10–13, sonst Di–So 10.30–12.30 und 16.30–19.30 Uhr).

Der **Palazzo del Podestà** gegenüber geht mit der Bogenhalle im Erdgeschoss und den Zwillingsfenstern im ersten Stock noch auf das frühe 14. Jh. zurück, während das Obergeschoss ebenso wie die schlanke Torre Comunale später hinzugefügt wurden. Im 19. Jh. hat man den ersten Stock zu einem entzückenden kleinen Theater umgebaut (Eingang in der Bogenhalle rechts, in der Mittagszeit geschl.).

Kleine Schilder neben dem Museum (links) lotsen Besucher zum **Viccolo stretto,** der angeblich schmalsten Gasse Italiens, die gerade mal 43 cm in der Breite misst.

Der Corso Vittorio Emanuele II dagegen führt von der Piazza vorbei am Erzbischöflichen Palast zum **Dom.** Er wurde im 16. Jh. erbaut, nachdem Papst Pius V. Ripatransone zum Bischofssitz erhoben hatte. Seine jetzige Fassade wurde allerdings erst im 19. Jh. gestaltet. In dem winzig schmalen Häuschen auf der anderen Platzseite wohnte Ascanio Condivi (ca. 1525–1574), Schüler und Biograph von Michelangelo. Die untere Platzseite nimmt die **Casa Teodori** ein, die mit ihren gotischen Bögen aus dem 15. Jh. zu den ältesten Häusern des Ortes gehört.

🛈 **iat:** Piazza XX Settembre 13 Tel. 0735 99329, www.grottammare. com/ripatransone.

🛏 **I Calanchi:** Contrada Verrame 1, Località San Savino (zwischen Ripatransone und Acquaviva), Tel. 0735 90244, Fax 0735 907030, www.i-calanchi.com. Countryhouse der noblen Hotelgruppe Charme & Relax, 14 geräumige Zimmer und 2 Suiten im Landhausstil, auch behindertengerechte Zimmer, Swimmigpool, ansprechendes Ristorante im Haus. DZ ab 85 €.
Il Tuo Corbezzolo: Via Sant'Egidio 25, Tel. 0735 9476, Fax 0735 9474, www.il tuocorbezzolo.com. Modernes Landhotel mit Restaurant und Meeresblick unter deutscher Leitung. DZ 62–80 €.

🍴 **La Petrella:** Contrada Petrella 54, Tel. 0735 9345, Mi Ruhetag. Familiäres Lokal, Spezialität: *crispelle,* Pfannkuchen, die mit dem hiesigen Weißwein zubereitet werden, ca. 25 €.

🛍 Rosso Piceno kann man direkt im **Weingut Grifoni** in der Contrada Messieri 12 bei San Savino zwischen Ripatransone und Acquaviva Picena kaufen oder in der **Bottega del Vino** im Palazzo del Podestà an der Piazza XX Settembre.

🎭 **Sagre:** Kulinarische Festtage gibt es hier an spätsommerlichen Wochenenden. Sie beginnen mit dem **Weinfest** im Juli, gefolgt von dem **Pfannkuchenfest** im August, dem gastronomischen **Puzzletag,** an dem Stände verschiedene lokale Leckereien offerieren, und enden mit dem **Kastanienfest** im September.

Offida

Reiseatlas: S. 239, E 3
Hinter Ripatransone ändert sich das Landschaftsbild. Kleine Lehmabbrüche, *calanchi* genannt, durchbrechen das bukolische Bild der sanften grünen Hügel und Weinberge. Auf der Fahrt nach Offida empfiehlt sich ein kleiner Abstecher nach Acquaviva Picena, dessen mächtige Burg aus dem 14./15. Jh. zu den schönsten der Provinz gehört.

Das 5296 Einwohner zählende Offida ist eine Hochburg des Rosso Piceno und Sitz der Enoteca Regionale delle Marche. Berühmtheit erlangte die Stadt allerdings für die geklöppelten Spitzen, die die Frauen hier mit unerschütterlicher Geduld anfertigen. Der Stolz der *Offidani,* die im 14./15. Jh. treue Weggenossen der Einwohner von Fermo im Kampf gegen das benachbarte Ascoli Piceno waren, wurde Ende des 18. Jh. hart auf die Probe gestellt, als eine französische Garnision

Rosso Piceno

In den Weinbergen zwischen Fermo und Ascoli Piceno reifen die dunklen Montepulciano- und Sangiovese-Trauben, die dem Rosso Piceno seinen herben Geschmack und die rubinrote Farbe schenken. Hauptorte des Weinanbaus sind Ripatransone, Acquaviva Picena und Offida, wo man den einfachen Rosso Piceno und den edleren Rosso Piceno Superiore, beide mit D.O.C.-Siegel versehen, bei Winzern direkt und günstig erstehen kann.

AUSSTERBENDE KUNSTFERTIGKEIT – MERLETTO A TOMBOLO

Am späten Nachmittag, wenn die Sonne die Häuserfassaden von Offida langsam in ein mildes Licht taucht, werden die hohen dreieckigen Schemel, auf denen dicke runde Kissen, die *tomboli*, ruhen, in die Schatten der Gassen gerückt und bald hört man in den schmalen Sträßchen der Altstadt das leise Klappern der Klöppel.

Die Kunstfertigkeit der Spitzenklöppelei ist bereits um 1400 in der Region bekannt. Wahrscheinlich brachten Benediktinerinnen sie 1655 mit nach Offida. Im 17. Jh. jedenfalls wurde Offida für seine Spitzen berühmt, und Anfang des 18. Jh. wandte sich die Gemeinde von Offida an Papst Benedikt XIII. mit dem Ansinnen, die Einfuhr von Spitzen in den Kirchenstaat zu untersagen, um die auswärtige Konkurrenz auszubooten. 1889 klöppelten in Offida 137 Frauen. Aber aufgrund der großen Nachfrage nach den kunstvollen Spitzen kamen immer mehr Frauen aus den umliegenden Dörfern in die Stadt, um sich in der Kunst des Klöppelns unterweisen zu lassen. Umgekehrt verbreitete sich das Handwerk schließlich auch auf andere Orte in der Provinz. Erst in den 1960er Jahren, als billige Spitzen aus Asien auf den Markt kamen, erlitten die Frauen von Offida schmerzliche Einkommenseinbußen. Doch schließlich besann man sich auf die alten komplizierten Muster, die filigranen Klöppelbilder, und begann Spitzen nach historischen Vorlagen herzustellen. Eine Kooperative wurde begründet, die schönsten Stücke ausgestellt. Langsam gewinnen auch die Touristen Freude an den traditionellen Arbeiten und erwerben die bildhaften Spitzenarbeiten als kostbare Souvenirs. Während die alten Frauen in Offida noch in den 1980er Jahren klagten, dass sie die letzten Wissenden wären und die Jungen wegen schlechter Einnahmen nicht einmal mehr das Handwerk erlernen wollten, sitzen in den letzten Jahren wieder in vielen Hauseingängen alte und junge Frauen einträchtig beim Geklapper ihrer hölzernen Spindeln zusammen.

in der Stadt lagerte und die Soldaten den Frauen der Stadt unverhohlen den Hof machten. Es sollte ihnen nicht bekommen – man verriegelte die Tore und warf die Franzosen von dem höchsten Felsen der Stadt. Von der Ringmauer, die Offida zu jener Zeit noch umgab, blieb nur noch ein kleiner Rest erhalten; sie fiel dem Erdbeben 1943 zum Opfer.

Stadtrundgang

Der schönste Weg in die Altstadt beginnt am Piazzale delle Merlettaie. Vor dem Rundturm der mittelalterlichen Stadtmauer hat man hier den Klöpplerinnen im Jahr 1985 ein bronzenes Denkmal gesetzt. Innerhalb der Stadtmauer geht es rechts über die Via Garibaldi zum ehemaligen Kloster San

Francesco, in dem sich heute die **Enoteca Regionale delle Marche** befindet.

Geradeaus dagegen führt der Corso Serpente Aureo und in seiner Verlängerung die Via Roma quer durch die Stadt. Kunstvolle Spitzen liegen in den Schaufenstern rechts und links der Straße, die sich bald zur Piazza del Popolo öffnet. Die Bogengänge der Palazzi säumen den weiten Platz. Der **Palazzo Comunale** gehört zu den bemerkenswertesten Stadtpalästen in den Marken. Er zeigt ein erstaunlich harmonisches Bild, wenn man bedenkt, dass er durch die Jahrhunderte außen wie innen wiederholt verändert und umgebaut wurde. Zum Platz hin präsentiert er sich mit einer ebenerdigen Loggia aus dem 15. Jh., über der sich im ersten Stock eine von grazilen Säulen gegliederte Galerie öffnet. Über dem zinnenbekränzten Dachgeschoss erhebt sich der Glockenturm aus dem 14. Jh. Das reizende **Teatro Serpente Aureo,** das im 19. Jh. im Palazzo eingerichtet wurde, ist auch Besuchern zugänglich (tgl. 10–12.30, 15.30–19.30 Uhr). Die kleine **Chiessetta dell'Addolorata** links vom Palazzo Comunale vervollständigt mit ihrer Renaissancevorhalle das Ensemble.

An der unteren linken Platzseite verbirgt die barocke **Kollegiatskirche** unter dem Hauptaltar die Reliquien des Stadtpatrons und in ihrer Krypta eine volkstümliche Grotte samt Wasserspiel, die im 18. Jh. zu Ehren der Madonna von Lourdes eingerichtet wurde.

Von der Piazza del Popolo überquert man die Piazza XX Settembre zur Via Roma. Hier ist im **Museo Civico** eine

Auswahl schönster Spitzen der Klöpplerinnen von Offida ausgestellt (tgl. 10–12.30, 15–19, Fr im Sommer auch 21–24 Uhr, Eintritt 3 €).

Am äußersten Stadtrand trifft man am Ende der Via Roma auf die Kirche **Santa Maria della Rocca,** die kunsthistorisch bedeutendste Sehenswürdigkeit Offidas. Der romanisch-gotische Bau wurde 1330 an der Stelle einer älteren Abteikirche, die Benediktiner aus Farfa im 11. Jh. begründet hatten, errichtet. Man betritt die Kirche durch ein romanisches Portal in der hoch aufragenden Mittelapsis und befindet sich in der niedrigen Unterkirche, die aus einem mächtigen, im vorderen Bereich fünf-, im hinteren dreischiffigen Gewölbe besteht. Die Apsis selbst wurde im 14. Jh. mit leuchtenden Fresken ausgemalt, die Szenen aus dem Leben der hl. Katharina von Alexandrien und die Legende der hl. Lucia schildern. Sie sind das Werk eines unbekannten Künstlers, den man nach seiner hiesigen Arbeit als ›Meister von Offida‹ bezeichnet. Eine Treppe führt in die Oberkirche, eine einschiffige Saalkirche mit offenem Dachstuhl. Wunderschön sind hier die Fresken (15. Jh.) im Gewölbe der Mittelapsis, die sieben Propheten, zehn musizierende Engel und acht heilige Jungfrauen zeigen. Sie werden Ugolino di Vanne da Milano zugeordnet.

Pro Loco: Via Roma, Tel. 0736 889412, www.comune.offida.ap.it.

Osteria Ophis: Corso Serpente Aureo 54c, Tel. 0736 889920, Di Ruhetag. Kleines Lokal im ehemaligen Stall des Palazzo Alessandrini. Zu den Spezialitäten zählen *chicci* (gefüllte Fladen), Kanin-

chen- und Lammgerichte sowie die hausgemachten *funghetti,* eine süße Verlo-
ckung aus Offida. Menü ab 20–25 €.

Handgearbeitete Spitzen kann
man praktisch in jedem Hausein-
gang kaufen, die Klöpplerinnen zeigen
und verkaufen auf Anfrage gerne ihre Arbeiten. Geschäfte findet man auf dem
Corso Serpente Aureo und der **Piazza
del Popolo.**
Enoteca Regionale delle Marche: Via
Garibaldi 75. Di–Sa 9.30–13, 15.30–20,
So 10–12, 16–20, in der Saison Fr auch
20.30–24 Uhr. Die D.O.C.-Weine der Marken kann man hier probieren und kaufen.
Außerdem märkisches Olivenöl.

Lu Bov Fint: Freitag vor Fastnacht,
im Mittelpunkt des Kanevalsspekta-
kels steht die Jagd auf einen Pappma-
cheeochsen.

Di Vino in Vino: Ende Aug./Anf. Sept.,
Weinfest mit kulinarischen Märkten und
Probierständen.

San Benedetto del Tronto

Reiseatlas: S. 239, F 3
Die heimliche Hauptstadt der ›Riviera
delle Palme‹ (45 200 Einwohner) rühm-
te sich einst des größten Fischereiha-
fens an der mittleren Adria. Noch vor
wenigen Jahren konnte San Benedetto eine Flotte von 60 Schiffen vorwei-
sen, doch in den letzten Jahren gewannen der Handel und die Fisch verarbei-
tende Industrie größere Bedeutung.
Aber noch immer ordern norditalieni-
sche Spitzenlokale ihren Fisch in San

Am Palmenstrand von San Benedetto del Tronto

Benedetto, kommen die Köche der nahen Städte zum morgendlichen Fischmarkt in den Hafen. Das **Museo Ittico** widmet sich dem Reichtum der Adria und zeigt in unzähligen Vitrinen eingelegte, getrocknete und ausgestopfte Fische, Kugelfische, Schildkröten und allerlei Meeresgetier (Di–Sa 9–12, 16–18 Uhr).

Palmengesäumte Promenaden, üppig blühender Oleander und ein puderfeiner Sandstrand machen San Benedetto del Tronto zu einem beliebten Ferienziel an der Adria. Jugendstilvillen und gepflegte Häuser säumen den Lungomare, der im Gegensatz zu so manch anderem Badeort nicht vollständig in der Hand der Hotelbesitzer ist und sich im Zentrum durch eine gewachsene behagliche Strandbadatmosphäre und das Fehlen trostloser Hochhäuser weitaus charmanter gibt. Hoch über dem Strand versteckt sich die kleine Altstadt mit ihrer aus dem 14. Jh. stammenden *Torre dei Gualtieri*.

iat: Viale delle Tamerici 5, Tel. 0735 592237, Fax 0735 582893, www. comune.san-benedetto-del-tronto.ap.it und www.larivieradellepalme.it.

Progresso: Viale Trieste 40, Tel. 0735 83815, Fax 0735 83980, www.hotelprogresso.it. Traditionsreiches Strandhotel mit freundlichem Service. DZ 100 €.
Garden: Viale Buozzi, Tel. 0735 588779, Fax 0735 588762. Einfaches sauberes Hotel im Palmenhain. DZ 76–95 €.
Seaside: Via dei Mille, Tel. 0735 659505, Fax 0735 653325. Kleiner Campingplatz mit Tennisplatz am südlichen Strandabschnitt.

Messer Chichibio: Via Tiepolo 5, Tel. 0735 584001, Mo Ruhetag. Edles Fischrestaurant unweit des Fischmarkts. Menü ab 36 €.
Direkt am Strand gibt es im Viale Trieste einige gute Fischlokale mit moderaten Preisen, z. B. **Antares, Da Federico** und **Pescatore.**

Tgl. **Fischmarkt** ab ca. 10 Uhr im Mercato Ittico (mit Ausnahme der vierwöchigen Schonzeit im August).
Einkaufsstraßen findet man hinter dem Palmenhain, jenseits der Bahnlinie.

Gran Caffè Sciarra: Viale Moretti 31a. Das 1862 eröffnete Café war einst Treffpunkt von Literaten und Politikern. Mit Espresso, Eis, süßen Stückchen und herzhaften Snacks ist das Gran Caffè bis in die Nacht hinein ein beliebter Treffpunkt.
Live-Musik in zahlreichen Bars und *bagni* an der Strandpromenade, im **Bagno Da Andrea**, Viale Trieste 17, Salsa bis zum Sonnenaufgang; Do und So Disko im Strandbad **Kontiki**, Viale Trieste 7.

Trabrennen am Wochenende (Juni–Aug.) im Ippodromo San Paolo in Montegiorgio.

Festa Madonna della Marina: letzter Julisonntag. Feierliche Madonnenprozession auf dem Meer.

Segelunterricht: Circolo Nautico Sambenedettese, Via delle Tamerici 3, Tel. 0735 584255.
Tennisplätze und **Bocciabahnen** im städtischen Palmenhain zwischen Strand und Hafen.

Zugverbindung Richtung Ancona/Pesaro und Ascoli Piceno. Mehrmals tgl. **Busse** vom Piazzale della

Stazione nach Fermo und in die Sibillinischen Berge, Offida, Ripatransone und
Ascoli Piceno.

Ascoli Piceno

Reiseatlas: S. 239, D 3

Die 52 000 Einwohner zählende Provinzhauptstadt Ascoli Piceno liegt auf
einem niedrigen Plateau in der weiten
Flussschleife zwischen Tronto und
Castellano. Der Anblick von Ascoli
überrascht, denn es ist im Gegensatz
zu den meisten Städten der Region
keine Backsteinstadt. Der helle Traver-
tin bietet allabendlich ein schönes Farbenspiel, wenn die untergehende Sonne Kirchen und Palazzi in sanftes Licht
taucht, die roten Dächer und witzigen,
seltsam verkürzt wirkenden Turmspit-
zen erglühen lässt. In Ascoli Piceno
fühlt man sich schnell heimisch, denn
die Stadt lebt nicht vom Tourismus und
bezaubert ihre Besucher mit der wunderschönen Piazza del Popolo und der
unaufdringlichen Freundlichkeit ihrer
Bewohner.

Geschichte

Die Geschichte der Stadt reicht bis ins
Neolithikum zurück. Als Sitz der Picener wird Ascoli erstmals 299 v. Chr. erwähnt und gut dreißig Jahre später von
den Römern erobert. Die römische Kolonie lag an der Via Salaria, einer antiken Straße, die Rom mit der Adriaküste bei San Benedetto del Tronto verband. Zu Beginn des 1. Jh. v. Chr. war
die ganze Region mit Unruhe erfüllt, als
die Einheimischen für sich das römi-

Plan Ascoli Piceno S. 190/91

Sehenswürdigkeiten

1 Caffè Meletti
2 Palazzo dei Capitani del
  Popolo
3 San Francesco
4 Loggia dei Mercanti
5 Teatro Ventidio Basso
6 Santa Maria Intervineas
7 Santi Vincenzo e Anastasio
8 San Pietro Martire
9 Ponte Romano
10 Palazzetto Longobardo
   (Jugendherberge)
11 San Tommaso
12 Torri Gemili
13 Palazzo Comunale/Palazzo
   Arringo
14 Dom
15 Baptisterium
16 Museo Archeologico Statale
17 Fortezza Malatesta
18 Ponte di Cecco
19 San Gregorio Magno
20 Römisches Theater
21 Porta Gemina
22 Sant'Emidio alle Grotte

Übernachten

23 Palazzo Guiderocchi
24 Gioli
25 Villa Cicchi

Essen und Trinken

26 Tornasacco
27 La Locandiera
28 Mastrociliega
29 Al Teatro

sche Bürgerrecht sowie die Gleichstellung aller Einwohner forderten. Roms Ablehnung provozierte den so genannten Bundesgenossenkrieg, der durch blutige Ausschreitungen 91 v. Chr. in Ascoli begann und zwei Jahre später mit der Eroberung der Stadt durch Cnaeus Pompeius Strabo endete. Im

römischen Kaiserreich blühte Ascoli auf und genoss fortan hohes Ansehen.

Doch die Ruhe währte nur kurz. Im 2. Jh. kam es zu den ersten Christenverfolgungen, und noch im Jahr 309 wurde der aus Trier stammende hl. Emygdius enthauptet (s. S. 200). Unruhige Zeiten erlebte Ascoli auch im Mittelal-

ter, sah Goten, Byzantiner, Langobarden kommen und gehen. Als freie Kommune nahm es an den Auseinandersetzungen zwischen Papst- und Kaisertum teil, was 1242 in der Zerstörung der Stadt durch Friedrich II. gipfelte.

Zu trauriger Berühmtheit gelangte der in der zweiten Hälfte des 13. Jh. in Ascoli geborene Francesco Stabile, besser bekannt als Cecco d'Ascoli, ein italienischer Dichter, Arzt und Astrologe. Sein Hauptwerk »L'Acerba«, ein Loblied auf die Wissenschaft, brachte ihm zusammen mit seinen astronomischen und astrologischen Traktaten die Anklage der Häresie durch den Inqui-

Das beste Haus am Platz: Caffè Meletti

sitor Lamberto da Cingoli ein. Am 16. September 1327 wurde Cecco d'Ascoli in Florenz auf dem Scheiterhaufen verbrannt.

Im 14./15. Jh. erhoben sich verschiedene Herren, u. a. Galeotto Malatesta, der die Fortezza am Castellano erbaute, doch sie hielten sich nicht lange, und die Stadt geriet 1502 endgültig unter päpstliche Oberherrschaft. In den folgenden Jahrhunderten blühte die Handelsstadt auf, große Palazzi wurden erbaut, Kirchenfassaden nach dem Zeitgeschmack modifiziert.

Dass sich Ascoli seine schöne Altstadt bewahren konnte, verdankt es der Tatsache, dass es während des Zweiten Weltkriegs zur Lazarettstadt ernannt wurde und daher von Bombenangriffen der Alliierten verschont blieb.

Piazza del Popolo

Die **Piazza del Popolo** ist das Herz der Stadt und hat es verdient, in einem Atemzug mit den anderen berühmten Plätzen Italiens genannt zu werden. *Il Salotto* nennen die Ascolaner ihren Platz liebevoll, einen Salon unter freiem Himmel, dessen spiegelblanker Travertinboden von ebenmäßigen Arkaden – eine städtebauliche Maßnahme des 16. Jh. – und herrlichen Baudenkmälern gesäumt wird. Er bildet eine perfekte Kulisse für die abendliche *passeggiata.* Und das allabendliche Flanieren ist hier ungleich eindrucksvoller als in irgendeiner anderen Stadt der Marken.

Wenn sich die weite Piazza in den frühen Abendstunden allmählich füllt, hunderte Menschen in kleinen Gruppen auf- und abschlendern, die Tagespolitik diskutieren, die neueste Mode, oder wer mit wem geht, dann nimmt man am besten im **Caffè Meletti** [1] Platz und genießt bei einem Gläschen *Anisetta* das bunte Schaulaufen. Dieser berühmte Likör aus wildem Sternanis war das Geheim- und Erfolgsrezept von Silvio Meletti, der 1904 die Räumlichkeiten des damaligen Postamtes erwarb und sie als Café in schönstem Jugendstil einrichtete. Nach jahrzehntelangen Restaurierungsarbeiten wurde das prächtige historische Café im Jahr 2000 wieder eröffnet.

Der mächtige **Palazzo dei Capitani del Popolo** [2] ersetzte Ende des 13. Jh. ein älteres öffentliches Gebäude. Er war Sitz der so genannten Volkshauptmänner, dann der Comune und ab 1564 verschiedener Gouverneure und päpstlicher Legaten. Großen Schaden erlitt das ehemals gotische Gebäude, als 1535 der päpstliche Kommissar Giambattista Quieti den Palazzo anzünden ließ, um einige darin verschanzte Aufrührer auszuräuchern. Die Wiederherstellung und gleichzeitige Vergrößerung des Gebäudes huldigte dem Zeitgeschmack: gotische Spitzbogenfenster wurden durch Renaissancefenster ersetzt, und das große Hauptportal schmückt seither die Statue Papst Pauls III., der den andauernden innerstädtischen Kämpfen zwischen Papst- und Kaisertreuen ein Ende gesetzt hatte.

Die Stirnseite des Platzes nimmt die rechte Flanke von **San Francesco** [3] ein. Mit dem Bau der Kirche wurde in Erinnerung an den Besuch des hl. Franziskus von Assisi (1215) im Jahr 1258 begonnen. 1371 wurde sie ge-

weiht, aber erst zwei Jahrhunderte später vollendet und bis ins 17. Jh. hinein verändert. Zwei schlanke Türme aus dem 15. Jh. flankieren die Apsis, über dem Altarraum erhebt sich eine flache Kuppel, die im 16. Jh. von lombardischen Baumeistern ausgeführt wurde. Am auffälligsten aber sind die hohen gotischen Fenster und das rechte Seitenportal, über dem in Nischen Papst Julius II. inmitten von Franziskanern thront. Links vom Portal wurde im 16. Jh. direkt an die Kirche die **Loggia dei Mercanti** [4] im Auftrag der einst bedeutenden Wollweberzunft angebaut, die hier ihre Waren regengeschützt ausstellten.

An der Loggia vorbei gelangt man zum faszinierenden gotischen Hauptportal von San Francesco, das reich geschmückt und von steinernen Löwen bewacht ist, sowie in den angrenzenden so genannten großen Kreuzgang aus dem 16. Jh., in dem der tägliche Obst- und Gemüsemarkt stattfindet. Der dahinter liegende palmenbestandene kleine Kreuzgang aus dem 14. Jh ist leider nicht öffentlich zugänglich, aber durch ein Gittertor lässt sich wenigstens ein Blick auf die grüne Idylle erhaschen. Das Innere der dreischiffigen Kirche birgt im linken Seitenschiff ein wundertätiges Kruzifix, das den Brand im Palazzo dei Capitani 1535 schadlos überstanden hat.

In den Gassen der mittelalterlichen Stadt

Vorbei an der klassizistischen Fassade des **Teatro Ventidio Basso** [5], dessen eleganter Innenraum für Konzerte ge-

EIN RITTERLICHER SONNTAGNACHMITTAG

Es ist ein strahlender Augustsonntag, der erste im Monat. Das spiegelnde Pflaster der weiten Piazza del Popolo glänzt am frühen Nachmittag im Sonnenlicht und erscheint geradezu frisch gewienert. Niemand läuft an diesem Tag quer durch diesen offenen Salon der Stadt, und selbst die an allen anderen Tagen im Jahr heiß begehrten Plätze im Jugendstilcafé Meletti bleiben leer. Denn heute stehen alle, gut gewandete *Ascolani* und Touristen, hinter den halbhohen Metallabsperrungen rund um die Piazza del Popolo. Sie studieren das Festprogramm und lauschen auf die Fanfarenklänge und Trommelschläge, die langsam lauter werden und den *Corteo*, den prächtigen Umzug der *Quintana,* ankündigen. Mit lautem Beifall werden die 1400 Teilnehmer begrüßt, als sie auf die Piazza del Popolo einziehen. In edlen Gewändern, die nach mittelalterlichen Vorlagen gearbeitet wurden, und mit Juwelen behängt ziehen noble Damen vorbei, und selbst die Kleinen, die sonst mit lautem Getöse über den Platz rennen, tragen brav und mit angemessenem Schritt im mittelalterlichen Kostüm die langen Samtschleppen in der Mittagshitze. Die Stadtherren in ihren schwarzen Samtroben, die Wappenträger der sechs Stadtteile, Musikanten und Fahnenschwinger in ihren zweifarbigen engen langen Hosen lassen sich die Hitze nicht anmerken. Und dann die Ritter: Edel sehen sie aus und stolz. Mit hoch erhobenen Häuptern ziehen sie in glänzenden Rüstungen vorbei, begleitet von ihren Schildknappen. Besondere Beachtung finden auch die Adeligen, die hoch zu Ross einen Falken oder auch Adler auf ihrer handschuhbewehrten Hand tragen.

Schon in den ascolanischen Statuten aus dem Jahr 1377 ist die *Quintana* bezeugt. Sie reicht damit in die Zeit zurück, als Ascoli eine freie Kommune war; der Name selbst stammt aus dem Lateinischen und bezeichnete einst im römischen Lager den Querweg zwischen der 5. und 6. Kompanie. Seinerzeit wurde das Fest noch am Feiertag zu Ehren des Stadtpatrons Emygdius (5. August), dem man noch heute am Vorabend der *Quintana* im Dom Kerzen stiftet, ausgetragen, und der Wettkampf zwischen den sechs Stadtteilen fand vor der mittelalterlichen Kulisse auf der Piazza del Popolo statt. Als man 1955 nach einer langen Unterbrechung die *Quintana* gemäß ihren alten Regeln wieder aufleben ließ, hat man sich für einen anderen Austragungsort des Ritterturniers entschieden. Und so teilt sich denn auch die Zuschauermenge, wenn der Umzug die Piazza del Popolo verlässt: Die einen begleiten ihn über die Piazza Arringo zum Stadion und genießen die farbenfrohen Darbietungen der Fahnenschwinger, die anderen, die im Besitz von Karten für die *Giostra* sind, machen sich auf direktem Weg zum Stadion, um sich einen möglichst guten Platz zu sichern und den Einzug des historischen Umzugs von Anfang an zu sehen. Gut eineinhalb Stunden dauert die Vorstellung der Teilnehmer, die sich nach Stadtsechsteln getrennt mit Adeligen und Edelfrauen, Rittern und Schildknappen, Kriegern und Bogenschützen samt Falken und Jagdhunden dem ehrenwerten Gericht präsentieren. Dann treten die Gäste vor, Züge aus vielen Städten und Kommunen der Region, aber auch ausländische Gäste nehmen an dem größten historischen Fest der Marken teil. Fahnenschwinger zeigen ihr Können, Trommeln und kleine Trompeten, *chiarine* genannt, erschallen. In letzter Sekunde huscht der örtliche Bischof auf die Tribüne und streift, sichtlich erleichtert, hinter dem hohen Podest der Ehrenloge verstohlen die neuen und viel zu engen Schuhe ab. Wie ein großes Heerlager erscheint mittlerweile der Sportplatz, und die kräftigen Farben schillern in der Nachmittagssonne. Nach einem letzten Auftritt der Trommler und Fahnenschwinger wird die Platzmitte geräumt.

Nun treten die Ritter der Stadtsechstel vor, präsentieren sich mit ihrem Pferd dem Gericht und holen sich unter frenetischem Applaus das Tüchlein ihrer Dame. Auf der Platzmitte wurde mittlerweile der *saracino* aufgebaut, eine Puppe, die in der einen Hand einen Schild bzw. eine Zielscheibe, in der anderen einen Stock hält. In schnellem Galopp geht es nun dem Sarazenen entgegen. Jeder Ritter muss pro Durchgang jeweils dreimal mit seiner Lanze die Zielscheibe treffen und geschickt dem Gegenschlag des *saracino* ausweichen. Nach Treffsicherheit und Schnelligkeit werden die Punkte vergeben und nach jedem Durchgang verkündet, oft unter lautstarkem Protest der Anhänger des jeweiligen Stadtteils. Zweimal wiederholt sich das Spektakel noch, wobei die Enge des Stadions hohe Ansprüche an Pferd und Reiter stellt. Und beim letzten Durchgang passiert es dann, der schönste aller Ritter stürzt, sein edles Pferd liegt seitlich am Boden. Angstschreie werden laut und das befreite Aufatmen, als Pferd und Reiter sich wieder erheben, ein bisschen staubig zwar, aber ohne große Blessuren, ist wahrscheinlich noch auf der Piazza del Popolo zu hören.

nutzt wird, geht ein erster Rundgang tief in die Gässchen der mittelalterlichen Stadt hinein. Das erste Ziel ist **Santa Maria Intervineas** 6. Die schlichte romanische Basilika stammt samt Glockenturm daneben aus dem 12./13. Jh., reicht aber bis ins 6. Jh. zurück. Sie wurde in den 1950er Jahren restauriert und von späteren Ausschmückungen sowie Umbauten befreit, so dass man heute wieder einen archaischen Kirchenraum betritt. Ionische Kapitelle zieren die hohen Säulen; an den Pfeilern dazwischen haben Fresken aus dem 13./14. Jh. überdauert.

Auf das 6. Jh. geht auch die **Kirche Santi Vincenzo e Anastasio** 7 zurück. Ihre Fassade (1389) wirkt durch die quadratischen leeren Kassettenfelder, die wohl einst mit Fresken ausgemalt waren, befremdlich, und erst bei näherem Betrachten entdeckt man die schlichte Schönheit des romanischen Portals, die fein gearbeiteten Blätter im äußeren Bogen, der auf zwei winzigen Löwen ruht. Darunter stehen im Bogenfeld die Steinfiguren der Muttergottes mit Kind und der Heiligen, denen die Kirche geweiht ist.

Schräg gegenüber sieht man den riesigen romanisch-gotischen Bau von **San Pietro Martire** 8, eine dreischiffige Hallenkirche, die seit ihrem Baubeginn um 1280 vielfach verändert wurde.

Der **Ponte Romano** 9 führt seit Römertagen über den Tronto und verbindet die Altstadt mit dem ehemaligen Stadtviertel der Wollweber. Im 13. Jh. hat man die römische Brücke durch ein Stadttor, die **Porta di Solestà,** ergänzt. Ihr gegenüber erhebt sich ein schlanker Wohnturm, ein kleiner Vorge-

schmack auf die Via Soderini, die im mittelalterlichen Ascoli einer der Hauptstraßenzüge war und heute noch die schönsten Geschlechtertürme aufweist, von denen die Stadt einst 200 besessen hat. In der dunklen, schmalen Gasse entdeckt man hier und da ein altes Zwillingsfenster und eine verwitterte Inschrift, die von jahrhundertealter Resignation zeugt: *Chi po non vo. Chi vo non po* (Wer kann, will nicht. Wer will, kann nicht.). Mittendrin steht der **Palazzetto Longobardo** 10. Das romanische Gebäude aus dem 11./12. Jh. setzt sich aus einem Wohnhaus und einem 40 m hohen Wohnturm zusammen. Diese so genannte Torre Ercolani ist einer der wenigen Wohntürme, die in Ascoli die Zerstörung der mittelalterlichen Stadt durch Friedrich II. überdauert haben. Das Wohnhaus, welches heute als Jugendherberge genutzt wird, zieren im oberen Stock schlichte Zwillingsfenster, deren Mittelsäulen romanische Blattkapitelle tragen.

Durch das Gassengewirr weiter, gelangt man zu einem versteckten romanischen Kleinod, der Kirche **San Tommaso** 11 aus dem 13. Jh. Ihre Basilikaform ist deutlich an der Fassade abzulesen, eine zwölfblättrige Fensterrose schmückt das schlichte Äußere. Der trutzige Glockenturm aus dem Jahr 1268 ist der älteste seiner Art in der Stadt.

Verlockende Geschäfte und ehrwürdige Palazzi locken auf den nahen Corso Mazzini, und an der Piazza Sant'Agostino trifft man gleich auf zwei mittelalterliche Wohntürme (12. Jh.), **Torri Gemili** 12, Zwillingstürme genannt. Der zwischen ihnen errichtete

Passegiata auf der Piazza del Popolo

Palazzo Merli täuscht mit Zwillingsfenstern und Zinnen ein mittelalterliches Gepräge vor, wurde aber erst im 19. Jh. errichtet.

Rund um die Piazza Arringo

Das zweite städtische Zentrum ist die **Piazza Arringo,** die den Ort des römischen Forums eingenommen hat. Ihren Namen erhielt der Platz von den Volksversammlungen (*arringhe* = Ansprachen, Reden), die hier im Mittelalter unter einer riesigen Ulme abgehalten wurden. Heute zieren zwei im Verhältnis kleine Brunnen den länglichen Platz.

Der **Palazzo Comunale** [13] bildet seit dem 17. Jh. mittels einer vorgesetzten Fassade eine Einheit mit dem **Palazzo Arringo**, dem seit dem 12. Jh. vielfach veränderten Rathaus. Darin ist die

Gemäldegalerie **(Pinacoteca)** untergebracht. In den herrlich antiquierten Räumen hängen u. a. Werke von Cola dell'Amatrice, eigentlich Nicola Filotesio (1480/89–1559), einem in Ascoli mehrfach tätigen Baumeister und Maler, Pietro Alemanno, einem im österreichischen Göttwein geborenen, 1497 in Ascoli verstorbenen Maler, sowie die strenge Darstellung des märkischen Heiligen, Giacomo della Marca, die Carlo Crivelli als Teil eines Triptychons schuf (Mo–Sa 9–13, 15.30–19.30, So, Fei 9.30–13, 15.30–19 Uhr).

Die Stirnseite der Piazza nimmt der **Dom** [14] ein. Seine z. T. unvollendete Fassade wurde nach den Plänen von Cola dell'Amatrice 1529–39 errichtet, doch der Bau reicht bis ins 11. Jh. zurück und ersetzte damals eine Kirche, die ihrerseits schon im 5./6. Jh. auf die

Blick in den Dom

Grundmauern einer römischen Basilika gestellt worden war. Eleganter als das überdimensionierte Hauptportal ist das linke Seitenportal über einer bescheidenen Freitreppe, das um 1500 geschaffen wurde. Das dreischiffige Innere wurde im 19. Jh. mit farbenprächtigen Fresken ausgemalt; aus derselben Zeit stammt auch das hohe Ziborium, ein baldachinartiger Überbau, über dem Altar.

Die 1838 geweihte, rechts angebaute Seitenkapelle birgt einen Flügelaltar (1473) von Carlo Crivelli. Er zählt zu den besten Arbeiten des Malers, die er der Stadt, in der er 1495 verstarb, hinterlassen hat. Eingefasst sind die Bildtafeln von einem prunkvollen vergoldeten und noch original erhaltenen Rahmen.

Der älteste Teil des Doms ist seine weitläufige Krypta, ein elfschiffiger Säulenwald mit teilweise römischen Spolien. Im Hauptaltar, einem spätrömischen Sarkophag, werden die Reliquien des Stadtpatrons Emygdius aufbewahrt. Die Marmorgruppe hinter dem Altar stellt die Bekehrung der Polisena dar. Im Hintergrund schildern

Mosaike beängstigende Szenen u. a. aus dem Zweiten Weltkrieg. Sie wurden nach Vorlagen von Pietro Gaudenzi von der vatikanischen Mosaikschule 1950–54 ausgeführt. Von ungewöhnlicher Heiterkeit ist dagegen vor der linken Wand die Darstellung eines liegenden Ritters, und man übersieht beinahe, dass es sich dabei um sein Grabmal handelt. Bevor man wieder die Treppe hinaufgeht, kann man rechts einen Blick durch die Glasfenster auf die freigelegten Überreste der römischen Basilika werfen.

Das **Baptisterium** [15], das seit Jahrzehnten als Verkehrsinsel herhalten muss, gehört zu den interessantesten Taufkapellen Italiens. Meistens finden Besucher seine Türen verschlossen vor, doch in der Regel trifft man im Dom einen Geistlichen an, der den notwendigen Schlüssel herbeizaubert. In dem Gebäude aus dem 11./12. Jh. verbirgt sich ein älterer achteckiger Kern, der vielleicht noch auf die Zeit Konstantins zurückgeht. In der Mitte des Raums ist in den Boden das alte Taufbecken eingelassen, in das der Täufling hineinsteigen musste; in einer Nische steht die modernere Ausführung eines Taufsteins aus dem 13./14. Jh.

Das **Museo Archeologico Statale** [16] besitzt verschiedene, römische Fundstücke und Mosaiken, die man beim Bau des nahen Palazzo di Giustizia aufdeckte. Amüsant ist im Erdgeschoss ein Mosaik aus dem 1. Jh. n. Chr., dessen zentrale Kopfdarstellung zwei Gesichter zeigt, von der einen Seite einen jungen Menschen, von der anderen einen bärtigen alten Mann. Die ansprechend aufbereitete Ausstellung

im ersten Stock ist gänzlich der Kultur der Picener gewidmet. Hochinteressant ist die Stele aus Castignano, die eine südpicenische Inschrift aus dem 6./5. Jh. v. Chr. trägt (Di–So 8.30–19.30 Uhr).

Fortezza Malatesta und Ponte di Cecco

Zu Füßen der **Fortezza Malatesta** [17] aus dem 14. Jh. am Rand der Altstadt schwingt sich seit Römertagen der **Ponte di Cecco** [18] über das Flüsschen Castellano. Ältere Historiker hielten die Brücke für mittelalterlich, und örtliche Geschichten erzählen, Cecco d' Ascoli habe sie mit Hilfe des Teufels in einer einzigen Nacht errichtet. Tatsächlich entstanden ihre beiden Bögen erstmals im 1. Jh. v. Chr., und zwar als Teilstück der Via Salaria. Original römisch ist sie allerdings nicht mehr, denn deutsche Soldaten sprengten das römische Bauwerk teilweise bei ihrem Rückzug aus Ascoli am 13. Juni 1944. Erst 1971 konnte die in ihrer ursprünglichen Form wieder errichtete Brücke für Fußgänger eröffnet werden.

Von San Gregorio Magno zur Porta Gemina

Auf der Via Pretoriana betritt man eine der beiden römischen Hauptachsen, die vermutlich einst zum römischen Militärlager, heute in ein ruhiges mittelalterlich anmutendes Stadtviertel mit einigen Keramikwerkstätten führt. Die kleine Kirche **San Gregorio Magno** [19] birgt in ihrer Fassade ein weiteres Zeugnis der Römer: Zwei hohe kannelierte Säulen mit korinthischen Kapitellen sind noch von dem ehemaligen Vesta-Tempel sichtbar, in den die Kirche hineingebaut wurde.

Auf der anderen Seite der Via Pretoriana gelangt man durch die städtische Grünanlage mit Ausblick auf die tiefer liegende Altstadt zu den bescheidenen Überresten des **römischen Theaters** 20, das im 1. Jh. v. Chr. erbaut wurde. Hier wurde – laut örtlicher Tradition – während einer Vorstellung der Forderung der italischen Stämme nach Aufnahme in das römische Bürgerrecht 91 v. Chr. mit der Ermordung des römischen Prokonsuls Nachdruck verliehen. Unweit davon bildete die **Porta Gemina** 21, ein im 1. Jh. v. Chr. auf picenischen Resten errichtetes Zwillingstor, den westlichen Stadtzugang. Rechter Hand sind noch Teile der Stadtmauer erhalten, an denen sich das römische *opus reticulatum,* ein diagonal gesetzes Mauerwerk, gut erkennen lässt.

Sant'Emidio alle Grotte

Außerhalb der Altstadt befindet jenseits der Schnellstraße **Sant'Emidio alle Grotte** 22, ein kleines, an den Felsen gebautes Gotteshaus, dessen barocke Fassade zwischen 1717 und 1721 zum Dank für ein überstandenes Erdbeben erneuert wurde. Hinter dem von acht Säulen getragenen, überkuppelten Eingangsbereich befand sich jahrhundertelang das Grab des in Trier geborenen Märtyrers, dem die Kirche geweiht ist. Als Missionar und erster Bischof kam Emygdius um 300 nach Ascoli, und Legenden berichten, dass bei seinem Betreten der Stadt ein Erdbeben alle heid-

nischen Tempel zusammenfallen ließ. Wundersame Ereignisse wie das Sprudeln einer neuen Quelle für dringend benötigtes Taufwasser sorgten für frühen Ruhm und zahlreiche Anhänger. Sein größter Erfolg, die Bekehrung Polisenas, der Tochter des tyrannischen Stadtpräfekten, führte am 5. August 309 zu seiner Enthauptung. Beigesetzt und verehrt wurde er in den hiesigen Grotten, die als frühchristlicher Friedhof dienten, bis seine Gebeine schließlich in den Dom überführt wurden.

iat: Piazza del Popolo 1, Tel. 0736 253045, Fax 0736 252391, www. comune.ascoli-piceno.it.

Palazzo Guiderocchi 23: Via Cesare Battisti 3, Tel. 0736 244011, Fax 0736 243441, www.palazzoguiderocchi.com. Wohnen in einem stilvollen, vorbildlich restaurierten Palazzo mitten in der Altstadt und nur wenige Schritte von der Piazza del Popolo entfernt. DZ ab 100 €.

Gioli 24: Viale De Gasperi 14, Tel./Fax 0736 255550. Modernes Hotel mit zweckmäßigen Zimmern. DZ 85–125 €.

Villa Cicchi 25: Via Salaria Superiore 137, Frazione Abbazia di Rosara, Tel./Fax 0736 252272, Fax 0736 247281, villacicchi@libero.it. Charmanter Agriturismo, 2 km außerhalb der Stadt, gute Küche nach alten Rezepten, Weine aus eigener Produktion. 6 DZ 80–140 €.

Ostello de' Langobardo: Via Soderini 26, Tel. 0736 261862, www.hostelsaig.org., ganzjährig geöffnet. Jugendherberge im Palazzetto Langobardo 10. 30 Betten, 12 €.

Tornasacco 26: Piazza del Popolo 36, Tel. 0736 254151, Fr Ruhetag. Traditionsreiches Ristorante mit herrlichem Blick auf die Piazza del Popolo, Spezialitäten des Hauses sind die frittierten Ascolaner Oliven und die (sehr teure) *Bistecca del Toro*. Menü 40–50 €.

La Locandiera 27: Via Goldoni 2, Tel. 0736 262509, So abend, Mo geschl. Familiäres Ristorante des Ehepaars Frollo in einem anheimelnd-eleganten Backsteinsteingewölbe, 11 Tische. Di und Fr *Profumi di Mare* – ein fantasievolles Fischmenü, das Giuseppe Frollo in bester Laune serviert. Menü ca. 35 €.

Mastrociliega 28: Via di Vesta 28, Tel. 07 36 250034, So Ruhetag. Lauschige Osteria, Spezialität: Vincisgrassi all'Ascolana. Menü ab 20 €.

Al Teatro 29: Via del Teatro 3, Tel. 0736 253549. Ansprechende Pizzeria in farbenfrohen Gasträumen, Pizza ab 5 €.

Libreria Rinascita: Piazza Roma 7. Zahlreiche Stadt- und Wanderführern hält die Buchhandlung vorrätig.

L' Acerba: Via Pretoriana 65. Hübsche grün-weiße Olivenschalen, Teller oder Pastaplatten vom Caffè Meletti kann man direkt in der Töpferwerkstatt erstehen.

Cordiviani: Rua dei Cappelli 4, unweit dem Ponte Solestà. Große Auswahl erstklassiger Majolika in den Verkaufsräumen schräg gegenüber der Werkstatt.

Enoteca Migliori: Via Tornasacco 4. Wein und Anisetta.

Mode- und Lederwarengeschäfte findet man in den Straßen rund um die Piazza del Popolo.

Caffè Meletti : Legendäres Jugendstilcafé an der Piazza del Popolo 1 mit hauseigener Pasticceria, herzhaften Kleinigkeiten, mittags auch kleinen Gerichten, im Sommer bis 24 Uhr geöffnet, etwas teurer.

Settembre in Musica. Sept. Stimmungsvolle Konzerte im Dom, Tea-

tro Ventidio Basso und der Kirche San Francesco in Paola.

Quintana: 1. So im Aug. Rauschendes Fest in mittelalterlichen Kostümen (s. S. 194).

Gute **Wandermöglichkeiten** in den Sibillinischen Bergen und den Monti della Laga.

Häufige **Zugverbindungen** zur Küste.
Stündl. **Busse** von der Piazza Orlini nach San Benedetto del Tronto und mehrmals tgl. in die Dörfer der Sibillinischen Berge.

Castel Trosino

Reiseatlas: S. 239, D 4
Ein Beispiel mittelalterlicher Wehrhaftigkeit bietet Castel Trosino, das inmitten der grünen Landschaft auf seinem Felsen hockt. Im Frühmittelalter war es Sitz der Langobarden, deren Nekropole mit über 200 Gräbern man unterhalb auf einem kleineren Hügel freigelegt hat. In Kriegszeiten nutzen die Einwohner von Ascoli Piceno das uneinnehmbare Dorf als Zufluchtsort.

Dem ältesten mittelalterlichen Gebäude im befestigten *borgo* hat man im Volksmund stolz den Namen ›**Casa di re Manfredi**‹ gegeben, in der stillen Hoffnung, dass hier König Manfred, der Sohn Friedrichs II., einmal gewohnt habe.

La Taverna del Langobardo: im *borgo* links an der Gasse, Tel. 0736 256781, Mo Ruhetag. Rustikales Ristorante, Spezialität: Hammel, auch Pizza.

IN DEN SIBILLINISCHEN BERGEN

Der Monte Sibilla, Wohnsitz einer sagenhaften Prophetin, gab der faszinierenden Berglandschaft mit über 20 Gipfeln ihren Namen. Ihre höchste Erhebung ist mit 2476 m der Monte Vettore. Die Bergdörfer Foce, Montemonaco und Montefortino sind ideale Ausgangsorte für Wanderungen zum geheimnisvollen Pilatus-See, zum Monte Sibilla und zur wilden Gola dell'Infernaccio.

Arquata del Tronto und der Monte Vettore

Reiseatlas: S. 238, C 4

Einen herrlichen Ausblick auf die Sibillinischen Berge hat man im südwestlichsten Zipfel der Provinz von Arquata del Tronto, das hoch auf seinem Hügel über dem Tronto-Tal wacht. Zu Zeiten der Römer war hier eine Station an der Via Salaria, die Rom mit der Adriaküste verband. Über der kleinen morbiden Altstadt erhebt sich Arquatas Burg, die im 13. Jh. erstmals errichtet wurde. Spätere Umbaumaßnahmen werden nach der lokalen Tradition Königin Johanna II. von Neapel zugeschrieben, deren ruheloser Geist noch heute in mondlosen Nächten auf den Stufen der Burg sitzen soll.

Tagsüber lockt das fantastische Panorama auf den Burgturm, in dem im Mittelalter ein Castellan mit einer 18-köpfigen Besatzung saß. Von hier oben erkennt man auf einen Blick die strategische Lage der Burg und erblickt in nordwestlicher Richtung den Gipfel des Monte Vettore über dem Massiv der ›himmelblauen Berge‹, wie der Dichter Leopardi die Monti Sibillini nannte (Juni–Sept. tgl. 10.30–12.30, 16.30–18.30 Uhr, Eintritt 1,50 €).

Casa del Parco: Fraz. Borgo 2, Tel. 0736 809600, www.sibillini.net.

Albergo Vettore: Frazione Balzo di Montegallo, Tel. 0736 806116, www.albergovettore.it. Gemütliches, einfaches Berghotel zwischen Arquata del Tronto und Montemonaco. DZ ca. 40 €.

Alla corte della Regina Giovanna: Mitte Aug. Historienspektakel.

Wanderung zum Monte Vettore

Der Aufstieg zum **Monte Vettore** beginnt an der Forca di Presta, einem Pass zwischen Umbrien und den Marken. Die unmarkierte Wanderroute hat keinerlei Schwierigkeitsgrade, fit sollte man allerdings sein. Von der Forca di Presta bis zum Gipfel sind 936 Höhenmeter zu überwinden, für den Aufstieg benötigt man ca. 3,5 Stunden, der Abstieg erfolgt über dieselbe Route. Da der Monte Vettore für seine Wetterwechsel berüchtigt ist – selbst an strahlenden Sommertagen ziehen hier nachmittags oft und überraschend schnell Gewitter auf –, ist es ratsam, den Rückweg vom Gipfel spätestens gegen 14 Uhr anzutreten.

An der **Forca di Presta** geht ein kleines Sträßchen zu einer Hütte. Auf dieser Straße kann man das Auto unbesorgt parken. Gegenüber führt der geschotterte Weg steil die vorgelagerte Costa le Particelle hinauf. Nach diesem ersten und zugleich steilsten Anstieg hat man einen herrlichen Blick auf die grandiose umbrische Hochebene, den Piano Grande, eine stille grüne Welt, in der sich nur das Örtchen Castelluccio über die weite Fläche der Hochebene erhebt.

Nach einem verhältnismäßig bequemen Wegstück geht es erneut steil aufwärts und unterhalb des Gipfels des **Monte Vettoretto** vorbei, der immerhin schon die 2000-Meter-Marke knapp überbietet. Der angenehme Trampelpfad wird bald von einem Schotterweg abgelöst, dem man bis zu einer **Schutzhütte** folgt. Hier oben breitet sich ein großartiges Panorama aus. Die sanfte grüne Bergwelt wird von schroffen Felsen und Gipfeln durchbrochen, links lockt ein faszinierender Weg über Grate zur Cima del Redentore (2448 m), geradeaus schaut man ins Tal des Lago di Pilato hinunter und zum Pizzo del Diavolo (2410 m) hinüber.

Rechts geht es, zunächst mit mäßiger Steigung, über Wiesen- und Schot-

terpfade weiter zum höchsten Gipfel der Sibillinischen Berge. Nach einer knappen Stunde sieht man ein dem Gipfelkreuz vorgelagertes **Kreuz** und läuft mit diesem Ziel vor Augen auf einem letzten steilen Pfad fast beschwingt hinauf. Oben kann man zwischen den großen Steinplatten kleine Edelweiße entdecken und nach wenigen Metern über den unbequemen, aber schon ebenen Boden hat man das eigentliche **Gipfelkreuz** des Monte Vettore (2476 m) erreicht.

Foce und der Lago di Pilato

Reiseatlas: S. 238, C 4

Durch die grüne Schlucht des Aso gelangt man in den 945 m hoch gelegenen Weiler Foce. Das winzige Dorf besteht lediglich aus einer Hand voll Häuser und erinnert unwillkürlich an Schwarzweißbilder aus alten Westernfilmen. Foce ist der ideale Ausgangspunkt für eine Wanderung zum sagenumwobenen **Lago di Pilato** – die fami-

liäre Taverna della Montagna am Dorfende hält einfache und saubere Unterkünfte bereit. Mit Verpflegung und Kartenmaterial sollte man sich allerdings im nahen Montemonaco eindecken.

Casa del Parco: Via Roma, Montemonaco, Tel. 0736 856462, www.sibillini.net.

Taverna della Montagna: Foce di Montemonaco, Tel. 0736 856327, Fax 0736 856114, außerhalb der Hochsaison nur am Wochenende geöffnet, DZ 40

Arquata del Tronto

€. Schlichte Wanderherberge, Zimmer (auch Mehrbettzimmer) mit Bad, rustikales Lokal im Haus, belegte Brötchen gibt es den ganzen Tag auf Nachfrage an der Bar.

 Alpiner Notruf: 118

Wanderung zum Lago di Pilato

Die Tour zu dem 1940 m hoch gelegenen eiszeitlichen **Lago di Pilato** dauert (ohne Rast) hin und zurück ca. 6 Stunden, 995 Höhenmeter gilt es zu bewältigen, die beste Jahreszeit dafür ist der Sommer.

Die Wanderung beginnt am Dorfende, wo oft schon ein bis zwei Dorfhunde auf ›ihren Wanderer‹ warten, den sie oftmals den ganzen Tag begleiten. Eine gemütlich breite Schotterstraße geht ab hier bis zu einem **Parkplatz,** den man zu Fuß nach ca. 30 Min. erreicht. Nach etwa einer Stunde führt der unmarkierte Weg links in einen **Buchenwald** hinein und steil aufwärts. Kritische Stellen im felsigen, schottrigen Boden sind mit Holzbohlen gesichert. Schließlich wird der Wald lichter und erlaubt Blicke hinunter ins Tal auf Foce und hinüber zu dem unverwechselbaren Bergrücken des Monte Sibilla.

Hat man die Buchen hinter sich gelassen, öffnet sich eine weite grüne Wiesenlandschaft, die von majestätischen Felsen und Gipfeln gerahmt wird. Der Weg verläuft geradewegs nach Süden durch die so genannte **Valle del Lago di Pilato** und steigt beharrlich über scheinbar sanfte Hangwellen an.

Nach einer letzten Steigung wird man nach ca. 3,5 Stunden im eiszeitlichen Taleinschnitt mit dem Anblick des tiefblauen Lago di Pilato, der sich im Sommer oft in zwei kleine Seen aufteilt, für alle Anstrengungen belohnt. Der Fama nach soll hier der römische Statthalter von Jerusalem, Pontius Pilatus, nachdem er in Rom zum Tode verurteilt worden war und auf einem von Büffeln gezogenen Wagen die Stadt verlassen hatte, von einem Berg samt Wagen in den See gestürzt sein. Im Mittelalter trafen sich am Lago di Pilato Geisterbeschwörer und Teufelsanbeter, weshalb der Bischof des benachbarten umbrischen Norcia den Zugang zum See vermauern und zur Abschreckung einen Galgen aufstellen ließ.

Das große Geheimnis, das der See heute noch birgt, ist ein winziges, weltweit nur hier vorkommendes Schalentier, dessen Eier seit Jahrtausenden immer wieder warme Perioden überdauerten, wie etwa 1990, als der See trockenfiel. In besseren Jahren, wenn die klimatischen Bedingungen für seine Vermehrung günstig sind, sorgt dieser korallenfarbene 9–12 mm große *Chirocephalus Marchesonii* für rötliche Lichtreflexe im See und belebt damit weiter die Sagen und Legenden.

Wegen dieser biologischen Sensation ist es eigentlich nicht gestattet, sich dem See mehr als 2 m zu nähern, strikt verboten ist es, Steinchen auf dem See springen zu lassen.

Rund um den See erheben sich die Gipfel des Pizzo del Diavolo mit 2410 m (mit Blick Richtung Foce links) und des Monte Vettore mit stolzen 2476 m (rechts). Der Abstieg erfolgt über denselben Weg und sollte wegen der teilweise unangenehmen Schotterwege innerhalb des Waldes auf jeden Fall noch bei ausreichendem Tageslicht angetreten werden.

Montemonaco und der Monte Sibilla

Reiseatlas: S. 238, C 3
›Herz der Sibillinischen Berge‹ nennt sich das liebenswürdig-schlichte Bergdörfchen, das inklusive einiger kleiner Ansiedlungen in der näheren Umgebung weniger als 800 Einwohner zählt. Sein Ortname ›Mönchsberg‹ spiegelt die Entstehungsgeschichte, die von einem Benediktinermönch als mittelalterlichem Initiator weiß.

Der alte Ortskern vermittelt den Eindruck eines Straßendorfes, doch der Anschein trügt. Oberhalb der Via Roma staffeln sich die Häuser in sechs Reihen bis zur **Kastellruine** hinauf. Ihre eindrucksvollen Mauerreste geben eine perfekte Kulisse für das einmalige Panorama ab, das sich hier, am höchsten Punkt des Ortes, dem Auge bietet: die majestätischen Gipfel des Monte Sibilla und Monte Vettore, in der Ferne sogar das Massiv des Gran Sasso sind zu sehen.

Die Kirche **SS. Biaggio e Benedetto** links neben der tiefen, mittelalterlichen Porta San Biagio birgt ein Silberreliquiar aus dem 14. Jh. mit dem Arm des hl. Benedikt. Der Begründer des abendländischen Mönchtums wurde um 480 im nahen umbrischen Norcia geboren und gilt heute als ›Patron Europas‹.

Montemonaco ist ein empfehlenswerter Ausgangspunkt für Wanderungen zum Monte Sibilla. Im Ort kann man sich gut mit allem Nötigen versorgen, die **Casa del Parco** bietet Kartenmaterial an und vermittelt Adressen von Wanderführern.

Pro Loco: Piazza Risorgimento 2, Tel./Fax 0736 856411, www.monte monaco.com.
Casa del Parco: Via Roma, Tel./Fax 0736 856462, www.sibillini.net.

Sibilla: Via Roma 52, Tel. 0736 856144. Rustikales Hotel an der Hauptstraße, kleine saubere Zimmer, mit Restaurant. DZ 60 €.
I Tiglio: Località Isola San Biagio, Tel. 0736 856168. Kleine Appartements in schöner Lage, Swimmingpool, Fahrradverleih. Pro Person ca. 20 €.
La Cittadella: Contrada da Cittadella, Tel. 0736 856361, Fax 0736 856362, www.cittadelladeisibillini.it. Restaurierter Bauernhof mit 13 Gästezimmern (Bed&Breakfast). DZ 60 €. Familiäres Lokal mit herzhaften Trüffelgerichten, Pasta mit Kichererbsen und hausgemachten *crostate*. Menü ca. 50 €.
Rifugio Sibilla 1540: Die Hütte (*rifugio*) unterhalb des Monte Sibilla ist nur mit Voranmeldung (Tel. 0736 856422 und 0337 560393) als Übernachtungsmöglichkeit zu nutzen.
Camping Montespino: Frazione Cerretana, Tel. 0736 859238, Fax 0736 850673, www.campingmontespino.it, geöffnet 15. 6.–15. 9. Großer, komfortabler Platz zwischen Montefortino und Montemonaco.

Bar Zocchi: Via Italia 7. Dörfliche Bar mit Aussichtsterrasse und frisch zubereiteten, herzhaft belegten Vesperbroten.

Reiseatlas: S. 238

 Bottega della Cuccagna: Via San Lorenzo, Mi geschl., So geöffn. Im engen Laden hängen deftige Schinken und Salami von der Decke, würziger Pecorino liegt in der Kühltheke – ideal, um sich für eine lange Wanderung einzudecken. Gutes Brot und rucksacktaugliches Gebäck gibt es beim Forno Buratti an der Piazza Roma.

Festa del Patrono San Benedetto di Norcia: Aug. Buntes Fest zu Ehren des hl. Benedikt samt Festumzug in mittelalterlichen Kostümen.

Mehrmals tgl. **Busse** nach Ascoli Piceno, San Benedetto del Tronto.

Wanderung zum Monte Sibilla

Die Besteigung des **Monte Sibilla** ist auf unmarkiertem Weg in 4–5 Stunden möglich. 627 Höhenmeter sind zu überwinden, etwa die Hälfte des Weges führt auf einem Grat mit berauschendem Panorama entlang.

Ein Sträßchen, zunächst Richtung Isola San Biagio, dann aber an der Kreuzung links, führt über Kurven zum **Rifugio Sibilla** hinauf, an dem man das Auto stehen lassen muss. Von hier geht es zu Fuß auf einem breiten geschotterten Weg bequem hinauf. Einige der ausgedehnten Haarnadelkurven kann man über einen kurzen steilen Wiesenanstieg abkürzen, denn man sieht das weiße Band des Schotterwegs deutlich vorausliegen.

Am Ende des Weges hält man sich rechts und gelangt über einen schma-

len, aber gut begehbaren Grat zum 2173 m hohen Gipfel. Ein 5 m hoher Felskranz umgibt die grüne Bergkuppe wie eine Krone. In dieser *corona* verbirgt sich die berühmte – wegen Erdrutsch unzugängliche – **Höhle der apenninischen Sibylle,** der sagenhaften Prophetin, um die sich seit Jahrhunderten Legenden ranken. Nach

Blick auf den Monte Sibilla

Meinung der einen ist es die berühmte Sibylle von Cuma, die sich nach dem Aufkommen des Christentums hierher schmollend zurückzog, weil sie nicht als Muttergottes auserwählt wurde, andere glauben, dass die Weissagerin von Tivoli hier hauste. Zahlreiche Ritter sollen der schönen Frau verfallen und nie wieder aufgetaucht sein.

Unzählige Geschichten berichten seit dem 15. Jh. von diesen mysteriösen Begebenheiten, zahllose Reisende, unter ihnen Papst Pius II. (1458–64), haben die *Grotta della Sibilla* aufgesucht, um ihr unergründliches Geheimnis zu lüften.

Der Abstieg verläuft über den Sattel auf der anderen Seite des Gipfels mit

herrlichem Ausblick auf die weite Berglandschaft.

Montefortino und die Gola dell'Infernaccio

Reiseatlas: S. 238, C 3
Hoch über Tenna und Ambro staffeln
sich die Häuser des Bergdörfchens hinauf zur **Kirche San Franceso** (16. Jh.),
die an der höchsten Spitze des Ortes
steht. Reste der Stadtmauern und drei
Tore sind die letzten Zeugen der unruhi-
gen Zeiten im Mittelalter, als der Ort mal
zu Fermo, mal zu Camerino gehörte.

Unvermutet findet man in den Mauern des **Palazzo Leopardi** (16. Jh.) eine für dieses 1425 Seelen zählende
Örtchen ungewöhnlich reiche **Gemäldegalerie.** Es handelt sich um die
Sammlung des Zeichners und zwie-

Herden und Hunde

Wer in den Sibillinischen Bergen
wandert, wird früher oder später
auf eine Schafherde treffen, die in
der Berglandschaft allein mit ihren
Hütehunden, den *maremmani*, unterwegs ist. Die riesigen weißen
Hunde, von denen manche zum
Schutz vor Wölfen erschreckend
große Stachelhalsbänder tragen,
treiben die Herden selbstständig
und nehmen ihre Aufgabe ernst.
Sie sind Fremden gegenüber zu-
rückhaltend und völlig ungefähr-
lich, solange der Abstand zur Her-
de gewahrt bleibt.

lichtigen Kunsthändlers Fortunato Durante (1787–1863), die dieser seinem
Heimatort vermachte. Erst 1997 wurden die Skulpturen und Gemälde aus
dem 15.–18. Jh., darunter Werke von
Pietro Alemanno, Perugino, Solimena
und Giaquinto, der Öffentlichkeit zugänglich gemacht (im Sommer Di–So
10.30–12.30, 17–19, April–Juni nur Sa,
So, feiertags).

Außerhalb des Ortes liegt tief in der
bewaldeten Schlucht des Ambro die
**Wallfahrtskirche Madonna dell'Am-
bro** samt Bar, Ristorante und Hotel. Die
erste Kapelle wurde hier im 11. Jh. an
der Stelle einer Madonnenerscheinung
errichtet. Der heutige einschiffige Kirchenbau stammt aus dem 17. Jh. Ziel
der Pilger ist die Cappella dell'Appari-
zione hinter dem Hauptaltar, die eine
Madonnenstatue aus dem 15. Jh.
schmückt. Das beeindruckende Gemälde der Muttergottes mit zwei Pil-
gern über dem linken Seitenaltar ist allerdings nur eine Kopie von Caravag-
gios meisterlicher »Madonna dei
pellegrini«, das Original hängt in der
Kirche Sant'Agostino in Rom.

Ganz in der Nähe lockt die wildro-
mantische **Gola dell'Infernaccio** zu einem ausgedehnten Spaziergang oder
einer Wanderung. Um die Schlucht zu
erreichen, biegt man 3,1 km hinter **Isola San Biagio** links auf eine 8 km lange, gut befahrbare Schotterstraße ab.
Vom Parkplatz am Ende der Straße
läuft man in ca. 15 Minuten zu einem
tröpfelnden ›Wasserfall‹, *Pisciarelle* genannt, der den Eingang in die Schlucht
markiert. Nach einem kurzen steilen
Anstieg über Schotter geht der Weg
am Wildbach zwischen hohen be-

wachsenen Felswänden meist eben dahin. Wenn man nicht bis zu seiner Quelle wandern möchte (hin und zurück ca. 4 Stunden), sollte man nach gut einer halben Stunde an dem pyramidenförmigen Felsen im Wasser den Rückweg antreten.

Einen Abstecher lohnt der **Romitorio San Lorenzo,** zu dem ein Pfad vom Tenna (auf dem Hinweg rechts) durch den Buchenwald in gut einer Stunde hinaufführt. Im 10./11. Jh. begründet, verfiel das romanische Kirchlein der Einsiedlei seit dem 16. Jh., bis sich schließlich Padre Pietro 1971 seiner Ruine annahm. Der Kapuzinermönch schaffte das scheinbar Unmögliche und baute in dreißig Jahren die einsame Kirche hoch über der Tenna-Schlucht in romanischen Formen wieder auf.

Casa del Parco: Largo Duranti, Tel. 0736 829491, www.sibillini.net

Fortinese da Peppa: Via Roma 18, Tel. 0736 859136, Mo Ruhetag. Familiäres Lokal in einem Palazzo aus dem 19. Jh., Spezialität: Lamm vom Grill. Menü ca. 20 €.

Amandola

Reiseatlas: S. 238, C 3
Im Vergleich zu den Bergdörfern mutet Amandola am Rand des Naturparks fast kleinstädtisch an. Durch die **Porta San Giacomo** betritt man die Altstadt und die Piazza Risorgimento. Das hohe Stadttor wurde nach seiner Zerstörung 1000 noch im selben Jahrhundert mit den originalen Steinen wieder auf-

Wanderführer

Zum Wandern in den Sibillinischen Bergen sind Wanderführer und Karten unerlässlich, da die Wege meist nicht markiert sind. Die Informationsbüros des Nationalparks halten beides bereit. Bewährt hat sich der vom *Club Alpino Italiano* herausgegebene Führer über die Sibillinischen Berge, der sehr detaillierte Wegbescheibungen gibt (auch auf Deutsch).

gebaut. Gesäumt von den großzügigen Portici des Palazzo Comunale und der Kirche Sant'Agostino, deren Portal in der venezianischen Gotik des 15. Jh. gehalten ist, lädt die Piazza zum Verweilen ein – zum Abstecken der nächsten Ausflugsziele oder, bei einem zünftigen Grappa, zur genüsslichen Schlussbetrachtung.

Casa del Parco: Chiostro di San Francesco (Largo Leopardi 4), Tel. 0736 848598, www.sibillini.net.

Hotel Paradiso: Piazza Umberto I 7, Tel. 0736 847468, Fax 0736 847726, www.sibillinihotels.it. Familiäres Hotel in einem gepflegten großen Park in toller Panoramalage. DZ 52–62 €.

Das **Gran Caffè Belli** an der Piazza del Risorgimento existiert schon seit über 100 Jahren. Bei Renovierungen hat es zwar etwas von seinem historischen Flair eingebüßt, aber der Espresso und das hausgemachte Eis sind in der Gegend unübertroffen.

REISEINFOS VON A BIS Z

Alle wichtigen Informationen rund ums Reisen auf einen Blick – von A wie Anreise bis Z wie Zeitungen

Extra: Ein Sprachführer mit Hinweisen zur Aussprache, wichtigen Redewendungen, einem Überblick über die italienische Speisekarte und Zahlen

Am Strand bei Fano

REISEINFOS VON A BIS Z

Alkohol

Italien ist das Land des Weins und die Italiener schätzen eine Flasche Wein zum Essen sehr. Doch sie belassen es bei einer, beschließen den angenehmen Abend vielleicht noch mit einem Digestivo. Wer übermäßig trinkt, macht hier keine *bella figura*. Die Promillegrenze für Autofahrer liegt auch in Italien bei 0,5.

Anreise

... mit dem Flugzeug

Die Marken verfügen über keinen internationalen Flughafen. Vom Flughafen ›Raffaello Sanzio‹ in Falconara Marittima bei Ancona (Tel. 071 28271, www.ancona-airport.it) gehen tgl. Direktflüge mit Air Dolomiti nach München. Nur über Umwege (Mailand, Rom, München) werden Berlin, Düsseldorf, Dresden, Frankfurt, Köln/Bonn, Hannover, Wien und Zürich angeflogen.

... mit der Bahn

Direktverbindungen zur Adriaküste, an der die Hauptstrecke der Bahn durch die Marken verläuft, gibt es nur von München aus. Reisende aus Köln, Frankfurt, Basel müssen in Mailand umsteigen, Anreisende aus Wien in Kufstein. Die Fahrt dauert von München bis Ancona ca. 11 Stunden.

... mit dem Pkw

Aus dem südwestdeutschen Raum und der Schweiz ist die Anreise über bzw. durch den Gotthard via Mailand, Bologna zur Küstenautobahn entlang der Adria die kürzeste Route; vom Gotthard sind es bis Ancona 590, bis San Benedetto del Tronto 672 km. Reisende aus Bayern und Österreich werden die Brenner-Strecke vorziehen und über Verona und Bologna zur Küstenroute vorstoßen.

Bequeme Autoreisezüge verkehren in den Sommermonaten zwischen München und Rimini, nähere Informationen am Servicetelefon der Deutschen Bahn: 0180 524 12 24.

Apotheken

Eine *farmacia* findet man in jedem etwas größeren Ort. Apotheken sind in der Regel Mo–Sa 8.30–12.30 und 16–20 Uhr geöffnet. Nachts, an Wochenenden und Feiertagen haben in größeren Städten bestimmte Apotheken Notdienst.

Ärztliche Versorgung

In Notfällen wendet man sich an den *Pronto Soccorso*, die Unfallstation im Krankenhaus, in der Touristen kostenlos behandelt werden. Namen und Adressen deutschsprachiger Ärzte erfährt man über die Konsulate oder die Servicenummer des ADAC (Tel. 089/76 76 76).

Autofahren

Die zulässigen **Höchstgeschwindigkeiten** betragen innerorts 50, außerorts 90, auf Schnellstraßen 110, auf Autobahnen 130 km/h. Pkw-Fahrer mit angehängtem Wohnwagen dürfen außerorts 80 und auf den Autobahnen 100 km/h nicht überschreiten. Temposünder, die vor Ort erwischt werden, bekommen ihre Strafzettel von den *carabinieri* gleich ausgehändigt und müssen das Bußgeld auf der Stelle bar bezahlen. In Italien wurden 2003 turnusmäßig die Bußgelder angepasst; sie liegen teilweise empfindlich höher als etwa in Deutschland. So können Geschwindigkeitsübertretungen ab 10 km/h mit 137,55 Euro zu Buche schlagen, wer mehr als 40km/h zu schnell ist, dem drohen ein Bußgeld von 343,55 Euro und Fahrverbot.

Die italienischen Autobahnen sind kostenpflichtig. Die Benzinpreise gleichen mittlerweile in etwa den deutschen. Jenseits von Autobahnen und Schnellstraßen gerät das Fahren auf den kurvigen Straßen in der Hügellandschaft der Marken zur Gondelei, für die man reichlich Zeit einplanen sollte.

Viele **Parkplätze** in Orten und Städten sind farblich markiert: blau eingezeichnete Plätze sind kostenpflichtig. Den nötigen Parkschein gibt es entweder am Automaten, der genauso funktioniert wie in Deutschland, oder als Rubbelkärtchen im nächsten *tabacchi* oder Zeitungsladen. In der Mittagszeit kann man meist kostenlos parken (Hinweisschilder beachten). Gelb markierte Plätze sind kostenfrei, manchmal aber mit Zeitbeschränkung (Parkscheibe). Leider kommt in den Marken immer mehr der Parkplatzwächter aus der Mode, der für ein geringes Entgelt ein Auge auf die abgestellten Fahrzeuge wirft.

Behinderte auf Reisen

Die allgemeinen Hotelverzeichnisse der Marken weisen Häuser mit rollstuhlge-

rechter Einrichtung aus; wegen näherer Informationen kann man sich an die Fremdenverkehrsämter der Städte wenden. Behindertenparkplätze findet man in allen größeren Städten in ausreichender Menge. Das größte Problem für Rollstuhlfahrer stellen in zahlreichen Orten die vielen Treppenwege dar.

Diplomatische Vertretungen

Deutsche Botschaft
Via San Martino della Battaglia 4
00185 Rom
Tel. 06 492131
Fax 06 492133

Österreichisches Konsulat
Viale Liegi 32
00198 Rom
Tel. 06 8552966
Fax 06 8535291

Schweizerische Botschaft
Via Oriani 61
00197 Rom
Tel. 06 809571
Fax 06 808871

Einreise-, Ausreise- und Zollbestimmungen

Bürger aus Deutschland, Österreich und der Schweiz benötigen einen gültigen Personalausweis oder Reisepass, Kinder unter 16 Jahren einen Kinderausweis. Autofahrer müssen Führerschein und Kfz-Papiere mitführen, die grüne Versicherungskarte ist nicht vorgeschrieben, aber empfehlenswert. Wer seinen Vierbeiner mitnehmen möchte, muss beachten, dass er den

EU-Heimtierausweis benötgt, in dem seine Kennzeichnung durch Mikrochip oder Tätowierung und eine Tollwutimpfung (mind. 30 Tage, höchstens 12 Monate vor Einreise) eingetragen ist.

Mitglieder aus EU-Staaten unterliegen praktisch keinen Zollkontrollen mehr. Sie dürfen Waren und Gegenstände für den persönlichen Bedarf zollfrei ein- und ausführen. Für Bürger aus der Schweiz gelten weiterhin Auflagen: 200 Zigaretten, 2l Wein, 1l Spirituosen.

Elektrizität

Die Netzspannung beträgt 220 Volt. Für viele italienische Steckdosen benötigt man einen Adapter (*adattatore*), so genannte Euro-Stecker funktionieren in der Regel problemlos.

Feiertage und Feste

1. Januar (Neujahr)
6. Januar (Heilige Drei Könige)
Ostersonntag und -montag
25. April (Tag der Befreiung)
1. Mai (Tag der Arbeit)
2. Juni, bzw. **1. Sonntag im Juni** (Tag der Republik)
15. August (Ferragosto/Mariä Himmelfahrt)
1. November (Allerheiligen)
8. Dezember (Mariä Empfängnis)
25./26. Dezember (Weihnachten/Stephanstag).

Fotografieren

In Museen und archäologischen Parks sorgt meist die Soprintendenza für ein strenges Fotografierverbot. So sind etwa im Palazzo Ducale in Urbino auch alle Schnappschüsse ohne Stativ und Blitz strengstens verboten. Zahlreiche Wächter stehen bereit! Anderes, wie die Burg bei Tolentino, wird von touristenfreundlicheren Verbänden geleitet. Hier freut man sich über die höfliche Frage *Posso fotografare?* und nickt zustimmend.

Geld

Die italienische Lira wurde 2002 durch den Euro ersetzt, 1 Euro= 1,59 SFr.

Mit ec-/Maestro und Kreditkarten kommt man rund um die Uhr an den zahlreichen Bankautomaten zu Bargeld. Die gängigen Kreditkarten (Visa, ec/Maestro, Mastercard) werden in Hotels, Restaurants und vielen Geschäften problemlos akzeptiert.

Gesundheitsvorsorge

Dank des Sozialversicherungsabkommens innerhalb der EU-Länder können sich Mitglieder der gesetzlichen Krankenkassen unter Vorlage der *European Health Card* kostenlos bei einem Arzt behandeln lassen. Allerdings ist man an Vertragsärzte gebunden. Es empfiehlt sich durchaus eine private Auslandsversicherung. Diese übernehmen im Krankheitsfall entstehende Kosten für Ärzte und Medikamente sowie ggf. Rücktransport. Eine solche Versicherung erspart den bürokratischen Weg, allerdings müssen die Behandlungskosten vorgelegt werden. Notfallbehandlungen im Krankenhaus sind un bürokratisch und kostenlos.

Informationsstellen

Hotelverzeichnisse, Karten und Prospektmaterial gibt es bei dem Staatlichen Italienischen Tourismusbüro (**ENIT**). Wer nicht in der Nähe eines der Büros wohnt, kann das Infomaterial unter der gebührenfreien Telefonnummer 00 800 00 48 25 42 werktags 8–20, samstag 9–14 Uhr anfordern.

ENIT in ...

... Deutschland
Friedrichstr. 187
10177 Berlin
Tel. 030/247 83 98
Fax 030/247 83 99
enit-berlin@t-online.de
Kaiserstr. 65
60329 Frankfurt
Tel. 069/23 74 34
Fax 069/23 28 94
enit.ffm@t-online.de
Lenbachplatz 2
80336 München
Tel. 089/53 13 17
Fax 089/53 45 27
enit-muenchen@t-online.de

... in Österreich
Kärntner Ring 4
1010 Wien
Tel. 01/505 16 39
Fax 01/505 02 48
delegation.wien@enit.at

... in der Schweiz
Uraniastr. 32, 8001 Zürich
Tel. 04 34 66 40 40
Fax 04 34 66 40 41
info@enit.ch

Informationen zu einzelnen Sehenswürdigkeiten, Stadtpläne und Gebietskarten, Bus- und Zugfahrpläne erhält man in den Informationsbüros (iat, apt, Pro Loco u.a.) vor Ort (s. dazu unter den jeweiligen Städten). In den Küstenstädten gibt es in den Sommermonaten oft auch einen Informationsstand an den Strandpromenaden. Die Öffnungszeiten variieren von Ort zu Ort, meist wird man Mo–Fr 9–12/13 und 15/16–19 Uhr, in den Strandorten im Juli/August u.U. auch samtags und sonntags, freundliche und hilfsbereite Beratung finden.

Informationen im Internet

Ein guter Einstieg sind entweder die Homepage von ENIT (www.enit.it) oder die Websites der Region, die man unter www.le-marche.com, bzw. in deutscher Sprache unter www.diemarken.com aufrufen kann.

Ideal für die Suche nach einzelnen Städten und Hotels ist www.lemarche.online.com. Links und Beschreibungen von Hotels und Bed&Breakfast gibt es unter www.venere.com. Für Adriaurlauber ist auch www.adriacoast.com informativ. Interessant ist die Seite zur Provinz Ascoli Piceno www.picenodascoprire.it. Viele Websites der einzelnen Städte findet man unter www. comune.*Name der jeweiligen Stadt.Kürzel der Provinz* (Pesaro/Urbino=ps, Ancona=an, Macerata=mc, Ascoli Piceno=ap).it.

Über Diskos informiert www.pmweb.it/discoclub.htm.

Wer damit nicht fündig wird, kommt garantiert über www.google.de weiter.

Karten und Pläne

Bei ENIT gibt es eine brauchbare Straßenkarte im Maßstab 1:250 000. Besser und detaillierter ist die Karte ›Umbria e Marche‹ vom Touring Club Italiano im Maßstab 1:200 000. Sie ist auf jeder größeren Autobahnraststätte zu haben. Stadtpläne erhält man – nicht immer kostenlos – bei den Touristeninformationsbüros vor Ort.

Für Exkursionen in die Sibillinischen Berge eignet sich die Karte Nr. 666 im Maßstab 1:50 000 von Kompass. Kleinteilige Wanderkarten muss man vor Ort suchen, am besten in den so genannten *Case del Parco* in den Orten im Nationalpark der Sibillinischen Berge oder in Buchhandlungen in Ascoli Piceno. Ein guter Wanderführer mit detaillierten Wegebeschreibungen wird vom italienischen Alpenverein herausgegeben: A. Alesi/M. Calibani, Parco Nazionale dei Monti Sibillini. Er ist – auch in deutscher und englischer Übersetzung – meist in den Informationsstellen des Nationalparks in Amandola, Montemonaco, Montefortino oder Visso vorrätig.

Literaturtipps

M. de Montaigne: Tagebuch einer Reise durch Italien, Frankfurt 1988.
F. Filippetti/E. Ravaglia: Guida Insolita ai misteri, ai segreti, alle leggende e alle curiosità delle Marche, Roma 2002.
Stendhal: Reise in Italien, München 1996.

Maße

Die italienischen Bekleidungsgrößen unterscheiden sich von denen in Deutschland: Man muss zur deutschen Größe zwei Nummern hinzurechnen; wer Größe 38 trägt, muss in Italien nach 42 fragen. Die Schuhgrößen entsprechen den deutschen.

Notrufe

s. Umschlaginnenseite

Öffnungszeiten

Banken öffnen Mo–Fr 8.30–13/13.30 und 14.30/15–16/17 Uhr, **Postämter** sind in kleineren Orten meist nur vormittags 8.30–14, samstags bis 13 Uhr, die Hauptpostämter in größeren Städten Mo–Fr 8–19, Sa 9.30–13 Uhr geöffnet. **Geschäfte** machen zumindest abseits der Strände eine Mittagspause und sind in der Regel werktags 9/10–13 und 15/16–19/20 Uhr, Sa nur vormittags offen. In größeren Städten und an der Küste (im Sommer) haben sie oft durchgehend sowie teilweise bis 22 Uhr geöffnet, viele auch Sa und So. Abseits der Touristenstädte haben viele Geschäfte So und Mo geschlossen. **Tabakgeschäfte** *(tabacchi)* sind in der Regel So geschlossen. Die meisten **Museen** öffnen ihre Türen Mo nicht. Größere Museen sind in der Sommerzeit durchgehend von 9–17, teilweise bis 22/23 Uhr geöffnet. Das Mittagessen wird in **Restaurants** zwischen 12.30 und 15 Uhr serviert, Abendessen gibt es ab 20 Uhr. Die meisten Restaurants gönnen sich einen Ruhetag in der Woche, ebenso wie die Bars, die schon in den frühen Morgenstunden öffnen. **Tavole calde** und oft auch die kleinen Pizzaläden, in denen es nur **Pizza a**

taglio, also zum Mitnehmen gibt, bieten ihre Gerichte meist nur tagsüber bis ca. 20, manche nur bis 15 Uhr an. **Tankstellen** haben nur an der Autobahn durchgehend geöffnet, ansonsten 8–13 und 14.30–19.30 Uhr, So geschlossen.

Post und Porto

Briefmarken (*francobolli*) bekommt man in den Postämtern, aber auch in den *tabacchi*. Eine Postkarte kostet 0,41 Euro, Briefe je nach Gewicht zwischen 0,41 und 0,77 Euro. Etwas teurer, aber weitaus schneller ist die *Posta prioritaria*, die Briefe ins Ausland verlässlich in ein bis zwei Tagen befördert; für sie gibt es eigene Wertzeichen.

Quittungen

Theoretisch ist man in Italien gesetzlich dazu verpflichtet, jede Quittung mitzunehmen, auch für Kleinigkeiten wie einen Espresso. Damit will man den kleinen schwarzen Geschäften und Dienstleistungen einen Regel vorschieben. Es ist ausgesprochen unwahrscheinlich als Tourist von der *Guardia finanza* nach einem Barbesuch kontrolliert zu werden, aber möglich.

Rauchen

Rauchverbote haben mittlerweile auch in Italiens Restaurants, Bars und Hotels Einzug gehalten. Seit 2005 darf hier in geschlossenen Räumen nicht mehr geraucht werden Bei Zuwiderhandlung drohen Bußgelder. Seit der Einführung des Euro gibt es vor allem in größeren Städten und an der Küste immer mehr Zigarettenautomaten, die häufig auch mit Scheinen funktionieren. In kleineren Orten bleibt alles beim Alten, das heißt, Zigaretten gibt es im *tabacchi* und der hat sonntags geschlossen. Dann helfen nur noch die mit einem großen ›T‹ gekennzeichneten Bars weiter.

Reisekasse und Preise

Die Marken bieten für jeden Geldbeutel Urlaubsmöglichkeiten. Italien ist kein Billigreiseland, doch wer will, kann in einer Tavola calda preiswert essen gehen, die leckere Pizza vom Blech ist günstiger als ein Stück Schwarzwälder Kirschtorte vom deutschen Konditor. Und noch immer ist vieles im Alltäglichen erschwinglicher als in anderen europäischen Ländern: der Espresso kostet 1 Euro, ein mehrgängiges Menü im Ristorante ist ab 30 Euro zu haben. Beim Übernachtungsangebot stehen luxuriöse historische Hotel ebenso zur Verfügung wie gute Mittelklassehotels ab ca. 60 Euro pro DZ und günstige Campingplätze. Kostenfaktoren können Museumsbesuche sein, deren Preise mit der Einführung des Euro teilweise stark angezogen sind, aber auch die Miete der Strandeinrichtungen, die für zwei Liegestühle plus Sonnenschirm durchschnittlich 16 Euro pro Tag beträgt (Wochentarife günstiger).

Sicherheit

In Küstenorten und am Strand sollte man seine Sachen im Auge behalten. Wertgegenstände gehören nicht in die Strandtasche, sondern in den Hotelsafe. Es empfiehlt sich, trotz heiterer Urlaubsstimmung, die gleichen Sicherheitsvorkehrungen wie zu Hause zu treffen: keine Wertgegenstände sichtbar im Auto rumliegen lassen, herausnehmbare Autoradios auch wirklich mitnehmen, Handtaschen an stark befahrenen Straßen stets auf der geschützten Seite tragen. Abseits des Strandtrubels und der Großstadt Ancona bedarf es keinerlei erhöhter Aufmerksamkeit.

Souvenirs

Keramik, Nudeln, Olivenöl und Wein sind die schönsten Souvenirs, die man aus den Marken mit nach Hause nehmen kann. Schöne und edle Keramiken gibt es in Urbania und Pesaro, für seine Nudeln ist Campofilone berühmt, das beste Olivenöl kauft man in Cartoceto und guten Wein gibt es überall in der Region.

Telefonieren

In Italien ist seit einigen Jahren die Ortsvorwahl fester Bestandteil der Rufnummer. Öffentliche Telefonzellen funktionieren meistens mit einer Telefonkarte (*scheda telefonica*), die es im Tabakgeschäft zu kaufen gibt. Vor dem Telefonieren muss die obere linke Ecke der Karte abgeknickt werden. Italiens Mobilfunknetz ist flächendeckend, Probleme können allerdings im Bereich der Sibillinischen Berge auftreten. Die jeweiligen Netzbetreiber (Omnitel, Tim, Wind) melden sich per SMS bei jedem Gebietswechsel, was schnell die Speicherkapazität überlasten kann. Beim

Telefonieren mit dem eigenen Handy an italienische Anschlüsse muss immer die italienische Landesvorwahl, beim Anruf der deutschen Freunden (auch im Nachbarort!) die deutsche mitgewählt werden.

Vorwahlen

Deutschland 0049 (+Ortsvorwahl ohne die erste Null+Teilnehmernummer)
Italien 0039 (+Teilnehmernummer)
Österreich 0043 (+Ortsvorwahl ohne die erste Null+Teilnehmernummer)
San Marino 00378 (+Teilnehmernummer)
Schweiz 0041 (+Ortsvorwahl ohne die erste Null+Teilnehmernummer)
Italienische Inlandsauskunft 12
Italienische Auslandsauskunft 176
Anmeldung von R-Gesprächen 170

Trinkgelder

Im Ristorante sind 10% ein angemessenes Trinkgeld. Auch wenn der Service laut Karte im Preis inbegriffen ist, gehört das Trinkgeld zum guten Ton. In der Bar lässt man ein bisschen Kleingeld auf dem Tresen liegen, und in der Autobahnraststätte legt man eine Münze auf die Quittung, mit der man den schon im Voraus bezahlten Espresso ordert. Auch Zimmermädchen und Kofferträger freuen sich über kleine Trinkgelder und werden Sie während ihres Hotelaufenthalts mit Freundlichkeit beschenken. Bei familiären Führungen in Burgen oder den Zisternen in Fermo ist ebenfalls eine kleine Aufmerksamkeit angebracht. Wer im Landesinneren auf Entdeckungsfahrt geht, wird gelegentlich auf die Hilfe zuvorkommender Anwohner oder ehrenamtlicher Kustoden beim Besuch einsam gelegener Kirchen angewiesen sein. Es versteht sich von selbst, die Freundlichkeit mit einem kleinen Obolus zu honorieren, der oftmals nur als Spende für die Kirche angenommen wird.

Umgangsformen

Freundlichkeit und Höflichkeit zeichnen Italien aus, wo man sich mitteleuropäischer Umgangsformen bedient. Im Alltag wird Wert auf ein gepflegtes Äußeres gelegt, und wer im edlen Ristorante allzu leger daher kommt, wird nicht gerade bevorzugt bedient. Es wird ausgesprochen ungern gesehen, wenn Menschen in Badekleidung abseits der *bagni* Bars aufsuchen oder gar durch historische Zentren flanieren. Kirchen sollten – schon aus Respekt vor Gläubigen – nicht in Shorts oder knappem T-Shirt betreten werden. Abhilfe kann für Frauen ein dünnes großes Tuch schaffen, das in jede Handtasche passt und bei Bedarf über die nackten Schultern gelegt werden kann.

Unterkunft

Die Übernachtungsmöglichkeiten in den Marken sind groß und werden jedem Geschmack und Geldbeutel gerecht.

Hotels

Modernes Hochhaus, elegantes Stadthotel oder stilvoller Palazzo? Die Marken haben alles im Programm. An der Küste dominieren die großen, meist sehr modernen Hotels mit allerlei technischem Schnickschnack und Freizeitangeboten. In der Hauptsaison ist es trotz Abertausender von Betten unerlässlich zu reservieren. Im Landesinnern hat man in den Städten, vor allem in den Altstädten, oft ein weniger großes Angebot, dafür bieten viele Hotels im Hügelland mehr Charme und Individualität als ihre komfortablen, aber oft austauschbaren Konkurrenten an der Küste. Da die Hotels im Hinterland über eine angemessene Anzahl an Betten verfügen, können während hoher Feier- oder Festspieltage schon einmal ganze Städte ausgebucht sein.

Die Hotels sind in fünf Kategorien unterteilt. In Hotels mit vier und mehr Sternen darf man davon ausgehen, dass das Personal zwei Fremdsprachen spricht. Diese Hotels müssen mit einem Fahrstuhl ausgestattet sein, Telefon, Zimmerbar, TV, meist auch Klimaanlage sind Selbstverständlichkeiten, darüber hinaus finden sich mittlerweile oft Internetanschlüsse. Dreisternehotels bilden die komfortable, noch nicht überteuerte Mittelklasse und verfügen in der Regel ebenfalls über Telefon, TV und Kühlschrank. Zwei- und Einsternehotels sind einfacher ausgestattet und müssen die Wäsche zwei, bzw. ein Mal wöchentlich wechseln. Zu den schönsten Hotels gehören in der Region: Claudiani in Macerata, Vittoria in Pesaro, Fortino Napoleonico in Portonovo, Locanda Rocca in Sirolo, San Domenico und Bonconte in Urbino.

Bed & Breakfast

Hier werden meist nur in der Saison im familiären Milieu ein bis drei Zimmer, manchmal mit eigenem Bad in und außerhalb von Städten, auf Weingütern und Bauernhöfen angeboten. Von der Region wird ein spezieller Bed & Breakfast-Katalog herausgegeben, den man beim Assessorato al Turismo, Via Gentile da Fabriano 9, 60125 Ancona bzw. unter servizio.turismo@regione. marche.it anfordern kann.

Agriturismo

Ferien auf dem Bauernhof respektive Weingut stellen eine Alternative zur klassischen Hotelübernachtung dar, sind aber nicht unbedingt günstiger als ein Dreisternehotel. Manche Landgüter sind samt Swimmingpool sehr komfortabel, viele Bauernhöfe bieten Unterkunft und Freizeitunterhaltung von Angeln, über Wandern und Reiten bis hin zu Koch- und Sprachkursen. Die hauseigenen Küchen offerieren Gerichte, die zu zwei Dritteln aus der eigenen landwirtschaftlichen Produktion, oft auch aus biologischem Anbau stammen.

Eine Spielart des Agriturismo stellen die **Country Houses** dar, zumeist auf dem Land oder in kleinen Ortschaften gelegene, ansprechend restaurierte Landhäuser und bescheidene Landgüter, in denen Zimmer und Ferienwohnungen vermietet werden.

Im Agriturismo ist im Gegensatz zu Hotels das Mitbringen von Hunden oft kein Problem. Informationen erhält man beim ENIT sowie im Internet unter www.agriturist.it und www.agriturismomarche.it.

Klöster

Wer Ruhe und Abgeschiedenheit sucht, kann in den Gasthäusern verschiedener Klöster, z.B. im Eremo di Monte Giove bei Fano (Via Rosciano 90, Tel. 0721 864090), im Kloster Santa Maria del Soccorso in Cartoceto (Via Santa Maria del Soccorso 6, Tel. 0721 8981069) oder in Fonte Avellana bei Serra Sant'Abbondio (Via Fonte Avellana 1, Tel. 0721 730118) logieren.

Ferienwohnungen

Anzeigen für Ferienwohnungen in den Marken findet man im Reiseteil überregionaler deutscher Tageszeitungen. Viele Italienspezialisten wie beispielsweise Cuendet (www.cuendet.com) haben auch Ferienhäuser in den Marken im Programm. Ein Verzeichnis von Ferienwohnungen kann beim Assessorato al Turismo, Via Gentile da Fabriano 9, 60125 Ancona bzw. unter servizio. turismo@regione. marche.it angefordert werden.

Jugendherbergen

Diese günstigen Übernachtungsmöglichkeiten sind in der Region dünn gesät. Insgesamt 14 Jugendherbergen gibt es in den Marken, ein Verzeichnis ist bei Enit erhältlich. Der schönste *Ostello di gioventù* liegt in der Altstadt von Ascoli Piceno.

Camping

Einen Zeltplatz in Küstennähe zu finden, ist kein Problem. Schwieriger sieht es da schon im Landesinneren aus. Die Campingplätze werden wie die Hotels in vier Kategorien unterteilt, Plätze mit drei und vier Sternen müssen über Bar, Supermarkt und Restaurant verfügen. In der Regel werden die Plätze Mitte Mai geöffnet und schließen Mitte September.

Verkehrsmittel

Die Marken ohne Auto zu bereisen, ist mühsam, zeitaufwändig und nicht gänzlich möglich. Wer seinen autofreien Urlaub am Strand verbringen und nur gelegentlich Tagesausflüge machen möchte, sollte sich Orte entlang der Bahnlinie auswählen oder einen Mietwagen leihen.

Bahn

Die Hauptstrecke der Bahn verläuft mehr oder minder parallel zur Küste, Nebenstrecken verbinden mehrmals tgl. die Städte Urbino, Jesi, Macerata, Ascoli Piceno mit der Küste. Die italienischen Bahnhöfe liegen fast immer am Stadtrand oder in neueren Stadtvierteln, niemals zentral. Manche Stadt hat es bis heute nicht geschafft, sich bis zu ihrem außerhalb liegenden Bahnhof auszubreiten. Bahnfahren ist innerhalb Italiens viel günstiger als in Deutschland; bei längeren Strecken zahlt man ca. 7 Cent pro Kilometer, allerdings mit Zuschlägen in den IC- und EuroStar-Zügen. Fahrkarten werden an Bahnhöfen oder in Reisebüros verkauft. Die Fahrkarte muss man vor dem Einsteigen am Automaten im Bahnhof entwerten, danach muss die Reise innerhalb der nächsten sechs Stunden auch angetreten werden. Für EuroCity, InterCity und EuroStar sind Platzkarten und Zuschlag erforderlich. Zugfahrpläne sind an Zeitschriftenkiosken und gut sortierten Touristeninformationsbüros, im Internet unter www.trenitalia.it oder über die gebührenfreie Rufnummer 848 888 088 zu bekommen.

Bus

Wer mit öffentlichen Verkehrsmitteln in das hügelige Hinterland möchte, ist auf die Überlandbusse angewiesen. Selbst die kleinen Dörfer in den Sibillinischen Bergen werden von Bussen angefahren, allerdings nicht häufig. Alle größeren Städte haben ein regionales Busnetz und einen Bushof (*autostazione*). Fahrscheine gibt es an Bahnhöfen und in *tabacchi*-Läden.

Mietfahrzeug

Die großen Leihwagenfirmen sitzen in Ancona und Pesaro. Reiseveranstalter bieten gelegentlich Pauschalurlaub mit Mietwagen am Urlaubsort an, nähere Informationen in den Reisebüros. Im Telefonbuch findet man sie unter *Autonoleggio*.

Taxi

Taxistände gibt es man am Bahnhof und in allen größeren Städten in der Nähe der zentralen Piazza. Der Mindestfahrpreis beträgt ca. 2,50 Euro, pro Kilometer etwa 1 Euro, an Sonn- und Feiertagen, nachts sowie für Gepäck werden Zuschläge erhoben.

Zeitungen und Zeitschriften

Festprogramme, Disko-Events, Zugabfahrtszeiten können den Regionalteilen der Tageszeitungen entnommen werden. Ausführlich informieren der ›Corriere dell'Adriatico‹ und ›Il Resto del Carlino‹.
Deutsche Tageszeitungen findet man während der Hauptsaison in den größeren Strandorten.

SPRACHFÜHRER

Die italienische Ausprache ist einfach:
Die Ausprache der Wörter entspricht der
Schreibweise, betont wird in der Regel
auf der vorletzten Silbe. Der Buchstabe
r wird gerollt, *h* ist stimmlos (ho = ›o‹),
Doppellaute wie *au, eu, ia, ie* werden getrennt ausgesprochen (›E-uro‹). Der
Buchstabe *g* wird vor den Vokalen *e* und
i wie ›dsch‹ (Giorgio = ›Dschordscho‹),
analog wird *c* vor *e* und *i* als ›tsch‹ (ciao
= ›tschao‹), ansonsten als *k* ausgesprochen, *ch* wie ›k‹ (archeologico = ›arkeo-
lodschico‹), *gh* wie das deutsche ›g‹, *sch*
wie ›sk‹ gesprochen. In der Verbindung
wird *sc* wie ›sch‹ (scelta = ›schelta‹), *gn*
wie ›nj‹ (gnocchi = ›njokki‹) und *gl* wie ›lj‹
(grigliata = ›griljata‹) gesprochen.

Begrüßung

guten Tag	buon giorno
guten Abend	buona sera
gute Nacht	buona notte
auf Wiedersehen	arrivederci
Wie geht es Dir/ Ihnen?	Come stai/sta?

Konversation

danke	grazie
bitte	prego/per favore
gut/schlecht	buono/cattivo
groß/klein	grande/piccolo
Entschuldigen Sie	scusi
Das macht nichts.	Non fa niente.
einverstanden	d' accordo
Es gefällt mir.	Mi piace.
Ich spreche kein Italienisch.	Non parlo italiano.
Ich habe nicht verstanden.	Non ho capito.

Sprechen Sie deutsch/ englisch?	Parla tedesco/ inglese?
Ich möchte bitte...	Vorrei ... per favore.
Gibt es ....?	C' è ...?
Gibt es eine Toilette?	C'è un bagno?
Wieviel kostet es?	Quanto costa?
Kann ich be- zahlen?	Posso pagare?

Wann, was, wo?

heute/morgen/ gestern	oggi/domani/ ieri
Morgen/Nach- mittag/Abend	mattina/pome- riggio/sera
heute Abend	stasera
morgen früh	domani mattina
spät	tardi
wann	quando
wie/wie viel	come/quanto
wo	dove
zu viel	troppo

Unterkunft

Ankunft/Abreise	arrivo/partenza
mit/ohne Bad	con/senza bagno
behinderten- gerecht	accesibile ai disabili
Bett	letto
Doppelzimmer	camera doppia/ matrimoniale
Dusche	doccia
Einzelzimmer	camera singola
Frühstück	prima colazione
Gepäck	bagagli
Halb-/Vollpension	mezza pensione/ pensione com pleta

Jugendherberge	ostello (per la gioventù)
Klimaanlage	condizionatore d' aria
Meeresblick	vista sul mare
Schlüssel	chiave

Unterwegs

Abfahrt/Ankunft	partenza/arrivo
Anschluss	coincidenza
Auto	auto/macchina
Bahnhof	stazione
Bus	autobus
Endstation	capolinea
Fahrplan	orario
Fahrrad	bicicletta
Fahrkarte	biglietto
Fahrzeugpapiere	libretto
Flughafen	aeroporto
Führerschein	patente
Gepäckaufbe- wahrung	deposito bagagli
Gleis	binario
Haltestelle	fermata
Hin- und Rückfahrt	andate e ritorno
Parkplatz	parcheggio
rechts/links/ geradeaus	destra/sinistra/ diritto
Straße	via/strada
Tankstelle	stazione di servizio
Zoll	dogana
Zug	treno

Einkaufen

Geschäft	negozio
Bäckerei	forno
Lebensmittel	alimentari
Konditorei	pasticceria
Metzgerei	macelleria
Markt	mercato
Zigarettenladen	tabacchi
Zeitung	giornale

Bekleidung	abbigliamento
Größe	misura
Schuhe	scarpe

Post & Telefon

Brief	lettera
Briefkasten	buca delle lettere
Briefmarke	francobollo
Postkarte	cartolina
Telefonkarte	scheda telefonica

Strandleben

Liegestuhl	sedia a sdraio/ lettino
Sonnenschirm	ombrellone
Sonnenschutz- creme	crema solare
Strand	spiaggia
Strandbad/ -einrichtung	bagno/stabili- mento balneare
Umkleidekabine	cabina

Im Restaurant

Ich möchte einen Tisch be- stellen...	Vorrei prenotare un tavolo...
für zwei/vier Personen ...	per due/quattro persone...
für heute/morgen Abend.	per stasera/ domani sera.
Ich habe einen Tisch bestellt.	Ha prenotato un tavolo.
Gibt es hier eine Toilette?	C' è un bagno, per favore?
Die Speisekarte, bitte.	La lista, per favore.
Kann ich be- stellen?	Posso ordinare?
Die Rechnung, bitte.	Il conto, per favore.
Ruhetag	giorno di chiusura/ risposo

pranzo	Mittagessen	cipolle	Zwiebeln
cena	Abendessen	coda di rospo	Seeteufelschwanz
antipasti	Vorspeisen	coniglio	Kaninchen
primo (piatto)	erster Gang	costolette	Kotelett
secondo (piatto)	zweiter Gang	cotto	gegart
contorni	Beilagen	cozze	Miesmuscheln
dolce	Dessert	crespelle	dünne Pfann-kuchen

Kulinarisches Wörterbuch

aceto	Essig	crostacei	Krustentiere
aglio	Knoblauch	crostatina	Mürbeteigkuchen
agnello	Lamm	crostini	geröstete Brot-scheiben
al latte	in Milch gegart		
al nero di seppia	mit Tintenfisch-sauce	crudità di pesce	roher Fisch
		crudo	roh
al ragù	mit Ragout		
alla brace	vom Grill	erbe	Kräuter
alla cacciatora	auf Jägernart		
alla contadina	auf Bauernart	fagiano	Fasan
alla marinara	auf Fischerart	fagioli	Bohnen
alici	Sardellen	faraona	Perlhuhn
anatra	Ente	farro	Dinkel
arancia	Orange	fava	dicke Bohnen
arrostito	gebraten	fegato	Leber
asparaghi	Spargel	finocchio	Fenchel
astice	Hummer	fiori di zucca	Kürbisblüten
		formaggio	Käse
baccalà	Stockfisch	formaggio di fossa	in Höhlen gereifter Käse
branzino	Wolfsbarsch	fragole	Erdbeeren
brodo	Brühe	frittata	Omelett
brodetto di pesce	Fischsuppe	fritto	frittiert
burro	Butter	frutta	Obst
		frutta di bosco	Waldbeeren
carciofi	Artischokken	frutti di mare	Meeresfrüchte
carne	Fleisch	funghi	Pilze
cappesante	Jakobsmuscheln	funghi porcini	Steinpilze
ccci	Kichererbsen		
cernia	Steinbeißer	gamberi	Garnelen
chitarre	Nudeln	gelato	Eis
		ginepro	Wacholder
ciauscolo	Mettwurst	grigliata di pesce/carne	Platte mit gegrilltem Fisch/Fleisch
cinghiale	Wildschwein		

grigliato	gegrillt	prosciutto	Schinken
		prugne	Pflaumen
insalata	Salat	prugnoli	Morcheln
involtini	kleine Rouladen		
		rana pescatrice	Seeteufel
lattuga	grüner Salat	ripieno	gefüllt
lenticchie	Linsen	rombo	Steinbutt
lepre	Hase	rospo	Seeteufel
linguine	Nudeln		
lumachine di mare	Meeresschnecken	salsa	Sauce
		salsiccia	Wurst
maiale/manzo	Schwein/Rind	salvia	Salbei
mela	Apfel	San Pietro	Petersfisch
melanzane	Auberginen	scogliola	Seezunge
merende	Vesper	semifreddo	Halbgefrorenes
minestrone	Gemüsesuppe	sformato	Auflauf
		spiedino	Spieß
noci	Nüsse	spiedino di carne	Fleischspieß
		spigola	Wolfsbarsch
olio	Öl	spinaci	Spinat
olive all'Ascolane	gefüllte frittierte	stoccafisso	Stockfisch
	Oliven	sugo	Sauce
orata	Dorade		
orecchiette	Nudeln	tartufo	Trüffel
		tonno	Thunfisch
pancetta	Schweinebauch	torta	Kuchen
pane	Brot	tortino	Törtchen
pappardelle	Bandnudeln	tortino di mandorle	Mandeltörtchen
passatelli	Nudeln		
pasta	Nudeln	verdure	Gemüse
patate	Kartoffeln	vitello	Kalb
pennette	Nudeln in Feder-	vongole	Venusmuscheln
	form		
peperone	Paprika	zafferano	Safran
pera	Birne	zucca	Kürbis
pesce	Fisch	zuppa	Suppe
pesce spada	Schwertfisch	zuppa inglese	buntes Creme-
petto	Brust		dessert
piccione	Taube		
pollo	Huhn	**Getränke**	
pomodoro	Tomate	acqua minerale	Mineralwasser (mit
porchetta	Spanferkel	(gasata)	Kohlensäure)

birra (alla spina)	Bier (vom Fass)
vino bianco	Weißwein
vino rosso	Rotwein
succo (d' arancia)	(Orangen-) Saft
Vin Cotto	gekochter Dessertwein
Vin Santo	Dessertwein

Maße

halbe Portion	mezza porzione
ein Glas	un bicchiere
ein Viertel	un quarto
ein halber Liter	un mezzo litro

Im Krankheitsfall

Apotheke	farmacia
Arzt	medico
Durchfall	diarrea
Entzündung	infezione
Erste Hilfe	pronto soccorso
Fieber	febbre
Kopfschmerzen	mal di testa
Krankenhaus	ospedale
Notfall	situazione di emergenza
Schmerzen	dolori
Sonnenbrand	scottura
Übelkeit	nausea
Unfall	accidente
Wunde	ferita
Zahnarzt	dentista
Zahnschmerzen	mal di denti

Besichtigungen

Ausgrabung	zona archeologica
Ausstellung	mostra
Kirche	chiesa
Kloster	monastero
Museum	museo
Gomäldcoammlung	pinacotcca

Eintritt	ingresso
Eintrittskarte	biglietto
Öffnungszeit	orario d' apertura

Wochentage

Sonntag	domenica
Montag	lunedì
Dienstag	martedì
Mittwoch	mercoledì
Donnerstag	giovedì
Freitag	venerdì
Samstag	sabato
werktags	feriali
feiertags	festivi

Zahlen

eins/zwei/drei	uno/due/tre
vier/fünf	quattro/cinque
sechs/sieben	sei/sette
acht/neun/zehn	otto/nove/dieci
elf/zwölf	undici/dodici
dreizehn	tredici
vierzehn	quattordici
fünfzehn	quindici
sechzehn	sedici
siebzehn	diciasette
achtzehn	diciotto
neunzehn	diciannove
zwanzig	venti
einundzwanzig	ventuno
zweiundzwanzig	ventidue
dreißig	trenta
vierzig	quaranta
fünfzig	cinquanta
sechzig	sessanta
siebzig	settanta
achtzig	ottanta
neunzig	novanta
hundert	cento
zweihundert	duecento
tausend	mille
zweitausend	duemila

REGISTER

Register

REISEATLAS

LEGENDE

1 : 380.000

0 ——————————— 12 km

A 31	Autobahn mit Nr. und Anschlussstelle
E 80	Schnellstraße mit Europastraßennummer
46	Fernstraße mit Straßennummer
	Hauptstraße
	Nebenstraße
	Fahrweg
	Straße in Bau; Straße in Planung
	Eisenbahn
	Regionengrenze
	Nationalpark, Naturpark

	Campingplatz; Aussichtspunkt
	Ankerplatz, Hafen; Badestrand
	Internationaler Flughafen; Flugplatz
	Schloss, Burg; Schloss-/Burgruine
	Kirche, Kapelle; Kloster
	Höhle
	Archäologische Stätte
	Leuchtturm
	Sehenswürdigkeit
	Berggipfel; Höhenpunkt; Pass

A · B · C

1

2

3

4

Pieve di Rivoschio
Monte Jottone
Linaro
Ciola
San Damiano
Ranchi
Musella
Mercato Saraceno
Tezzo
Duomo
Turrito
Sarsina
Valbiano
Lago di Quarto
Sant'Agata Feltria
M
Alfero
Monte Benedetto
Il Monticino
1348 m
co di acoronara
Balze
Gattara
Casteldelci
Ranco
Monte d. Zucca
1263 m
Passo di Viamaggio
983 m
Badia Tedalda
Poggio Monterano
Pieve Santo Stefano
Alpe della Luna
1087 m
Monte dei Frati
1454 m
La Palazza
Monte Prati alti
1061 m
Fortezza Medicea
Gragnano
Viaio
oglio
fano
Sansepolcro
Castello Bufalini
San Giustino
Gricignano
Pitigliano
tello Sorci
Pistrino
Selci
Madonna del Parto
dia
Veriano
Citerna
Piosina
Monterchi
Lippiano
Rovigliano
Uppiano
e Civitella
936 m
Monte Santa Maria Tiberina
Marcignano
Trevine
Morra
Fabbrecce

Montegelli
Sogliano al Rubicone
San Giovanni in Galilea
F. Uso
Torriana
Villa Verucchio
S. Paolo
San Salvatori
Ricci?
Cerasolo
Cori
S. Savin
Montetiffi
Alessio
Verucchio
SAN MARINO
S. Clemente
Savignano di Rigo
Pietracuta
San Marino
Morc di I
Perticara
Secchiano
Talamello
Florentino
Montescudo
Montefiore Conca
Novafeltria
S. Igne
S. Leo
Montelicciano
Mercatino
Riserva Naturale di Onferno
Petrella Guidi
Maciano
Villagrande
Monte Cerignone
Monte Altavellio
Tavoleto
Pennabilli
Parco Regionale
Monte Carpegna
1415 m
Mercato Vecchio
Macerata Feltria
Valle di Teva
Auditore
Montecalv in Fogli
del Sasso Simone
Ca'Raffaello
Pietrarubbia
Carpegna
Pieve di Carpegna
Mercatale
Sassocorvaro
Ca'Gallo
e Simoncello
Frontino
Caprazzino Strada
S. Donato in Taviglione
Petrella Massana
Riserva Naturale del Sasso Simone
Convento di Montefiorentino
S. Apollinare in Girfalco
Urbino
Sestino
Piandimeleto
Lunano
Montesoffio
S. Giovanni in Pozzuolo
Belforte all'Isauro
Peglio
Montelabreve
Passo di Spugna
751 m
S. Angelo in Vado
Urbania
Parchiule
Borgo Pace
S. Eusebio
Sant'Andrea in Proverso
Lamoli
Mercatello sul Metauro
C. Nuova
F. Meta
Guinza
Piano
Abbazia di Naro
Bellaria
Fonte Abeti
Castiglione
Piobbico
Convento di Monte Casale
S. Martino del Piano
Cardella
Cantone
Parnacciano
Apecchio
Serravalle di Carda
Secchiano
Castello
Valdimonte
Celalba
Somole
Osteria N.
Pieia
Vallurbano
Piàn d. Serra
Massa
Pieve d. Rose
Cerboni
Madonna dei Cinque Faggi
Colle D'Antico
Pianello
Userna
Antirata
Monte Rosso
743 m
Parr. di Morena
Palcano
Belvedere
Ronchi
M. Macinare
794 m
Terme di Fontecchio
M. Frontone
778 m
Casale
Città di Castello
Pietralunga
Monte Cerrone
875 m
Pontericcio
Monte delle Gorgiacce
678 m
S. Lucia
Monte Roncino
690 m
S. Benedetto
Gola Fur
Vallecchio
Carpini
Monte Civitello
736 m
Loreto
Raggio
Promano
S. Faustino
Semiontel

Mar Adriatico

D **E** **F**

1

Riccione
Misano Adriatico
Gabbice Mare
Gabbice Monte
Fiorenzuola di Focara
Cattolica
S. Giovanni in Marignano
Castel di Mezzo
Gradara
S. Marina
Brescia
Villa Imperiale ★
Pesaro
Tavullia
S. Maria d. Monte
Pesaro-Urbino
Bettola
Saludecio
Pozzo Alto
Villa Fastiggi
Marinella
Montecchio
Fano
ondaino
Apsella
Santa Maria d. Arzilla
Novilara
Madonna del Ponte
Ginestreto
T. Arzilla
Carignano
Colbordolo
S. Angelo in Lizzola
Villagrande
Eremo di Monte Giove
Fano
Torrette di Fano
Gallo
Cuccurano
E 55
Petriano
Mombaroccio
Convento B. Sante
Carrara
A14
Marotta
asanni
Lucrezia
S. Costanzo
Marotta Mondolfo
Fontecorniale
Cartoceto
Calcinelli
Cerasa
La Torre
Saltara
Scapezzano
Cesano
San Bernardino
Isola d. Piano
Montemaggiore al Metauro
Mondolfo
Santa Maria d. Grazie
Scotaneto
Tavernelle
Il Crocifisso
Via Flaminia
Monterado
Roncitelli
S. Giorgio
S. Lazzaro
Fossombrone
Castelvecchio
Orciano di Pesaro
Fermignano
Calmazzo
S. Ippolito
Brugnetto
L'Annunciata
Mondavio
Bettolelle
Gola del Furlo
Isola di Fano
Corinaldo
Filet
San Vicenzo al Furlo
Montalto Tarugo
Torre S. Marco
Suasa
Ostra
Monte Paganuccio 976 m
Furlo
Fratte Rosa
Castelleone di Suasa
M A R C H E
Cartoceto
Montalfoglio
Ostra Vetere
Morro d'
qualagna
S. Lorenzo in Campo
Smirra
Monte Martello
Tarugo
Barbara
Ostra Antica
Belvedere Ostrense
Molleone
Loretello
Cagli
Serraspinosa
Pergola
Mad. d. Piano
Montale
Serra de' Conti
S. Savino
Palazzo
Montecarotto
Acquasanta
Bellisio Solfare
F. Cinisco
Colombara
Cabernardi
Poggio S. Marcello
S. 237
Caprile
Frontone
Arcevia
Castiglioni
Eremo di Fonte Avellana
Morello
S. Stefano
Maestà
Rosora
Pianello
Monte Catria 1701 m
Serra S. Abbondio
Piano
Mergo
Trivio
Serra S. Quirico
Cupramontana
Isola Fossara
Castiglioni
Tribbio
Filipponi
Gola d. Rossa
Parco Regionale
Valdobbia
Parco
Gola della Rossa ★
S. Elia
Stattolo
elle chie
Ponte Calcara
Sassoferrato
S. Croce
Grotte di Frasassi
Favete
Sentinum
S. Vittore
Castelletta
Domo
Perticano
Pignano
Grotta Grande d. Chiuse e di Frasassi
Apiro
Campitello
Gaville
Grotta Grande del Vento
Rucc
Poggio S. Vicino
vedere
Monte Cucco 1566 m
S. 236
Collegiglioni
Caprile
feile

2

3

4

A   B   C

1

Urbino
San Bernardino
La Torre
Scotaneto
Fontecor
Saltara
Tavernelle
S. Costanzo
Cerasa
Mondolfo
Marotta
Mondolfo
A14
S. 235
Montemaggiore
al Metauro
Il Crocifisso
S. Giorgio
Orciano
di Pesaro
Castelvecchio
Monter.
S. Giovanni
in Pozzuolo
Fermignano
Calmazzo
S. Lazzaro
Via Flaminia
Fossombrone
L'Annunciata
S. Ippolito
Mondavio
F. Cesano
424
Sc.
Gola
del Furlo
Montalto Tarugo
Isola di Fano
S. Vicenzo
al Furlo
Monte Paganuccio
976 m
Furlo
Torre S. Marco
Corinaldo
Suasa

2

Abbazia
i Naro
Acqualagna
Bellaria
Smirra
Monte Martello
Tarugo
Fratte Rosa
Cartoceto
Montalfoglio
S. Lorenzo
in Campo
Castelleone
di Suasa
Ostra Vetere
424
Cardella
Molleone
Loretello
Barbara
Ostra
Antica
Secchiano
Cagli
3
S. Savino
Serraspinosa
Pergola
Mad. d. Piano
F. Misa
Serra de' Conti
Colombara
424
Bellisio
Solfare
Palazzo
Montale
Montecarotto
Poggio S. M
Palcano
Frontone
Cabernardi
360
Arcevia
Castiglioni
Caprile
Morello
Serra
S. Abbondio
S. Stefano
Maestà
Rosora
Casale
Eremo di
Fonte Avellana
Piano
Parco Regionale
Trivio
Mergo
Serra
Monte Catria
1701 m
Castiglioni
Tribbio
Filipponi
Gola d. Rossa
S. Donnico

3

Pontericcioli
S. 234
Isola Fossara
Gola delle
Fucicchie
Valdorbia
S. Croce
Sassoferrato
Sentinum
Gola della
Rossa
S. Elia
Fave
Scheggia
Ponte Calcara
Parco
Genga
Grotte
di Frasassi
76
Castelletta
Domo
Campitello
Gaville
Pertichano
Pignano
Grotta Grande d. Chiuse
del Vento
e di Frasassi
Poggio
S. Vicino
Belvedere
Monte Cucco
1566 m
S. Donato
Rucce
S. Vittore
Collegiglioni
Fror
Fornacette
do
Gubbio
Caprile
Costacciaro
Ranco
Bastia
T. Riobono
Marischio
Fabriano
Albacina
Caste
S. Pietro
S. Marco
Padule
Castèl d'Alfiolo
Regionale
del Monte Cucco
Sigillo
Purello
Colle Paganello
Cerreto d'Esi
S. Michele
Piane
Monte Canfaito
1111 m
Collamato

4

d'Assi
298
Campodigeoli
Castiglione
Osteria
del Gatto
Fossato
di Vico
Palazzo
Mancinelli
Valleremita
ex Convento
Val di Sasso
Serradica
256
Matelica
I Cappuccini
Gagliole
Branca
219
S. Pellegrino
Vaccara
Esanatoglia
Abb. di
Vallingegno
310
Poggio
Cerqueto
Belvedere
Castèl
S. Maria
Castelraimondo
Schifanoia
Pastina
Gualdo Tadino
Molinaccio
Umbro
Crispiero
Rocca
d'Aiello
Fratticiola
Selvatica
Casa Castalda
Rigali
Corcia
Ville
S. Lucia
361
Pioraco
Seppio
Orto
Botanico
Camerino
Valfabbrica
Voltole
Osteria
di Morano
Montecchio
Colsaino
Ponte Parrano
Poggio
Farrano
Poggio
Fiuminata
Fonte
di Brescia
Valle S. Martino
Sefro
Raggiano
Rocca
ianello
S. Presto
Nocera
Umbra
Laver
S. 238
Colle Aprico

UMBRIA
MARCHE

MARKEN

238

Abbildungsnachweis

Bildagentur Huber, Garmisch-Partenkirchen: S. 148 (Massimo Ripani)

Rainer Hackenberg, Köln: S. 10, 12, 82, 95, 192

Look, München: Umschlagrückseite oben, S. 47, 50, 80, 132, 135 (Ulli Seer), 127 (Ingolf Pompe)

Ekkehart Rotter, Bad Vilbel: Umschlag vorne, Umschlagrückseite unten, S. 17, 30, 33, 34, 35, 36, 68, 85, 89, 93, 98, 103, 104, 140, 145, 155, 158, 168, 174, 181, 183, 187, 194, 204, 208

Wilkin Spitta, Loham: S. 1, 2/3, 39, 44, 52, 54, 58, 63, 106, 142, 151, 197, 198

Hanna Wagner, Wörth: Umschlagklappe vorne und hinten, S. 20, 24, 28, 66, 111, 117, 118, 123, 212

Abbildungen

Umschlagvorderseite: Urbino, der Herzogspalast

Umschlagklappe vorn: Riviera del Conero

Umschlagklappe hinten: Hügellandschaft bei Orciano di Pesaro

S. 1: Macerata, Palazzo dei Diamanti

S. 2/3: San Marino

Das **Zitat** auf S. 11 entnahmen wir dem Band: Stendhal, »Reise in Italien«, München 1996

Kartografie

DuMont Reisekartografie, Puchheim
© MAIRDUMONT, Ostfildern

2., aktualisierte Auflage 2007
© DuMont Reiseverlag, Ostfildern
Alle Rechte vorbehalten
Grafisches Konzept: Groschwitz, Hamburg
Druck: Rasch, Bramsche
Buchbinderische Verarbeitung: Bramscher Buchbinder Betriebe